民国时期的

贵州省赈务会及其赈务活动研究

周术槐◎著

西南交通大学 出版社

·成都·

图书在版编目（ＣＩＰ）数据

民国时期的贵州省赈务会及其赈务活动研究 / 周术
槐著. —成都：西南交通大学出版社，2015.1
ISBN 978-7-5643-3662-2

Ⅰ.①民… Ⅱ.①周… Ⅲ.①救灾－研究－贵州省－
民国 Ⅳ.①D693.66

中国版本图书馆 CIP 数据核字（2015）第 005844 号

责任编辑　吴明建
特邀编辑　郭鸿玲
装帧设计　墨创文化

民国时期的贵州省赈务会及其赈务活动研究
周术槐　著

出　　版	西南交通大学出版社	
	（四川省成都市金牛区交大路 146 号　610031）	
发行电话	028-87600564　028-87600533	
网　　址	http://www.xnjdcbs.com	
印　　刷	四川煤田地质制图印刷厂	
成品尺寸	170 mm×230 mm	
印　　张	18	
字　　数	343 千	
版　　次	2015 年 1 月第 1 版	
印　　次	2015 年 1 月第 1 次	
书　　号	ISBN 978-7-5643-3662-2	
定　　价	48.00 元	

写在前面的话

民国时期,贵州省赈务会是贵州省官方创办的赈务机构。对中央政府,贵州省赈务会接受国民政府中央赈务委员会的指导;在地方,直接受贵州省政府领导。民国时期,贵州省赈务会及各地赈务分会在贵州省积极开展各类赈务活动,为贵州的灾荒救济与难民救济做出了应有的贡献。

贵州省赈务会成立于1929年12月,到1943年2月其赈务工作由贵州省政府社会处接管。在其存在的近十四年当中,经历了复杂的历史发展过程。在贵州省政务会组织机构的演变过程中,国民政府起了直接的主导作用。一方面,中央赈务委员会组织章程从1930年年初制定之后,历经多次修改。特别是在1938年春,中央赈务委员会改组为赈济委员会之后,贵州省政府根据中央政府的要求,于1939年4月也随之将省赈务会改组为贵州省赈济会。另一方面,在受中央政府影响的同时,贵州省政府也根据本省具体的救灾情形需求,对省赈务会予以适当改组,以应对本省频繁的灾情。其中,改组幅度较大的一次发生于1937年,当年贵州省出现了极其严重的干旱灾害。在这种情况之下,经省政府开会讨论,决定将贵州省赈务会予以改组,在原有三个组织机构的基础上,增加救济和工赈两组,以进一步提高省赈务会赈务活动的时效性。

贵州省赈务会的赈务活动大致可以分为前后两个时期,即南京国民政府时期和重庆国民政府时期。就前一个时期而言,赈务内容主要是救济因自然灾害所造成的灾荒,同时,也开展其他类型的赈务工作,如火灾救济、匪患救济、疫情救济、兵灾救济等。就后一个时期而言,贵州省赈务会被改组为贵州省赈济会之后,赈务活动主要是开展难民救济活动。在难民救济活动中,不仅成立了贵州省救济难民事务处专门负责难民救济,同时也开展其他类型的赈济活动,尤其是自然灾害所造成的灾荒救济。其灾荒救济活动在稳定社会秩序、恢复农业生产、缓解社会矛盾等方面,均产生积极作用。其难民救济活动对保存抗战实力、稳定军心民心、增强民众自信心等方面，均产生一定的成效。

贵州省赈务会在开展赈务活动的过程中，遵循一定的赈务程序，采取必要的赈务措施，使其赈务活动在规范、有序的状态下运行。同时，省政府为确保本省赈务活动的开展，也制定了相关的规章制度，采取了相应的行动。因之，也应当肯定省政府在赈务活动中的指导作用。

贵州省赈务会的赈务活动有许多特点：一是赈务类型的多样化；二是赈务手段的近代化；三是赈务活动的社会化；四是赈务资金来源的多样化；五是赈务机构的近代化。

贵州省赈务会在其赈务活动中，既取得了一定的成效，同时因各种原因，亦存在一定的不足。这主要表现在资金短缺、交通落后、办赈人员素质不高、仓储积谷数量不足等。诸如此类问题的存在，影响其赈务活动应有的成效。

作　者

2014 年 6 月

目　录

绪 论

一、选题的依据与意义

中国是一个农业大国。在封建社会，农业一直是主要的生产部门。封建土地所有制下，农民无力扩大社会再生产，生产力水平低下，只能从事以一家一户为生产单位的小农生产。

到了近代，中国封建社会的自然经济体系虽然有所解体，但现代工业经济在中国所占份额却极其微小。中国社会占主导地位的依然是自给自足的小农经济。这样，中国的农业生产技术依然难以获得较大改观。农民"靠天吃饭"的局面并没有得到彻底扭转。对此，孟昭华在《中国灾荒史记》中一针见血地指出：

> 旧中国农业技术的落后程度，在世界上是屈指可数的少数国家之一。数千年来，中国农业技术的进步十分缓慢，直到1949年，有些农业生产工具和耕种方法还维持着几千年一贯制，很少改进。[①]

中国农业技术的落后性使广大农民长期以来维持着低水平生产。这既不利于社会进步与发展，也不利于提高广大农民的抗灾能力。

农业作为人类从自然界直接获取产品的第一产业，有其特殊的一面。这种特殊性主要表现为它与气候、水文、地貌、生物和土壤等自然地理环境因素关系极其密切。一旦这些自然地理环境因素发生变异，人类的农业活动不可避免地要受到一定程度的影响。对于中国来说，由于地域辽阔，自然地理环境复杂、多样。因此，农业受自然地理环境因素的影响更明显。对此，我国先秦历史文献《逸周书》早就指出：

> 天有四殃，水、旱、饥、荒。[②]

这一记载说明，中国自古以来就是一个自然灾害频发的国家。对于我国灾荒的历史概况，我国自有文字记载的历史以来，各种历史文献与典籍当中均有不同程度的记载。特别是在民国时期，此类记载更是频繁见诸各类期刊文献与专著之中。其中，邱炎在《中国灾荒之分析》一文中就民国时期的灾荒概况做了一定的总结。该文指出，民国时期，全国发生灾荒的种类有：

---

① 孟昭华：《中国灾荒史记》，北京：中国社会出版社1999年版，第35页。
② 贾二强：《逸周书·文传解第二十五》，沈阳：辽宁教育出版社1997年版，第18页。

水旱、螟蝗、猛兽、野鼠、风霜、冰雹、地震、山崩、疫疠、大火等项。①

灾荒范围遍及于全国二十五省以上。其中，灾荒最为严重的两次是：

民国十七年至二十年之西北旱灾，赤地遍于千里以上，死亡辄以万计，饿莩载道，闾里为空；二十年之十六省水灾，江淮流域，人畜田庐多被淹灭，土地多被冲没，致地方元气，非经过长时期不易恢复。②

邓云特（邓拓）在1937年出版的《中国救荒史》中对我国灾荒的历史更是做了全面、深刻的总结。该书指出：

我国灾荒之多，世罕其匹，就文献所可征者言，则自西历纪元前十八世纪，直至纪元后二十世纪之今日，此三千数百余年间，几于无年无灾，从亦无年不荒；西欧学者，甚有称我国为"饥荒之国度"（the land of famine）者，诚非过言。③

据邓云特统计，在秦汉四百多年间，全国所发生的自然灾害竟达375次之多。各类灾害发生频率依次为：

旱灾81次；水灾76次；地震68次；蝗灾50次；雨雹之灾35次；风灾29次；大歉致饥十四次；疫灾13次；霜雪为灾9次。④

在魏晋时期，黄河长江流域所发生的灾害几乎无一年中断过，所发生的灾害总共达304次。其中，旱灾60次；水灾56次；风灾54次；地震53次；雨雹之灾35次。此外，疫灾17次；蝗灾14次；歉饥13次。⑤南北朝时期，总计发生的灾害多达315次。其中，水灾与旱灾各77次；地震40次；风灾33次；霜雪灾害20次；雨雹之灾18次；蝗灾17次；疫灾17次；歉饥16次。⑥隋朝时期，各种自然灾害共计发生了22次；唐朝时期，各种自然灾害共计发生了493次。两宋时期所发生的各种自然灾害多达874次。其中，发生自然灾害最多的当属水灾，总计为193次。⑦在元朝时期所发生的各种自然灾害共计为513次。其中，发生最多的还是水灾，为92次。明清时期，同样是我国自然灾害频发的时期。其中，在明代统治的276年间，共发生自然灾害1 011次（其中，水灾排第一位，发生196次；旱灾排第二位，发生174次；地震排第三位，发生165次）。清朝时期，发生的各种自然灾害多达1 121次（其中，旱灾排第一，发生201次；水灾排第二，发生192次；地震发生169次，排第三位）。⑧民国成立后的前26年间，各类灾害发生频率统计如下：

---

① 邱炎：《中国灾荒之分析》，资料据1935年7月22日《申报》第5张第17版。
② 邱炎：《中国灾荒之分析》，资料据1935年7月22日《申报》第5张第17版。
③ 邓云特著：《中国救荒史》，北京：商务印书馆1993年根据1937年版本影印版（以下同），第1页。
④ 邓云特著：《中国救荒史》，北京：商务印书馆1993年影印版，第11页。
⑤ 邓云特著：《中国救荒史》，北京：商务印书馆1993年影印版，第12页。
⑥ 邓云特著：《中国救荒史》，北京：商务印书馆1993年影印版，第15页。
⑦ 邓云特著：《中国救荒史》，北京：商务印书馆1993年影印版，第19-23页。
⑧ 邓云特著：《中国救荒史》，北京：商务印书馆1993年影印版，第27-32页。

各种灾害之大者，统计其频数，竟亦达七十七次之多。计水灾二十四次；旱灾十四次；地震十次；蝗灾九次；风灾六次；疫灾六次；雹灾四次；歉饥二次；霜雪之灾二次。且各种灾害几皆同时并发，杂然纷呈。①

从邓云特的统计情况来看，虽然其所统计的数据不一定完全准确无误，但它却说明了这样一个历史事实，即中国自秦汉以来就是一个灾害频发的国度。灾害给中国社会带来了各种严重的后果。其中，一个最为严重的后果就是经济上的大破坏。由此，出现这样一种状况，即有灾必有荒，灾与荒结下了不解之缘。

在各种频繁发生的自然灾害中，水灾与旱灾是出现频率最高的两种自然灾害。据陈高傭等人于1939年所编《中国历代天灾人祸表》统计，秦汉时期，旱灾占各种天灾的百分比是28%，水灾占各种天灾的百分比是24%，两者相加共为52%。后汉三国时期，旱灾占各种天灾的百分比是28%，水灾占各种天灾的百分比是22%，两者相加共为50%。晋代时期，旱灾占各种天灾的百分比是38%，水灾占各种天灾的百分比是28%，两者相加共为66%。南北朝时期，旱灾占各种天灾的百分比是48%，水灾占各种天灾的百分比是37%，两者相加共为85%。隋唐时期，旱灾占各种天灾的百分比是34%，水灾占各种天灾的百分比是44%，两者相加为78%。五代时期，旱灾占各种天灾的百分比是40%，水灾占各种天灾的百分比是52.5%，两者相加是92.5%。宋代时期，旱灾占各种天灾的百分比是30%，水灾占各种天灾的百分比是37%，两者相加为67%。元朝时期，旱灾占各种天灾的百分比是33%，水灾占各种天灾的百分比是43%，两者相加为76%。明朝时期，旱灾占各种天灾的百分比是35%，水灾占各种天灾的百分比是41%，两者相加为76%。清朝时期，旱灾占各种天灾的百分比是37%，水灾占各种天灾的百分比是34%，两者相加为71%。②从这些统计数据来看，水旱灾害大都占据我国历代自然灾害的半数以上。其中，尤其是五代时期，水旱灾害在各种自然灾害中所占的百分比已达到百分之九十以上。当时，人们尚无法预测灾害，只能被动抗灾自救，由此，赈务随之产生。

赈务本属国家政务之一，但在封建君主政治制度下，形成了"以封建君主政治为中心的君本位占统治地位的初级救灾管理体制"。这种救灾管理体制存在着明显的局限性，"救灾工作尽管有了相应的职官设置，但大量的救灾工作却表现为一些零散的救灾应急实践"，不仅"救灾管理体制没有发挥出更大的作用"，③更未形成完整的赈务体系。

① 邓云特著：《中国救荒史》，北京：商务印书馆1993年影印版，第40页。
② 资料据陈高傭等编：《中国历代天灾人祸表》（下），上海：上海书店根据暨南大学1939年版于1986年影印版，百分比图。
③ 孙绍骋：《中国救灾制度研究》，北京：商务印书馆2004年版，第52-53页。

辛亥革命推翻了统治中国两千多年的封建帝制，代之以资产阶级的民主共和制，逐步建立了中央一级专职救灾体制。1912 年 1 月 1 日，孙中山领导的中华民国南京临时政府成立时，据《中华民国临时政府中央行政各部及其权限》规定，中央行政共设包括内务部在内的九部，直属大总统。其中，内务部的内部机构包括：丞政厅、民治局、警务局、疆理局、卫生局、礼教司、禁烟所。省设民政厅，由内务部和民政厅主管全国和地方赈恤、救济、慈善及卫生等事宜。

　　1912 年 3 月 10 日，袁世凯窃取辛亥革命的成果之后，中国开始了所谓的北洋政府统治时期，即北京政府时期。北洋政府统治时期，中央政府同样设立内务部。内务部开始时设立的机构包括：总务厅、民政司、职方司、警政司、土木司、礼俗司、卫生司。1913 年后改设总务厅、民治司、警政司、职方司、考绩司，1914 年增设典礼司。直辖机构主要有筹备国会事务局、赈务处、护军管理处、河务局等。地方省行政机关，当时也称民政机关。省行政长官开始称民政长，1914 年 5 月改称巡按使，1916 年 7 月改称省长。其相应的公署亦先后称行政公署、巡按使公署、省长公署。省级公署所属各职能机关开始称司，一般设内务司、财政司、教育司、实业司及总务处，1917 年以后改称厅，具体机构设置也有所调整。在地方省级行政单位，灾荒救济工作主要由其下属的内务司承担。①

　　1927 年南京国民政府成立初期，中央设立民政部来管理社会救济事务。1928 年 2 月 13 日公布的《修正中华民国政府组织法》，将民政部改称内政部，同时增设赈务处专门负责社会救济事务。赈务处直隶于国民政府，地位较高，处长由内政部长兼任，副处长由国民政府委员兼任。赈务处下置赈款委员会和总务、调查、赈济三科。据 1932 年《内政部组织法》规定，内政部管理全国内务行政事务，其中，赈灾、救贫、慈善等事项由内政部所属的民政司负责。1936 年通过的修正《内政部组织法》规定，内政部设总务、民政、警政、地政、礼俗五个司和统计处。其中，赈灾、救贫、慈善等事项依然由民政司负责。与中央设置内政部机构相适应，地方各省均设民政厅，城市普设民政局。其中，民政厅所涵盖的工作职责就包括赈灾、社会救济等事项②。

　　1928 年 10 月 25 日，国民政府成立行政院作为其最高行政机关。1930 年 11 月将行政院会议改称国务会议。1929 年 3 月，增设赈灾委员会，隶属于行政院作为专职救灾机构。1930 年 1 月，国民政府为提高赈灾效率，将行政院所属的赈务处与赈灾委员会两个机关合并，统一成立新的管理社会救济事务的

---

　　① 参见孔令纪等主编：《中国历代官制》，济南：齐鲁书社 1993 年版，第 418-419 页。
　　② 参见《中华民国法规大全》之《官制官规》，上海：商务印书馆 1936 年版。

机构——赈务委员会。①赈务委员会主要负责国内自然灾害所造成灾民以及国内战争所造成难民的救济。根据《赈务委员会组织条例》规定，赈务委员会除以内政、外交、财政、交通、铁道、实业各部部长为当然委员外，同时由国民政府特派委员十一人组织构成。十一人中指定五人为常务委员，委员长从常委中产生。赈务委员会下设三科：总务科、筹赈科、审核科。其中，总务科负责筹划会务、编辑刊物、购置物品等；筹赈科负责筹募赈品、赈款，赈品的调查、采购与运输，免税及免运费和各项护照的办理；审核科负责审核赈款、赈品的出纳，审核收放赈款、赈品清单，审核本会经费之出纳等事项。②

赈务委员会在各省、市设有下级对应机关。根据《赈务委员会组织章程》，规定凡被灾省份为办理本省赈务得设省赈务会，省赈务会由省政府聘任省政府委员、省党部委员、人民团体成员各数人组成，内设总务组、筹赈组、审核组。各市、县因办理赈务，可以设立市、县赈务分会。

根据中央政府的要求，贵州省于1929年12月21日成立了省赈务会。贵州省赈务会受贵州省政府领导，受国民政府赈务委员会指导，主要办理赈灾、救贫、慈善事项。改组为赈济会后，在其所办事务中，除续办自然灾害救济事务之外，积极开展难民救济事务成为其赈务活动的重心所在。1942年4月以后，

---

① 关于"赈务委员会"这一名称的使用说明：就笔者目前所见到的国民政府时期荒政的研究成果来看，有人用"赈务委员会"的名称，也有人用"振务委员会"的名称。清朝杨景仁在《筹济篇》卷六《发赈》中指出："五经无赈字。《月令》：仲春，振乏绝。《左传》文：十六年振廪同食。振俱作赈解，而不作赈字。惟《尔雅·释言》：赈，富也。"可见，"振"与"赈"应是相通的。（参见李文海等主编《中国荒政全书》第2辑第4卷，北京：北京古籍出版社2004年版，第91页）对此，蔡勤禹在其博士学位论文《国家、社会与弱势群体——民国时期的社会救济（1927—1949）》中作了说明：因"振"是"赈"的本字，有救济、（精神）奋起之意，国民政府内政部在30年代规定，各级赈务（济）委员会之"赈"字一律用"振"代替。（见蔡勤禹著：《国家、社会与弱势群体——民国时期的社会救济》，天津：天津人民出版社2003年版，第89页。）再如，周秋光、曾桂林在《中国慈善简史》（人民出版社2006年版）中所采用的一律是"赈"字。如该书的第128页使用的全部是"赈"字。书中指出："抗战以前，国民政府原设有赈务委员会，办理灾荒救济事宜。……为了提高赈济行政的权力和效率，切实执行政府的战时赈济政策，国民政府决定统一难民救济机构。1938年2月24日，行政院通过了《赈济委员会组织法》。4月27日，依照该法在汉口成立了新的赈济委员会。"此外，武艳敏在《国民政府时期（1927—1937）负责稽核请运赈品机关考》一文中也引用了蔡勤禹的说法。同时，武艳敏还作了进一步的说明："笔者在检阅民国资料中也发现，30年代后仍用有'赈'字的，看来在使用上也不是那么严格。"（见武艳敏：《民国政府时期（1927—1937）负责稽核请运赈品机关考》，《河南大学学报》（社会科学版）2007年第1期，第89页。）另外，由张宪文等人主编的《中华民国史大辞典》中，在有关赈灾的条目中，一律使用的是"赈"字。其中包括：赈务处、赈务委员会、赈灾公债、赈灾委员会、赈济委员会等。（见张宪文等主编：《中华民国史大辞典》，南京：江苏古籍出版社2002年版。）笔者在本课题的研究过程中，本着统一的原则，一律使用"赈务委员会""赈济委员会"名称。对原史料中出现"振务委员会""振济委员会"字样的，同样分别改为"赈务委员会""赈济委员会"。特此说明。

② 《赈务委员会组织条例》，参见蔡鸿源主编：《民国法规集成》第34册，合肥：黄山书社1999年版，第21页。

还监督指导儿童教养所并且兼办难民组训事宜。

目前，贵州省档案馆存有 1929—1946 年有关赈务的档案共计为 1 173 卷。内容涉及综合类、组织人事类、赈务类、财务类、其他类五种类型。然而，令人十分遗憾的是，这一千余卷档案仍处于沉睡状态。作为民国时期活跃于云贵高原的社会救济机构——贵州省赈务委员会，据笔者所知，迄今仍无人对其进行系统研究。这一状况成为笔者选取民国时期贵州省赈务会及其赈务活动作为研究对象的依据所在。

研究贵州省赈务会及其赈务活动，在当今自然灾害与社会灾害频仍的背景之下，具有十分重要的现实意义。我们知道，灾害救济是一个系统工程。其工作内容涉及救济机构的组建、管理与运转，救济活动的开展与规范，赈款的募集、管理与分发，赈品的采购、管理与分发，救济制度与法规的制定，救济人员的办赈素质等多个方面。笔者期望通过对民国时期贵州省赈务会及其赈务活动的研究，让人们认识与了解民国时期中央与贵州本地的赈务基本概况，同时为搞好当代社会的保障事业与社会救助事业提供历史的借鉴。

二、学术研究概述

我国自然灾害频发，与之相伴而生的荒政问题由来已久。随着荒政的产生、形成与发展，有关荒政的文献记载不断见诸我国不同历史时期的各种典籍之中。正如周致元所言："中国古代从战国到明清，甚至于到民国时期，无论是官方还是民间，对灾荒及其荒政的研究都是很重视的。宋代以后，历朝都留下了救荒著作，明清两朝的救荒著作更是汗牛充栋。"①如宋代董煟著有《救荒活民书》；明代屠隆著有《荒政考》、何淳之著有《荒政汇编》；清代陈瑚著有《救荒定义》、陈芳生著有《捕蝗考》、俞森著有《常平仓考》《义仓考》《社仓考》、陆曾禹著有《钦定康济录》、杨景仁著有《筹济编》等。所有这些有关荒政研究的成果为笔者从事荒政研究提供了丰富的历史文献资料。

自 20 世纪以来，我国荒政史的研究大体可以划分为这样三个阶段，即起步阶段、沉寂阶段与大发展阶段。

20 世纪 20—40 年代，为起步阶段。由于自然灾害的频繁发生，荒政问题日益成为人们关注的热点，有关荒政研究的成果不断公诸于世。其中，邓云特的《中国救荒史》堪称对此阶段荒政史研究的集大成者。该书由上海商务印书馆于 1937 年出版，1993 年由北京商务印书馆影印出版。全书由"绪言""历代灾荒史实之分析""历代救荒思想之发展""历代救荒政策之实施""附录"五部分构成。其中，"绪言"部分主要对"灾荒"与"救荒"的概念进行界定，在全

---

① 周致元著：《明代荒政文献研究》，合肥：安徽大学出版社 2007 年版，第 1 页。

书中起到基础作用。在"历代灾荒史实之分析"中，作者在充分占有历代灾荒史料的基础上对"灾荒之成因""灾荒之实际影响"进行了独到的分析。在"历代救荒思想之发展"中，作者对我国荒政思想的产生、形成与发展进行了全面的分析，让读者对历代救荒的思想与主张有所了解与认识。在"历代救荒政策之实施"中，作者不仅对历代救荒政策作了介绍，而且对一些救荒政策的利弊亦做了深入探讨与分析，可为后世当政者制定恰当的救荒政策提供借鉴。在"附录"中，作者对"中国历代救荒大事"做了一个梳理，让读者了解到历代统治者的救荒概况。"实际上邓拓（即邓云特，笔者注）先生的研究……成为中国赈济史领域研究的拓荒之作、范式之作。"①

此外，20 世纪 30 年代所出版的有关荒政研究的、有代表性的著作还有：

陈凌云著《现代各国社会救济》（上海：上海书店根据商务印书馆 1937 年版于 1990 年影印出版）一书。该书也涉及灾荒救济的相关内容。该书由国民政府中央赈务委员会主席许世英亲自作序，足见其对中国荒政的指导性意义。该书主要以欧美一些发达国家的社会救济事业为研究对象，其研究内容除荒政外，还囊括其他社会救济的内容。该书就如何推进社会救济事业的问题，提出了一些独到见解，可为笔者研究荒政提供必要的参考。

由陈高傭等编写的《中国历代天灾人祸表》（上下册）（上海：上海书店根据 1939 年暨南大学版于 1986 年影印出版）一书。该书所编列的内容，上自公元前 246 年秦始皇帝元年，下至公元 1911 年清朝宣统皇帝三年，时间跨度长达二千余年。该书的特色在于，不仅编列了自然原因所产生的灾害，而且还编列了社会原因如战争等所引起的人祸，这对笔者了解中国历史上天灾与人祸所发生的规律有重要参考意义。

20 世纪 50—70 年代，是荒政问题研究的沉寂阶段。在 1949 年后的学术研究中，由于史学研究的侧重点和政治环境的影响，荒政问题一直未能受到应有的重视，荒政史的研究由此陷入沉寂阶段。从"文化大革命"爆发到 1979 年改革开放初期，我国荒政史研究成果几乎为零。

直到 20 年纪 80 年代以后，荒政研究才进入了一个大发展时期。不断有新的研究成果面世，不断有新的研究方法被采用，不断有新研究领域被开辟。特别是到本世纪之初，荒政史研究可谓进入到一个大繁荣时期。对此，我们可以从两个方面窥其概况。

（一）学术专著与史料集

20 世纪 80 年代以后，有代表性的荒政研究学术专著与史料集主要有以下几种：

---

① 参见靳环宇著：《晚清义赈组织研究》，长沙：湖南人民出版社 2008 年版，第 7 页。

李文海等著《近代中国灾荒纪年》（长沙：湖南教育出版社 1990 年版）及其姊妹篇《近代中国灾荒纪年续编》（长沙：湖南教育出版社 1993 年版）。该书可谓较为完备的灾荒方面的资料汇编。正如夏明方在介绍该书基本内容时所言：

书中使用了大量历史档案、官方文书、调查报告、新闻报道、地方史志以及文集、笔记、书信、日记、碑文等各种私人著述和解放后编辑的部分灾害年表，并详加考订甄选，按编年体形式，对 1840 至 1949 年间历年全国发生的各类重大的自然灾害，分别省区，加以说明，尽可能地将各地自然灾害发生的时间、地点、受灾的范围和程度进行详细介绍，而且对灾区人民的生活状况、灾荒的成因、各级政府的救荒措施及其弊端予以说明。①

该书为笔者解读贵州省赈务会成立的灾荒背景极有帮助。

李文海、程歗、刘仰东、夏明方著《中国近代十大灾荒》（上海：上海人民出版社 1994 年版）认为，近代中国十大灾荒是"中国近代历史上发生的灾情十分严重、影响极为巨大的十次重大自然灾害"。阅读该书后的读者，"就一定会对旧中国我们中华民族所受的民族苦难，有一个新的更深的了解；就一定会对近代社会灾荒频发的原因、灾荒和政治的关系、灾荒和社会的关系，有一个清晰、形象的认识；就一定会对旧社会在黑暗政治和无情灾荒双重荼毒下人民群众所过的人间地狱式的生活，有一个深刻的印象"。"了解旧中国的灾荒情形，对于我们今天增强防灾意识，总结同自然灾害作斗争的历史经验和教训，提高全社会的抗灾能力，是会有重要的借鉴意义的。"②在作者所描述的中国近代十大灾荒中，发生在民国年间的灾荒就达六次。同时，作者在书末还附有中国近代灾荒年表，这对于研究者了解民国年间的灾荒概况具有一定的帮助。同时可为笔者研究民国时期贵州的赈务活动提供一定的历史资料。

袁林著《西北灾荒史》（兰州：甘肃人民出版社 1994 年版）用长达 140 多万字的篇幅对我国西北地区灾荒的本质、特点、历史及对策做了详尽的分析与研究。该书可谓目前研究我国西北地区灾荒史的一部较为完备的巨著，为研究我国其他地区的灾荒史提供了一个较好的范本。

孟昭华编著《中国灾荒史记》（北京：中国社会出版社 1999 年版）是在 1989 年由水利电力出版社出版的《中国灾荒史》（现代部分）的基础上博采众长，师学古今，按照历史朝代顺序编写的从原始社会 20 世纪 80 年代中晚期的中国灾荒史，成为系统的防灾、救灾史书。

钱钢、耿庆国主编《二十世纪中国重灾百录》（上海：上海人民出版社 1999

---

① 夏明方：《民国时期自然灾害与乡村社会》，北京：中华书局 2000 年版，第 17 页。
② 李文海：《中国近代十大灾荒》，上海：上海人民出版社 1994 年版，第 2-3 页。

年版）以二十世纪在中国所发生的一百次重灾为对象，由近百名不同专业的人士执笔，如实地记录了自 1900 年以来在中国发生的 100 次最大的自然灾害。内容涉及灾难的具体概况、民众的反映、政府的行为、社会的评价等多方面。这对从事荒政史研究的研究者来说，无疑是一本非常重要的历史资料参考书。书中有将近三分之一的内容涉及民国时期的重灾。其中，涉及贵州的一次重灾是：1941 年贵州疟疾及瘴疠。此次疟疾至少造成贵州 7.3 万人死亡，惊动了中央与贵州地方政府。对于贵州"瘴气"问题，蒋介石曾于 1934 年春亲自电示国民政府相关部门组织专家考察团考察贵州瘴气肆虐的问题。这说明，赈济疫灾也是贵州省赈务会重要的工作内容之一。

夏明方著《民国时期自然灾害与乡村社会》（北京：中华书局 2000 年版）将民国时期各种自然灾害作为一个整体的研究对象，从灾害与社会发展之间关系的角度，"具体地探索这一时期（指民国时期，笔者注）灾害发生的成因、规律及其影响，揭示人类在大自然的淫威和惩罚之下挣扎搏斗的种种悲壮情景，了解我们这个民族曾经遭受过的究竟是怎样一种巨大的苦难"。[1]

池子华著《中国流民史》（近代卷）（合肥：安徽人民出版社 2001 年版）以近代中国出现的流民为中心，从流民的产生、流民对社会的影响、流民的社会救济等多方面进行了考察与研究。其中，书中对"安辑流民"的保障模式研究、赈灾方式的研究同样对笔者所从事的赈务研究有启迪之功。

王俊祥、王洪春著《中国流民史》（现代卷）（合肥：安徽人民出版社 2001 年版）认为："自然灾害是造成人口和劳动力被迫流动与迁移的重要原因。"然而，自然灾害的发生固然与自然环境的变异有关，但"当代的自然灾害在相当程度上是人为因素造成的，……人为因素在自然灾害的形成与恶化中的作用越来越大"。[2]这说明，我们在荒政史的研究过程中，从灾害的发生与社会关系的角度来看，必须将人的因素作为重要的社会因素予以考虑。一方面，对执政者而言，应考虑如何规范执政者的执政行为，推动执政者决策的民主化、科学化、程序化；另一方面，对普通的民众而言，应考虑如何规范人们的生产与活动行为，提高人们的环保意识，确保人们的生产与活动行为不对自然环境产生恶劣的破坏与影响。

蔡勤禹著《国家、社会与弱势群体——民国时期的社会救济（1927—1949）》（天津：天津人民出版社 2003 年版）以国民党执政时期的国统区为对象，对传统的社会救济与现代的社会救济、国民政府的社会救济与民间的社会救济做了全面的考察。其中，涉及救济的思想、救济的对象、救济的行政体制、救济的

---

① 转引自夏明方著：《民国时期自然灾害与乡村社会》，北京：中华书局 2000 年版，第 5 页。

② 王俊祥、王洪春：《中国流民史》（现代卷），合肥：安徽人民出版社 2001 年版，第 68 页。

设施、救济的程序、救济的方式、救济的原则、救济的立法等诸方面的内容，是一部较为系统的研究民国时期社会救济的力作，"填补了民国社会救济史研究的一项空白"。①该书是笔者研究本课题的重要参考资料。

孙绍骋著《中国救灾制度研究》（北京：商务印书馆 2004 年版）主要从制度的角度对中国历代救灾的思想与措施、救灾体制与救灾主体进行了全方位的分析与研究。全书包括 1949 年以前的中国救灾制度研究和 1949 年以后的中国救灾制度研究。其中涉及政府作为救灾主体的内容很值得借鉴。

王林主编《山东近代灾荒史》（济南：齐鲁书社 2004 年版）以近代山东所发生的灾荒为研究对象，对山东灾情概况、灾情治理、灾荒与社会的关系、灾荒所产生的后果进行了考察与研究。其中，尤其对民国时期山东所发生的两次重大的黄河水灾，著者作了深入的研究。内容包括灾害概况、中央与地方两级政府对灾害的应对与处理、灾后重建等。这种对区域荒政史进行研究的模式可为笔者的研究提供借鉴。

李文海、夏明方主编《中国荒政全书》第 1 辑（北京：北京古籍出版社 2003 年版）和第 2 辑 4 卷本（北京：北京古籍出版社 2004 年版）主要辑录了先秦至清末出版的各类荒政著作，具有较高的史料价值。"一方面为人们了解历史时期重大灾害的实况及其对社会的影响提供了极为详尽的珍贵资料，一方面则通过对各级官府与民间社会历次救灾实践的实录和总结，颇为系统地反映了中国救荒制度的变迁历程，对于人们正确认识历史上，特别是宋元明清时期中国自然灾害的演变规律，深入了解历史时期救灾减灾的经验教训，从而为当代中国的防灾减灾工作服务，都具有非常重要的理论意义和学术价值。"②然而，遗憾的是民国以后的荒政文献没有被该书收入。该书对于笔者全方位了解中国传统荒政概况有重要参考意义。

宋俭、王红主编《大劫难——300 年来世界重大自然灾害纪实》（武汉：武汉大学出版社 2004 年版）具有重要的史料价值。它让我们深深地了解到，人类社会发展的历史就是一部不断与各种自然灾害相抗争的历史。因此，荒政研究也将是人类科学研究中永恒的主题之一。

蔡勤禹著《民间组织与灾荒救治——民国华洋义赈会研究》（北京：商务印书馆 2005 年版）选取民国时期的一个救灾组织——华洋义赈会进行深入的个案研究。忻平在该书的《序言》中指出，该书：

首次从社会变迁视角出发，结合近代中国集权衰落趋势和现代化开展过程，全面探讨该组织生成与发展的经济、政治、文化及社会心理等生态环境，并就

---

① 参见蔡勤禹著：《民间组织与灾荒救治——民国华洋义赈会研究》中忻平所作序言部分，北京：商务印书馆 2005 年版，第 1 页。

② 李文海、夏明方：《中国荒政全书·前言》（第 2 辑第 1 卷），北京：北京古籍出版社 2004 年版，第 1-2 页。

现代化进程中民间组织成长的机遇与面临的困难作了细致分析。……深刻剖析华洋义赈会的组织架构、权力分配、总分会互动与自律机制，揭示出该会不再是传统慈善组织，而已演进为具有现代组织属性的民间组织。……通过对华洋义赈会全面地分析考察，得出以下结论：在政府主导现代化过程中，民间组织可以通过边缘替代，实现对公共事务的参与和管理，从而成为现代化的一股强力。在当今中国处于全球经济一体化的国际环境下进行现代化，政府如何放手民间组织，又如何利用民间组织等现实性问题，该书具有实质性的借鉴与指导意义①。

该书对民国时期的救灾组织进行个案研究，这对笔者所从事的政府救灾组织的研究同样富有极大的启发意义。

周秋光、曾桂林著《中国慈善简史》（北京：人民出版社 2006 年版），对中国社会不同时期的慈善思想、慈善事业、慈善活动、慈善机构的产生、形成与发展作了较为全面的探讨与研究。该书对民国时期，特别是抗战时期国民政府社会救济活动的研究对本人的课题研究有重大参考与借鉴作用。

卜风贤著《周秦汉晋时期农业灾害和农业减灾方略研究》（北京：中国社会科学出版社 2006 年版）从农业的角度对周秦汉晋时期的农业灾害与农业减灾方略作了全方位的系统研究。本书最大的亮点在于能从农业技术的角度研究古代防灾减灾的办法，显示出著者在荒政史研究过程中的独特视角。相对而言，技术减灾是一种更具长远意义的减灾办法。这一观点可为笔者的研究提供借鉴。

张崇旺著《明清时期江淮地区的自然灾害与社会经济》（福州：福建人民出版社 2006 年版）选取江淮地区这一特定的地理区域，运用历史学、地理学、民俗学、行政管理学、经济学等多学科的理论与方法对明清时期江淮地区的自然灾害与社会经济作了全方位的研究。该论著堪称区域经济史研究的重要成果。书中所提及的国家和民间社会力量在江淮地区的抗灾救灾活动，有利于加深笔者对历史上国家与民间社会力量抗灾救灾活动的认识与了解。

张根福著《抗战时期的人口迁移——兼论对西部大开发的影响》（北京：光明日报出版社 2006 年版）对抗战时期人口大迁移及其对社会的影响作了多视角的研究与分析。为笔者研究民国时期因战争所造成的难民救济提供了重要的历史依据，既具有史料价值，又具有一定的学术价值。

丁石孙主编《灾害管理与平安社区建设》（北京：群言出版社 2006 年版），从灾害管理与平安社区建设关系的角度，强调平安社区的建设离不开良好的灾害管理机制。因此，必须提高人们的防灾意识，增强人们的抗灾能力，加大减

---

① 参见蔡勤禹著：《民间组织与灾荒救治——民国华洋义赈会研究》中忻平所作序言部分，北京：商务印书馆 2005 年版，第 2-3 页。

灾过程中的科技含量。该书有利于拓宽笔者的研究视野，自觉将荒政研究与解决现实问题相联系。

曹树基主编《田祖有神——明清以来的自然灾害及其社会应对机制》（上海：上海交通大学出版社 2007 年版）将民俗学、人类学、社会学、农学、地理学、生态学、细菌学和流行病的概念与方法，应用于灾荒史研究。这种跨学科的研究手段"愈来愈显示出更为深刻的分析力以及更为宽阔的解释力"，①有利于将灾荒史的研究推向深入。同时对笔者的研究极具启发意义。

赫治清主编《中国古代灾害史研究》（北京：中国社会科学出版社 2007 年版），由多位专家学者以论文的方式对我国古代各个不同时期的灾害及其对策做了深入细致的考察研究。内容涉及灾害概况、救灾的思想、救灾的体制、救灾的对策以及荒政中的腐败问题。本书可对近代灾害史研究提供有益的借鉴。

周致元著《明代荒政文献研究》（合肥：安徽大学出版社 2007 年版）从文献的角度对宋代以来直到明代的荒政文献进行了全面的梳理，有利于人们认识与了解明代荒政概况。它对笔者进一步了解中国传统荒政概况大有裨益。

孙语圣著《1931·救灾社会化》（合肥：安徽大学出版社 2008 年版）以 1931 年水灾为研究对象，运用历史学、社会学、政治学、现代化理论、组织社会学、行政管理学、文化社会学和新闻传播学等相关学科的理论与方法，析论救灾社会化的具体历史内涵、进展情形、存在的问题及取得的绩效。②这种以个案作为切入点，运用多学科的理论与方法进行研究的方法值得笔者借鉴。

靳环宇著《晚清义赈组织研究》（长沙：湖南人民出版社 2008 年版）以晚清义赈组织作为研究对象，对义赈组织的产生与发展、组织结构及领导层面作了深入细致的研究。义赈是相对于官赈而言的一种民间慈善事业。因此，义赈组织也就是相对于官赈组织而言的一种民间慈善组织。靳环宇对晚清义赈组织进行研究的思路与方法可为本人研究民国时期贵州省的赈务组织与活动提供参考。

张艳丽著《嘉道时期的灾荒与社会》（北京：人民出版社 2008 年版）不愧是一部较为出色的灾荒史研究的学术论著。该书选取嘉庆与道光时期的灾荒与社会作为研究对象，对灾荒的成因、灾荒对社会所造成的影响、政府与民间的救灾举措进行了多角度的分析与研究。正如李文海先生在该书的序言中所指出的：

正因为我们国家自然灾害频繁而众多，所以我国人民也就积累了丰富的防灾、抗灾的宝贵经验。这是一笔巨大的历史财富，它既包括在天人关系及灾荒观方面的某些带有科学性的认识，也体现在政治设施方面相对完整严密的救荒机制，更反映在人民群众生动具体的救灾实践，以及记录和总结这些实践的种

---

① 曹树基：《田祖有神——明清以来的自然灾害及其社会应对机制·序》，上海：上海交通大学出版社 2007 年版，第 6 页。
② 参见孙语圣：《1931·救灾社会化》，合肥：安徽大学出版社 2008 年版，第 22 页。

类繁多的荒政著作之中。本书虽然主要研究清代嘉庆、道光年间的情况，但对
这方面也有很好的分析和阐述。①

在海外研究中国荒政史的成果中，由刘东主编的海外中国研究丛书，其中
法国汉学家魏丕信撰写、徐建青翻译的《十八世纪中国的官僚制度与荒政》(南
京：江苏人民出版社 2006 年版)具有一定的代表性。该书 1980 年在法国出版
时，引起国际学界的重视，被称为"一部杰作"，"对于我们理解 18 世纪中国
国家和社会的相互作用作出了重要贡献"。②该书对 18 世纪的中国政府在如何
进行勘灾、救灾、恢复农业生产等方面均作了深入细致的分析，是一部不可
多得的海外学者研究中国荒政的专著。该书同样对笔者的研究可提供重要参
考作用。

（二）代表性论文

20 世纪 80 年代以后，有代表性的荒政研究论文主要有：

邵永忠的《二十世纪以来荒政史研究综述》对大陆地区 20 世纪以来荒政史
的研究成果进行了总结和探讨，提出了以往研究中的不足和今后的努力方向。
该文在笔者研究本课题的过程中起重要的参考作用。

李向军的《试论中国古代荒政的产生与发展历程》对中国古代荒政的产生
与发展历程进行了梳理。该文认为，荒政首先是一种政府行为。因此，荒政的
出现是在国家政权出现之后。中国古代荒政的雏形是在春秋战国时期出现的。
秦汉至魏晋南北朝，古代荒政逐步形成并得到初步发展。隋唐两宋，古代荒政
日臻成熟。其中，南宋时期董煟写出的第一部记载救荒史事、综述救荒措施的
荒政专书《救荒活民书》(三卷本)，标志着古代荒政走向成熟。从元代起，古
代荒政渐至鼎盛阶段。到清代，古代荒政完全发展到鼎盛阶段。从该文可以看
出，中国荒政的历史源远流长。中国现代意义上的荒政是在继承传统荒政的基
础上产生与发展起来的。

陈采勤、朱晓红的《论先秦诸子的抗灾赈济措施》认为，先秦时期的中国
社会就是一个多灾多难的社会。与之相伴而生的是，先秦诸子学者对于抵抗灾
荒，赈济贫困，解决社会矛盾而提出过许多有效的措施。其中，某些抗灾救荒
的思想至今还有其独特的借鉴意义。

张文华、胡谦的《汉代救荒对策论略》认为汉代荒政已初步形成一个较为
完备的体系。汉政府在救荒实践中，往往能从战略高度出发，在灾前、灾时和

---

① 张艳丽著：《嘉道时期的灾荒与社会》中李文海所作序言部分，北京：人民出版社 2008 年
版，第 3 页。

② 转引自〔法〕魏丕信著，徐建青译：《十八世纪中国的官僚制度与荒政》，南京：江苏人民
出版社 2006 年版，第 6 页。

灾后采取一系列形式多样、内容丰富的备荒、救荒的策略措施。这些措施在抗灾、救灾中发挥了积极作用，同时对于人们今天预防灾害也有一定的参考价值。其他与汉代荒政有关的研究成果主要有：张涛的《经学与汉代的救灾活动》、刘少虎的《两汉荒政建设原因析》、陈业新的《两汉荒政特点探析》和《地震与汉代荒政》、高汝东的硕士毕业论文《汉代救灾思想研究》、刘举的硕士毕业论文《汉武帝兴水利与西汉王朝兴衰的关系》等。

潘孝伟的《唐代救荒措施总体特征》认为，唐代农业之所以空前发展，其中，一个重要的原因在于唐朝政府的救荒成效显著。唐代救荒措施总体特征表现在三个方面：救荒措施的系统化；救荒措施的制度化；救荒措施的务实性。由此推断，我国古代救荒活动发展到唐代，实已臻于成熟的地步。

康弘的《宋代灾害与荒政述论》认为，尽管宋代的赈济措施存在一定的弊端，但其成效却不能否定。一方面，它使大批灾民免于死亡，保存了劳动力；另一方面，它促进了农业生产的恢复和发展，对于保证社会环境的安定起到了积极作用。

张文的《两宋赈灾救荒措施的市场化与社会化进程》认为，宋朝荒政制度较之中国古代传统荒政已有了相当大的质的变化。例如，从性质上说，虽总体仍未脱离统治者恩赐的性质，但已开始向国家义务方向转化；从制度建设上说，传统荒政的措施多为临时性的被动举措，而宋朝虽总体上仍未脱离被动性的救济属性，但由于建立了从中央到地方的一整套荒政法规制度，从而使宋朝的荒政显示出前所未有的主动性和制度化。此外，就荒政措施的属性而言，已开始向多元化方面发展。即除了传统的纯行政性措施以外，开始更多的运用市场性的举措，也更多的开始动员民间力量辅助救荒。

陈关龙的《明代荒政简论》对明代荒政的对象、荒政的内容、荒政的效益做了一定的探讨，认为明末荒政中所存在的问题是导致明王朝走向灭亡的重要原因之一。李鸣的《明朝救荒立法述略》认为明王朝在抗灾救荒方面功效显著，尤其是在救灾立法上为后世提供了许多可借鉴的宝贵经验。但也应该指出，由于封建专制国家和法律性质决定了救灾仅仅是调整经济的一种手段，其立足点仍然是维护封建王朝的根本利益，加之封建官僚机构的腐败和官吏的自私贪婪，许多法令在实施过程中受到重重阻碍，最终，人民得到的实惠是极其有限的。

龚小峰的《论明代的赈粥》认为，赈粥，作为救荒的措施之一，以其简易可行、成本不高、救治迅速、颇具实效性而被明代社会广泛采用。该文在肯定粥赈的积极作用的同时，认为明代粥厂制度自身存在的种种弊端，其实正折射出明代荒政乃至经济、吏治的实际情形。

李文海的《晚清义赈的兴起与发展》对义赈兴起的历史背景、历史过程、历史作用作了客观的、恰如其分的分析与研究。著者认为，有别于"官赈"的、由民间筹集资金、民间散放的"义赈"，是随着带有资本主义性质的经济成分的出现而兴起的。因此，义赈的兴起，是一个历史进步。

夏明方的《论 1876 至 1879 年间西方新传教士的对华赈济事业》认为，"丁戊奇荒"发生后，西方在华的新传教士纷纷解囊相助，捐助中国官府，救济中国的灾民。这次赈灾活动第一次将西方国家的救济事业引入中国，它所展示出来的比较严密的组织机构和科学有效的募捐散赈的方式方法，客观上给当时东南沿海的中国绅商提供了可资借鉴的近代化救灾模式，从而催动了中国独立自主的新型赈灾机制的诞生。

谢高潮的《晚清洋务派恢复社会经济的荒政主张与活动》对晚清洋务派的荒政主张与活动作了充分肯定，认为洋务派在晚清社会经济的恢复中曾起过积极作用。

卢世菊的《张之洞赈荒述评》是对历史人物个体的荒政活动与荒政主张进行研究的一篇代表性论文。该文认为，张之洞作为注重实事实功的洋务大吏，其救灾赈荒措施至今仍有借鉴作用。

王金香的《洋务派与"丁戊奇荒"》认为，在光绪年间所发生的"丁戊奇荒"期间，以李鸿章为首的洋务派积极主持了对灾民的赈济活动，动员和组织社会力量进行义捐，为后世留下了许多有益的经验。

倪玉平的《水旱灾害与清代政府行为》以水旱灾害为中心分析清政府的所作所为。认为为应对水旱灾害，清政府建立了一套相当完备的机构，并制定了极为严密的规章制度。

叶依能的《清代荒政述论》认为，清代荒政集历代之大成，已达到相当完善的程度，具有自身独到的特点。为救荒，清政府采取了一套行之有效的措施，包括安辑、蠲免、赈济、调粟、借贷、养恤等方面，其中以蠲免与赈济最为重要。在对清代荒政的评价上，该文一方面指出其所存在的积极作用，认为清代荒政成效显著，是前代不能比的；另一方面认为自乾隆后期起，随着吏治腐败，财政紧缺，荒政弊端不断，救灾效果远不如前。其他对于清代荒政研究的成果还有：谷文峰、郭文佳的《清代荒政弊端初探》、杨明的《清朝救荒政策述评》、张天周的《乾隆防灾救荒论》、吕美颐的《略论清代灾赈制度中的弊端与防弊措施》等。

对于抗战时期的社会救济问题，也是 20 世纪 80 年代以后学界研究的一个重点。主要论文有：孙艳魁的《抗日战争时期难民垦荒问题述略》、程朝云的《抗战初期的难民内迁》、周蕴蓉的硕士毕业论文《抗战时期广东的灾况和社会救济》、王春英的《抗战时期难民收容所的设立及其特点》、夏明方的《抗战时期中国的灾荒与人口迁移》、彭红碧的硕士毕业论文《抗战时期重庆难民的救济》等。

对于民国时期的社会救济问题，目前学界也发表了很多论文。主要有：刘五书的《论民国时期的以工代赈救荒》，张明爱、蔡勤禹的《民国时期政府救灾制度论析》，张益刚的博士学位论文《民国社会救济法律制度研究》，蔡勤禹的《民国社会救济立法述论》和《民国社会救济行政体制的演变》，孙语圣的《民国时期安徽灾荒成因浅析》，池秀梅的硕士毕业论文《民国时期福建灾荒救济研究》，刘岸冰的硕士毕业论文《民国时期上海传染病的流行与防治》，李强的硕士毕业论文《民国时期西北民族地区灾荒引发的社会问题研究》，羡萌的硕士毕业论文《民国时期中国红十字会研究》，王虹波的硕士毕业论文《民国时期自然灾害对乡村民生的影响》，鲁克亮的硕士毕业论文《清末民初的灾荒与荒政研究（1840—1927）》，中国第二历史档案馆编写的《民国以来历次重要灾害纪要》，蔡勤禹、李元峰的《试论近代中国社会救济思想》，曹峻的《试论民国时期的灾荒》，岳宗福的《民国时期的灾荒救济立法》，苏留新的《民国华洋义赈会河南灾赈述略》，池子华、刘玉梅的《民国时期河北灾荒防治及成效述论》等。

以上所提 20 世纪 80 年代以后荒政研究的各类成果，无论学术专著与史料集，或是有代表性的学术论文，有的属于区域史的研究范围，有的属于专门史的研究范围，有的属于通史性的研究，有的属于断代史的研究，有的属于救济的体制、法令与制度性的研究，有的运用新的学科知识与研究方法来研究。在这些学术专著与史料集中，大多涉及灾荒救济的内容。其中，包括救济的方法与措施，救济的思想与机构设施，救济的社会制度与救济立法等内容。然而，真正把救济的组织机构作为研究对象的成果却并不多见。其中，除了蔡勤禹的《民间组织与灾荒救治——民国华洋义赈会研究》和靳环宇的《晚清义赈组织研究》外，再没有将赈务机构作为独立的研究对象的成果出现。同时，笔者还注意到，蔡著与靳著都是将救济的民间组织机构作为研究对象，对于赈务过程中官方的组织机构却没有相关的研究成果面世。特别是对于民国时期官方的赈务机构——赈务委员会与赈济委员会，至今没有专著对其进行研究。周秋光、曾桂林所著《中国慈善简史》中虽然涉及民国时期官方的救济领导机构的问题，但只是作为专著当中的部分内容进行研究，并没有对其进行全方位的具体研究。因此，也不能算作对民国时期赈务机构的专门研究成果。蔡勤禹所著《国家社会与弱势群体——民国时期的社会救济》中对国民政府救济行政体制——赈务委员会的演变过程做了梳理与研究，但对于赈务委员会的组织机构与运行情况论述过于简单。至于贵州省赈务会及其赈务活动，除了贵州省档案馆所编辑的《贵州省档案指南》中"贵州省赈务会"条目对所存与赈务有关的档案史料进行概述外，并没有人对其进行专门的、系统性的研究。即使对于"赈务委员会"这一词目，在与民国历史事件有关的辞典和历史书籍中，据笔者所了解，做专门阐述的并不多见。有的甚至根本就没有提及"赈务委员会"这一重要的救灾领导机构。如在陈旭麓、李华兴主编的《中华民国史辞典》(上海：上海人民出版社 1991 年版)中，只是在 1939 年国民政府组织系统表中提到"赈济委员会"属行政院的一个下属机构。至于"赈济委员会"的组织结构与行政职能等均没有具体的解释。在杨静仁题词的《民国史大辞典》(北京：中国广播电视出版社1991 年版)中，在其提到的政治组织中，有立法院、行政院、司法院、监察院和考试院等一级行政机构，至于二级行政机构"赈务委员会"没有列入解释之列。倒是在"救灾美麦借款"事件的解释中连带提到 1931 年全国水灾救灾委员会成立的情况，但对于"赈务委员会"成立的情况还是无从知道。在张宪文等著《中华民国史》(南京：南京大学出版社 2005 年版)第 2 卷中提到 1928 年 6月国民政府颁布的《行政院组织法》规定，赈务委员会属于行政院的直辖机构，此外也没有做进一步的说明。在《贵州通史》编委会编辑的《贵州通史》第 4卷《民国时期的贵州》(北京：当代中国出版社 2003 年版)一书中，提及国民党在贵州的统治时，同样没有将"贵州省赈务委员会"列入编写的范围当中。真正将"赈务委员会"作出具体解释的，是在张宪文、方庆秋、黄美真主编的《中华民国史大辞典》(南京：江苏古籍出版社 2002 年版)中。该辞典将民国时期的赈务机构做出了专门的解释，其中包括 1921 年成立的"赈务处"、1929 年成立的"赈灾委员会"、1930 年成立的"赈务委员会"、1938 年成立的"赈济委员会"等。这样，终于使"赈务委员会"在与民国时期有关的辞典中占有了应有的位置，让人们有更多的机会认识了解那处于"沉睡"状态的"赈务委员会"。然而，要让人们真正深入认识了解国民政府时期的"赈务委员会"，还有待于学界同仁深入档案馆，充分挖掘利用档案馆中现有的有关赈务的档案史料。透过赈务档案史料，让人们了解赈务，熟悉赈务，关心赈务，让历史的赈务为现实的赈务提供经验与借鉴。

三、概念的界定、资料来源及研究方法

何为赈务？所谓赈务是指与赈济有关的事务。中国传统赈济活动主要是由政府负责管理与实施。"直到光绪初年，随着社会政治生活和经济生活的新的变化，才开始兴起了一种'民捐民办'，即由民间自行组织劝赈、自行募集经费，并自行向灾民直接散发救灾物资的'义赈'活动。"[1]"晚清义赈是伴随着中国近代化进程而产生的，从而带有明显的救荒近代化性质。"[2]由此，中国传统的赈务活动发生分化，出现两种基本情况：一是官方所办之赈务，二是民间所办

---

① 李文海：《晚清义赈的兴起与发展》，《清史研究》1993 年第 3 期，第 27 页。
② 转引自朱浒著：《江南人在华北——从晚清义赈的兴起看地方史路径的空间局限》，《近代史研究》2005 年第 5 期，第 115 页。

之赈务。前者为官赈即官方主导的政府救济行为，后者为义赈（民赈）即民间力量为主的民间救济行为。其中，由于义赈组织经办主体的民间性而被列入民间慈善事业的范畴，而官赈则另当别论。①这两种赈济方式在晚清以后一直是我国灾荒赈济的主流。赈务的范围主要涉及因水、旱、蝗、雹、饥荒、地震等自然灾害以及国内战争所造成的难民救济。

赈务与荒政具有不可分性。然而，从严格意义上讲，两者还存在一定的细微差别。赈务，既包括官方开展的救济事务与救济活动，也包括民间所进行的救济事务与救济活动。而荒政所强调的则在于官方的救济事务与救济活动。对此，邵永忠认为：

所谓荒政是中国古代救济饥荒的法令、制度与政策、措施的统称。但是从更广层面上讲，在前者的基础上还应该包括救济灾荒的实践活动、思想见解和具体办法等等。②

周致元同样认为，所谓"荒政"是指：

历史上的中央政权或地方官府关于救荒的政策、制度、法令以及指导这些政策、制度、法令的思想的总称。③

由此看来，就荒政的内容与范畴来看，固然应包括与政府救荒有关的思想、法令制度与政策，同时，政府在救荒过程中所成立的组织机构及其救荒实践活动也应包括在荒政的范畴之中。从这一层面来讲，笔者所研究的贵州省赈务会及其赈务活动亦应属于荒政的历史范畴。

开展赈务活动既是行政机关的责任，也是行政机关工作内容。因此，在中国的古代社会，赈灾，既是朝廷考察官员治绩最重要的指标，也是地方绅士义不容辞的任务。中华民国成立后，赈务工作同样是政府部门所必须承担的重要工作内容。救济事务由政府所属的九部之一内务部统管。中国共产党成立后，始终重视救灾救济工作，并将救灾救济作为党的重要政策在革命根据地、抗日根据地或解放区予以贯彻落实。同时，为贯彻落实救灾救济政策，由苏区、边区或解放区政府颁布了有关法令。蒋介石南京国民政府成立后，不仅成立了与赈务有关的组织机构，而且还颁布了一系列与赈务有关的法律法规，为推动全国赈务工作的发展做了大量基础性的工作。贵州作为国民政府所管辖的一个内陆省份，在国民政府的领导之下，不仅成立了与赈务有关的组织机构，同时也开展了一系列的赈务活动。

本书选取贵州省赈务会及其赈务活动作为研究对象，其侧重点在于官赈。

① 关于慈善事业的界定，具体参见周秋光、曾桂林著《中国慈善简史》（北京：人民出版社
2006年版）；靳环宇著《晚清义赈组织研究》（长沙：湖南人民出版社2008年版）。
② 邵永忠：《二十世纪以来荒政史研究综述》，《中国史研究动态》2004年第3期，第2页。
③ 周致元著：《明代荒政文献研究》，合肥：安徽大学出版社2007年版，第1页。

同时，对于与官赈有关的民赈亦作适当之研究。

那么，贵州省赈务会是在什么情况下成立的？其组织机构是怎样构成的？其进行赈务的基本制度及其办赈规程是什么？其赈务活动主要有哪些？其赈务活动的社会影响如何？贵州省赈务会与其他民间赈务组织之间的关系如何？这些正是本文所要研究的问题。

本书对贵州省赈务会及其赈务活动的研究主要立足于贵州省档案馆所藏贵州省赈务会赈务档案（全宗号 M24）共 1 173 卷档案史料、贵阳市档案馆有关赈务的档案史料、南京中国第二历史档案馆所藏国民政府办赈的档案史料以及民国时期与赈务相关的报纸杂志、典籍文献等。此外，还参考了以下各类资料：

（1）韩义义、杨占贤主编：《贵州社会组织概览（1911—1949）》（贵阳：贵州人民出版社 1996 年版）。该书将民国时期贵州各种社会组织全部编入书中，其中包括贵州省政府社会处、贵州省社会救济事业协会、贵州省救灾准备金保管委员会、贵州救济院、贵州省赈务（赈济）会、全黔义赈会、贵州省会灾民救济处、贵州省各界赈灾筹募委员会等社会团体，从而大大减少了笔者的查阅时间，为本文的研究提供了便利。

（2）蒋国生、韩义义主编的《民国贵州省政府委员会会议辑要》（上下册）（贵阳：贵州人民出版社 2000 年版）。该书收录了民国时期贵州省政府各种会议辑要和一些重要的人事安排，同时还对一些政府要人的生平作了简要介绍，是笔者研究贵州省赈务会的重要参考书。

（3）贵州省图书馆编《贵州历代自然灾害年表》（贵阳：贵州人民出版社 1982 年版）。该书系统地汇集了从公元前 27 年至公元 1949 年间有关贵州历史上所发生的各种自然灾害资料。其中有关民国时期贵州的自然灾害记录为笔者的研究提供了重要的历史依据。

（4）贵州省防汛抗旱指挥部办公室、贵州省水文水资源局编《贵州水旱灾害》（贵阳：贵州人民出版社 1999 年版）。该书全面系统地分析了贵州省水旱灾害的基础资料。在对灾害的特征、类型、危害等进行分析归纳的基础上，提出了灾害的成因规律及防灾减灾的对策措施。这对笔者的研究起参考作用。

（5）贵州省地方志编纂委员会编：《贵州省志·气象志》（方志出版社 1998 年版）。该书是第一部全面、客观、系统和科学地记述贵州气象事业发展历程的专业志，是贵州经济发展史的重要组成部分，是一部鉴古知今、承前启后的资料性著述。气象具有为社会服务的功能，其中一项最为重要的服务功能在于为防灾减灾服务。在对贵州省赈务会的研究过程中，其中一项重要的内容就是研究如何做好防灾减灾工作。因此，了解贵州气象，无疑对做好贵州省的防灾减灾工作是有帮助的。书中对民国时期贵州气象的大事记录可进一步让笔者了解当时贵州气象与贵州灾荒之间的关系。

（6）罗宁主编《中国气象灾害大典·贵州卷》（北京：气象出版社 2006 年版）。该书把实用性放在首位，以现代气象资料作为重点，集史鉴今，系统全面地反映了贵州省气象灾害的历史状况。书中收入了自公元前 23 年到公元 2000 的主要气象灾害史实，时间跨度长达 2 000 余年。该书对笔者的研究有重要的参考作用。

（7）贵州省地方志编纂委员会编《贵州省志·农业志》（贵阳：贵州人民出版社 2001 年版）。该书系贵州省第一部农业专志。该书有利于笔者了解贵州省农业自然环境和建省以来农村社会经济发展概况。通过对贵州省农业自然环境和农村社会发展概况的了解，总结贵州自然灾害发生的规律性，从而更好地采取防灾措施。

（8）在各省编辑出版的民政志中，灾荒救济是其中的重要内容之一。通过借助于包括贵州省民政志在内的全国各省编辑出版的民政志，有利于加深对民国时期贵州省荒政的了解与研究，有利于推动民国时期贵州省赈务会的研究工作。

（9）贵阳市志编纂委员会办公室编《贵阳百年（1901—2000）》（贵阳：贵州人民出版社 2000 年版）。该书通过记述 1901 年至 2000 年贵阳发生的大事、要事，特别是记述贵阳历史进程中具有开创性、转折性和终结性的事，反映贵阳 20 世纪的风雨沧桑和日新月异的变化。内容涵盖政治、经济、文化及社会各个方面。贵阳市是贵州省的省会城市，贵州省赈务会办公之地就设在贵阳。因此，借助于该书可以了解到在省会城市贵阳所发生的与赈务有关的大事。

（10）贵州省档案馆编辑出版的档案文献资料《贵州档案史料》《贵州档案》。这些文献资料记述了民国时期特别是抗日战争时期大量的有关灾荒与救济的原始资料。借助这些史料，可减轻笔者查阅档案的时间与精力。

（11）荣孟源主编《中国国民党历次代表大会及中央全会资料》（上下册）（北京：光明日报出版社 1985 年版）。本书所收资料，自 1924 年 1 月国民党改组，在广州召开第一次全国代表大会起，至 1949 年 7 月在广州召开最后一次非常委员会会议止，凡是国民党正统派召开的会议（包括"西山会议"和反对蒋介石的中国国民党改组同志会、"扩大会议"、"非常会议"）全部收录。通过该书，可让笔者了解到国民党中央每次会议的议程和政治情况。其中涉及灾荒救济的内容可对笔者的研究提供借鉴。

（12）蔡鸿源主编《民国法规集成》（100 册）（合肥：黄山书社 1999 年版）。该书是笔者研究本课题的重要参考资料。书中有相当部分法规涉及民国时期的荒政。因此，借助于该书可让笔者进一步了解到民国时期赈务委员会的组织建设概况以及中央政府的基本立场与努力方向。

（13）李新总编《中华民国大事记》（北京：中国文史出版社 1997 年版）。该书记录了中华民国成立以来所有大事，其中自然包括中央赈务委员会的基本情况。该书也是笔者研究本课题的重要参考书。

（14）由黄加服、段志洪主编《中国地方志集成·贵州府县志辑》（南京：江苏古籍出版社、上海：上海书店、成都：巴蜀书社，根据民国时期出版的贵州地方志书 1990 年影印版）全面记录了历史上贵州府县的基本概况。其中，涉及贵州历史上荒政的内容为笔者的研究提供了重要的参考史料。

（15）张肖梅编著《贵州经济》，（重庆：中国国民经济研究所 1939 年版）。该书用大量篇幅分析了 1939 年以前民国时期贵州经济发展概况。其中涉及的民国时期贵州灾荒方面的资料可为笔者的研究提供重要参考。

（16）由张连红著《整合与互动——民国时期中央与地方财政关系研究（1927—1937）》（南京：南京师范大学出版社 1999 年版）深入地探讨了南京国民政府时期中央和地方的财政关系。该著作对于笔者了解南京国民政府时期中央与贵州地方的财政概况提供了依据，从中可以窥探南京国民政府与贵州地方政府用于灾荒救济的财务概况。

（17）邹逸麟编著《中国历史地理概述》（上海：上海教育出版社 2007 年版）从历史的角度对中国地理环境的变迁进行了全方位的研究。其中涉及气候、植被、水系、海岸线、沙漠、疆域、行政区划的变迁，以及人口的增长、分布和迁移，中国古代农业的地区开发与地域差异，历代工矿业的分布和兴衰变迁，城市分布和交通线的历史变迁，历史文化景观的地域差异及其变迁等内容。通过该书我们可以总结中国历史地理变迁的规律及其与历代灾荒之间的因果关系，从中吸取历史的经验与教训，从而达到趋利避害的目的。该书在笔者的研究过程中起到开阔研究视野的作用。

（18）与邹逸麟编著相似的另一本专著是美国研究者劳拉·李编著的《天气改变了历史》（上海：上海科学技术文献出版社 2008 年版）。该书从天气与历史发展关系的角度论证了天气在人类历史发展的过程中起着不容忽视的影响与作用。正如该书作者所说："人类社会由天气塑造，再影响天气，然后必须调整以适应这些新创造的模式；我们每一个人只是这个复杂而彼此息息相关的体系中微小的一分子。"①该书向笔者揭示：在研究荒政史的过程中不能忽视天气因素在自然灾害发生时所产生的重要作用。

（19）其他资料包括：《贵州通史》（民国卷）、《贵州六百年经济史》、《中国

---

① 〔美〕劳拉·李编，林文鹏、蔡和兵译：《天气改变了历史·概述》，上海：上海科学技术文献出版社 2008 年版，第 4 页。

荒政全书》（第1辑1卷本和第2辑4卷本）、《中国抗日战争时期物价史料汇编》、《中国抗日战争全史》、《抗日战争大事典》、《中华民国史大辞典》、贵州各县县志等。

　　根据上述资料，本书在研究过程中，坚持以历史唯物主义为指导，以贵州省赈务会为中心，对其成立的灾荒背景以及与灾荒有关的荒政背景、内在的组织结构、机构的运转、所开展的赈务活动、所产生的历史与社会影响进行总体研究。揭示赈务工作是一个历史与现实的主题，强调作为政务主管部门，无论过去、现在与将来都必须积极开展赈务工作。这是推动社会发展不可或缺的一项基本工作。

　　在研究方法上，本书在研究过程中，力求以多视角、宽领域的方法来研究。具体来讲，坚持用历史学的研究法，综合运用社会学、灾害学、政治学、伦理学等多学科的理论知识与方法，力求准确、客观地揭示贵州省赈务会在民国时期贵州社会经济发展中所起的作用，同时也为当代贵州乃至全国社会经济的发展提供有益的借鉴。

第一章 贵州省赈务会成立的历史背景及过程

　　贵州省赈务会作为贵州省政府直接领导的、受国民政府赈务委员会指导的行政机构,其工作职能主要在于办理赈灾、救贫、慈善等事项。这种在政府官员主导之下的赈务活动,即为我们通常所说的官赈。作为一个官方组建的政治组织,贵州省赈务会的成立,离不开当时社会特定的历史条件。所谓特定的历史条件,既有自然方面的因素,也有社会方面的因素;既有政治方面的影响,亦有经济方面的作用。本章主要对贵州省赈务会成立之前十年间(1917—1926年)贵州省灾荒基本概况、贵州省赈务会组建的背景及成立的历史过程加以梳理和阐述。

第一节　1917—1926年贵州省主要灾荒概况及基本特征

　　贵州省赈务会的成立,就其背景来分析,可以说是贵州灾荒发展的必然产物。贵州灾情的发展,需要一个统一的官方机构组织领导贵州本省的赈务活动,以应对本省灾情的发生。

一、1917—1926年贵州省主要灾荒概况

　　贵州位于我国西南地区的东南部,云贵高原的东侧,地理坐标东经103°36′~109°35′、北纬24°37′~29°13′。东邻湖南,南接广西,西靠云南,北连四川。土地面积176 128平方公里,占全国陆地面积的1.83%,在各省区市中居第16位,属亚热带岩溶化的高原山区省份。

　　在漫长的地壳形成发展过程中,贵州大部分地区处于海洋沉积环境,沉积了厚达3万米左右的碳酸盐类岩层。贵州境内经过地球史上多次造山运动,尤其是第四纪以来的喜马拉雅新构造运动,随着青藏高原的强烈隆起,贵州地壳抬升为一个西高东低的高原斜坡。长时期在热带、亚热带气候条件下,通过光、热、水、土、生物诸因素相互影响所产生的侵蚀、溶解、冲刷、堆积等外力作用,又不断对抬升起来的高原斜坡进行破坏和再建,使贵州农业地貌的形态特征及区域差异与云南高原、四川盆地、广西丘陵和湖南丘陵有很大的差别,表

现出明显的三大基本特点：地势西高东低，垂直差异悬殊；地面崎岖破碎，山地遍布全境；碳酸盐类岩石广布，岩溶地貌发育广阔。[①]

独特的地理位置与地理环境造就了贵州独特的气候特征。明代有学者将贵州的气候特点与地理特点概括成两句话，即"天无三日晴，地无三里平"。所谓"天无三日晴"，确实抓住了贵州气候的特点——晴天少，雨量多。这一概括是对贵州气候特点的客观描述。正是因为"天无三日晴"，从而使贵州的气候资源优势更为明显。贵州从来没有北方那样的寒冷，也没有南方那样的炎热，"不冷不热"，气候宜人。但另一方面，由于贵州地处低纬度喀斯特高原山区，自然生态环境脆弱，因此，自然灾害的发生不可避免。历史上流传着贵州是一个"无灾不成年"的省份。贵州主要自然灾害有旱灾（包括春旱、夏旱）、水灾、低温冻害（包括倒春寒、秋风冷害、冬季雨凇）、风、雹及雷击等水文气象灾害；农、林、草、畜、禽病虫等生物灾害；滑坡、泥石流、崩坍等地质灾害，以及森林、房屋火灾等。

1917—1926 年，在贵州省赈务会成立之前，贵州是一个灾情十分严重的省份。对此，由罗宁主编的《中国气象灾害大典·贵州卷》中有所记载。同时，由贵州省防汛抗旱指挥部办公室和贵州省水文水资源局编辑的《贵州水旱灾害》、贵州省图书馆编辑的《贵州历代自然灾害年表》、张肖梅编著的《贵州经济》中都有所记载。

具体情况如下：

1. 民国六年（公元 1917 年）

遭遇旱灾的县份有：松桃、仁怀、遵义、岑巩、石阡、思南、印江、玉屏。导致稻谷无收，米价昂贵。

2. 民国七年（公元 1918 年）

贵州省旱魃为虐，各乡秧苗多被旱坏，以致米价日涨，一般乡民莫不仰天长叹。

3. 民国八年（公元 1919 年）

入春以来，贵州各地久旱不雨，旱魃为虐，乡间农民所种小春作物全行枯槁，城中井水来源将涸。

春夏，六枝大旱，7 月霜冻，有 4 个区粮食减产，收成只有平年的二三成。

6 至 8 月，印江连遭旱灾、风灾、蝗灾，且疫病流行，粮食歉收七成。

7、8 两月，长顺县长寨久晴不雨，秧苗枯槁，触火可燃，同年 11 月，受旱灾和水灾，受灾 7 000 户。同时，遭受旱灾的还有紫云、修文、镇宁、黔西、大方、毕节等县。

---

① 以上参见贵州省地方志编纂委员会编：《贵州省志·农业志》，贵阳：贵州人民出版社 2001 年版，第 7-8 页。

威宁大饥，6 至 8 月疫疠，死亡无数。

4. 民国九年（公元 1920 年）

初夏，松桃县境内半数地区大旱三个月，粮价大涨，部分地区树皮、草根取食殆尽。

江口县夏旱 48 天，禾苗枯死，人畜饮水困难，秋又虫灾。

务川大旱 50 余天，禾苗枯死无数。

余庆大旱，米价昂贵，野菜食尽，途多饿莩。

同时遭受旱灾与虫灾的县份还有万山、玉屏、石阡、思南、德江、沿河等。

5. 民国十年（公元 1921 年）

本年度贵州遭遇春旱与夏旱。其中，铜仁地区所辖各县遭遇春旱，时间长达 50 多天。两季无收，民食草根树皮，又值疫病流行，病民饿死者众，尤以铜仁为重，数万饥民挖取白泥充饥，不少饥民因吃白泥致死，芦家洞死亡 20 余人，六龙山十室九空。

其他遭受旱灾比较严重的县份还有桐梓、岑巩、贵阳、清镇、修文、剑河、镇宁等。

6. 民国十一年（公元 1922 年）

遭遇旱的地方有贵阳、遵义、赤水、普安等。其中，遵义大旱，赤地千里，饿殍遍野。

7. 民国十二年（公元 1923 年）

桐梓旱灾。

8. 民国十二至十三年（公元 1923—1924 年）

务川连续两年皆大旱，大饥，城乡饿死人甚多。

9. 民国十三至十四年（公元 1924—1925 年）

甲子乙丑大旱年，贵州各地从 1924 年 2 月到 1925 年 9 月共 19 个月没有下过一场透雨，尤其以定番（惠水）、麻哈（麻江）、贵定、盘县、安南（晴隆）、普安、册亨、沿河、关岭、兴义、安龙、丹江（丹寨）、石阡、威宁、贵阳、平越（福泉）、紫江（开阳）、修文、息烽、长寨（长顺）、台拱（台江）、平坝、施秉、松桃、锦屏、赤水、仁怀、普定、罗斛（罗甸）、清镇、剑河、桐梓、瓮安、平州（平塘）、黄平、正安、余庆等数十县为甚，溪水断流，洞泉枯涸，田土开裂，稻禾枯槁，触火可燃，农时即废，赤地千里，民间仓储颗粒无存，粮价腾贵，斗米 5 至 6 元大洋，野外草根树枝被掘馨尽，贫民大量外逃要饭，流离失所，因饥、病死亡者数万人，饿殍载道，惨不忍睹。

10. 民国十五年（公元 1926 年）

台江县春旱，饥荒饿死，绝户逾千。

榕江县春、夏、秋旱相连，县内大饥荒，米价由 50 公斤 30 银毫涨至 321 银毫，农民大量外逃，乡间道路饿殍载途，仅县城饿死 4 000 余人。

夏，余庆大旱 40 余日，水涸民饥。

三都夏粮奇缺，民食树皮草根，饿殍载道，有的村寨人畜死亡殆尽，无人收尸，境内人口减少四分之一。

镇远大旱 60 天，民食树皮草根，一时瘟疫流行，灾病交加，死者过半。

剑河县大旱，大饥荒，物价飞涨，米珠薪桂，易子而食，饿殍载途，人民流离失所，生活极端艰难。

雷山大旱，禾苗枯死，米珠薪桂，民饿死不计其数。

开阳旱灾严重，收成歉薄。

德江连续大旱三年（公元 1924—1926 年），饥荒蔓延，饿殍载道，十室九空。①

二、1917—1926 年贵州省主要灾荒概况的基本特征

1917—1926 年十年间贵州灾荒概况主要表现出这样两个方面的特征：

（一）水旱灾害是贵州省最常见的灾害之一

在 1917 年至 1926 年间，根据笔者所掌握的史料，每年均涉及水旱方面的灾情记录。灾害破坏的严重性，不仅仅在于歉收减产的问题，也不仅仅在于粮价飞涨的问题，有的灾害直接导致饿殍载途、卖妻鬻子的情形。例如，1918 年春，贵州大雨成灾，其中尤以地处贵州省西北地区的威宁县最重。据 1919 年 4 月 13 日《申报》报道："贵州去年亦因雨多为患，全省被灾，而与滇省相接之威宁县尤甚。……不幸去岁又降鞠凶，始则连日大雨，继则五月飞霜（威邑去岁五月大霜数日），终则阴雨连绵，以致全县粮食颗粒无收，死亡相属于道……威宁县属西北一带，饥民不下万户，去冬三个月，已将草根苔藓掘刮罄净。入春以来，十室九空，死者死，散者散，剩有老弱妇孺，嗷嗷待哺，命垂危殆。"②再如，发生在 1921 年春夏之交的贵州水灾，当时受灾县份多达数十县。此次遭受水灾面之广、人数之多，是贵州灾荒史上所罕见的。对此，《晨报》作了详细报道。据该报报道：

黔省……灾区之广，……纵横三千余里，饥民多至三百余万，草根木叶，掘食无余，卖子鬻妻，号哭相望，甚至吞声死别，驱子女以俱沉，救死术穷，阖门户而共尽，惨不忍闻。③

---

① 以上资料均据罗宁主编：《中国气象灾害大典·贵州卷》，北京：气象出版社 2006 年版，第 29-33 页。

② 《滇黔之灾讯》，资料据 1919 年 4 月 13 日《申报》第 2 张第 7 版。

③ 《请看贵州奇荒之惨状》，资料据 1921 年 7 月 17 日《晨报》第 6 版。

《申报》亦报道了当年 7 月 16 日在北京召开的全国救灾委员会会议上贵州代表所持立场。贵州代表指出：

> 贵州灾情重大，若不急施赈济，则三十县之人民，将有人与人相食之虞。①

孙中山在广州发布《命财政部拨款救灾令》称：

> 前据全黔义赈会会长、贵州总司令卢焘等电称：黔省上年蝗旱之后，继以水灾，禾稼无收，生民荡析；……全省八十一县，被灾者已达半数，灾区广至三千余里，饥民多至三百余万等语。兹复据黔籍国会议员张光炜暨旅粤云贵同乡联陈前情，本大总统披阅之余，殊深悯恻，着财政部迅即拨款二万元交该总司令妥为散放，毋任流离失所；并由该省长官广为劝募赈款，以拯灾黎。②

1925 年发生在贵州境内的旱灾同样是极其严重的。当时的报纸杂志对此均有所报道。据上海《泰晤士报》所载："黔省现有六十县地方发生饥荒，千万人民势必成为饿莩。"③《晨报》1925 年 9 月 18 日报道：

> 今年黔中旱灾奇重，为从来所未有。且灾区几遍全省，颗粒皆无，饥民遍野，饿莩满途，现在食粮之贵，实属罕闻。每米一斗需洋七八元余，其他杂粮等，亦需五六元一斗，即素称小康之家，不过仅食稀粥，其他中下各户，即稀粥亦不可得，因此全家饿毙者，到处皆是。人人面呈饥色，据年老者云，今年旱灾，实为黔中从来所未有。④

与此同时，《申报》亦转载了《泰晤士报》对此次黔灾的有关报道：

> 该省灾况非常凄惨，父母恒售其子女，以易些少之米或玉蜀黍，苟延残喘，而黔西等县乡间，竟有食人骇闻。灾区偏及六十余县，人民饿死者日众，竟有困守家园坐以待毙者，亦有流亡在外垂尽路畔者。苟不急事赈济，灾象将益见惨酷。⑤

（二）多种自然灾害与社会灾害交替出现

例如，1919 年的 6 月至 8 月间，印江县连遭旱灾、风灾、蝗灾，且疫病流行，粮食歉收七成。⑥而同年在贵州其他地区则遭受到冰雹灾害的袭击，包括 2 月与 6 月在定番（今惠水县）、3 月在都匀县（今都匀市）、9 月在镇宁县等地发生了程度不等的冰雹袭击。对此，《贵州公报》均作了如实报道。1919 年 2 月 28 日，《贵州公报》在"本省新闻"栏目中报道了定番县遭到冰雹袭击情况：

① 《太平洋路透电》之《全国救灾委员会》，资料据 1921 年 7 月 18 日《申报》第 2 张第 7 版。
② 《命财政部拨款救灾令》（1921 年 7 月 26 日），《孙中山全集》第 5 卷，北京：中华书局 1985 年版，第 579 页。
③ 颂皋：《大理地震与贵州饥荒》，资料据《东方杂志》第 22 卷第 11 号，第 5 页。
④ 《黔省旱灾奇重》，资料据 1925 年 9 月 18 日《晨报》第 6 版。
⑤ 《黔省奇荒之外讯》，资料据 1925 年 5 月 8 日《申报》第 4 张第 14 版。
⑥ 资料据罗宁主编：《中国气象灾害大典·贵州卷》，北京：气象出版社 2006 年版，第 29 页。

闻定番于本月 20 号夜冰雹大降，打毁瓦屋甚多，人口亦有受损伤者，而田土中所种植物损失尤巨[①]。

同年 7 月 2 日，《贵州公报》对发生于定番县的冰雹事件又作了一次报道：

客有由定番来者云，该县西区地方于本月（此处当指农历六月，笔者注）二十九日天降冰雹，其大如拳，四乡禾苗完全打坏，该处农民无不同声浩叹。[②]

1919 年 4 月 4 日，《贵州公报》报道发生在都匀县的冰雹袭击情况：

阴历三月二十五日，都匀附郭一带天降冰雹，大如鸡卵，田中小春均被击平。房屋亦击坏不少。[③]

同年 11 月 2 日，《贵州公报》对发生在镇宁县的冰雹袭击情况亦作了报道：

镇宁县西乡一带，因夏间久旱不雨，既已播种过迟，栽插不齐，继又连遭风、蝗虫害，并于阴历八月三日陡降冰雹，被灾约四十余寨，禾苗尽空。入秋以来，哀声遍野。[④]

从《贵州公报》有关贵州各县冰雹袭击事例的报道中可以看出，镇宁县更具典型性。该县一年之内，先后发生了旱灾、风灾、蝗灾和雹灾等多种自然灾害，这对该县所带来的危害是空前的。

多种自然灾害交替出现的状况在同一时期的威宁县有突出表现。据 1919 年 2 月 26 日《贵州公报》报道：

（威宁县，笔者注）去年（指 1918 年，笔者注）春夏之交阴雨连绵不止，以致耕耨愆期。五月内忽降大霜，三秋时更加霪雨。全邑之收成失望。昔年之蓄积皆空。饥馑荐臻闾阎。……老幼多流离失所。[⑤]

至于社会灾害，主要是贵州军阀之间的混战给贵州人民所带来的破坏性影响。民国时期，贵州政权更替频繁，主持省政者前后多达十余人，政局动荡，统治集团内部矛盾尖锐。辛亥革命之后，贵州的资产阶级政权仅存在了三个月，便被军阀统治所代替，历经滇系军阀、兴义系军阀、桐梓系军阀的统治。在此期间，各派军阀在贵州的争夺与混战，造成贵州政局动荡不安，人民生活困难重重。

由此可见，贵州灾情的发展成为推动贵州省赈务会成立的重要原因。

第二节　国民政府赈务机构的设置及其影响

贵州境内的官办灾荒救济机构同全国其他地方省份一样，随中央政府官职机构设置的变化而变化。在民国以前，贵州境内亦无专门的官办灾荒救济机构。

---

① 《冰雹为灾》，资料据 1919 年 2 月 28 日《贵州公报》第 1 张第 2 页。
② 《冰雹为灾》，资料据 1919 年 7 月 2 日《贵州公报》第 1 张第 3 页。
③ 《都匀雨雹》，资料据 1919 年 4 月 4 日《贵州公报》第 1 张第 3 页。
④ 《呈报荒歉恳豁免》，资料据 1919 年 11 月 2 日《贵州公报》第 1 张第 3 页。
⑤ 《威宁县灾歉募赈启》，资料据 1919 年 2 月 26 日《贵州公报》第 2 张第 1 页。

"灾害发生后，当地官府就是救灾的主管机构。救灾事宜由各机构兼管，而非专管。"①直到 1927 年 4 月南京国民政府成立之后，随着中央政府专门的灾荒救济机构的设置与成立，贵州始有专门的由官方主办的灾荒救济机构，即贵州省赈务会。贵州省赈务会是在南京中央政府的直接影响之下成立的。在一定的程度上，这表明当时的贵州尽管政局不十分稳定，但中央政府对地方政局所产生的影响则是显而易见的。了解到中央与地方这样一种相互影响的关系之后，那么，我们要了解贵州省赈务会成立的历史过程，必先了解当时中央政府赈务会是在怎样一种历史背景之下设置与成立的。为此，本节拟从以下诸端来分析。

一、南京国民政府赈务会成立之前中央政府灾荒救济机构沿革

中国荒政的历史由来已久，最早可以追溯到春秋战国时期。然而，中国成立专门的灾荒救济机构的历史却是发生在民国时期的事情。

（一）1912 年 1 月南京中华民国临时政府成立初期的灾荒救济机构

在 1912 年南京临时政府成立之前的湖北军政府时期，就已经考虑到在主管民事的政府机构中设置专门的科室负责灾荒救济的问题。1911 年 10 月 10 日，武昌起义爆发。第二天，湖北革命党人按照同盟会纲领，成立中华民国军政府，即湖北军政府。它是辛亥革命时期建立的第一个省级革命政权，曾一度代行中央政府职能。我们透过湖北军政府统治时期所颁布的相关法规可以看出，此时的政府职能机构中已涉及成立专门民事机构的问题，并规定了具体的机构职能。例如，根据《湖北军政府内部组织之条例》规定，政事部下设七个局，其中包括内务局。②根据《中华民国鄂军政府改订暂行条例》规定，军政府设置九个部，其中"内务部"列第四位，其职权在于："掌关于内务行政事宜。"③12 月3 日，独立各省代表在南京开会通过《中华民国临时政府组织大纲》（以下简称《大纲》）。在《大纲》第三章"行政部"一栏中，规定行政部由九个部门组成，其中包括名列第二的内务部。④在内务局、内务部的各项职能中，就包括民政事务这一项在内。对此，在《中华民国中央军政府内务部暂行条例》（以下简称《条例》）中，明确规定内务部下设四个科室，即总务科、民治（政）科、铨叙科、印铸科。其中，《条例》要求民政科长督率科员办理本科一切事务。

① 孙绍骋：《中国救灾制度研究》，北京：商务印书馆 2004 年版，第 52 页。
② 蔡鸿源：《民国法规集成》第 2 册，合肥：黄山书社 1999 年版，第 51 页。
③ 蔡鸿源：《民国法规集成》第 2 册，合肥：黄山书社 1999 年版，第 28 页。
④ 蔡鸿源：《民国法规集成》第 2 册，合肥：黄山书社 1999 年版，第 70 页。

所谓"本科一切事务",其实就涵盖了诸如"工赈、农田、水利、森林、矿产、自治等事"。①从《大纲》的内务部机构设置中,可以看出新政权刚诞生,就有了专门的赈务部门之设。

1912年1月1日,中华民国南京临时政府成立之后,关于民政事务的问题,特别是关于灾荒救济的问题,已引起以孙中山为首的革命党人的高度重视。与辛亥革命之前所不同的是,此时的灾荒救济由原来的以封建皇权为中心初步变成了"以总统制为核心的中央一级专职救灾体制,明确了救灾工作为一项重要的政府行为"。②具体表现在,1912年1月3日颁布的《中华民国临时政府中央行政各部及其权限》中将内务部作为临时政府所设九部当中的一部。在规定各部所管事务当中,将"善举、公益"列为内务部重要的行政职能。指出内务部的行政职能包括:"管理警察、卫生、宗教、礼俗、户口、田土、水利工程、善举、公益及行政事务,并监督所辖官署及地方官。"③内务部设总长、次长各一人,由临时大总统提名,经参议院同意任命。内务部下设六司:民治司、职方司、警司、土木司、礼教司、卫生司。由民治司和卫生司兼管社会救济事务。其中,民治司所负责的各项事务中就包括"关于地方自治团体及公共团体行政事项","关于保息荒政及公益善举事项"和"关于各省人民移殖事项"。卫生司负责"预防传染病地方病,及其他公共卫生事项"(《内务部官职令草案》)。④就地方政府而言,南京临时政府所属地方政权机关,为辛亥革命时期创立的各省(区)军政府(都督府),置都督一人,掌理全省军民两政。社会救济职掌一般由各都督兼管。府内一般设有民政部,在都督的领导下开展工作。省下设县,在县一级机构中,也专门设有办理民政事务的机关。1912年1月17日颁布的《各府县暂时行政规则》规定,"各府厅州县名称,除武昌府外,一律正名为县。此后厅州名称均不用。各府县直属内务部,不互相管辖,但于必要时经都督临时遣派招讨安抚各使及分司令莅该县,该县知事仍受其监督"。县下设四科:内务科、财务科、劝业科、统计科。其中,在内务课所列各项主管事务中包括"关于赈恤行政事项"(《各府县暂时行政规则》)。⑤这样,从中央到地方,已明确规定"灾荒救济"属于民政部门所应承担的工作职责。

(二)北洋政府时期的灾荒救济机构

在北洋政府时期,灾荒救济事业总体来说是由内务部及其附属机构来承担。具体情况如下。

---

① 蔡鸿源:《民国法规集成》第2册,合肥:黄山书社1999年版,第72-74页。
② 孙绍骋:《中国救灾制度研究》,北京:商务印书馆2004年版,第53页。
③ 蔡鸿源:《民国法规集成》第2册,合肥:黄山书社1999年版,第78页。
④ 蔡鸿源:《民国法规集成》第2册,合肥:黄山书社1999年版,第87页。
⑤ 蔡鸿源:《民国法规集成》第3册,合肥:黄山书社1999年版,第13-14页。

1912 年 8 月，内务部颁布《内务部官制》。官制第一条明确规定，内务总长的职责在于：

管理地方行政选举、赈恤、救济、慈善、感化、人户、土地、警察、著作出版、土木工程、礼俗、宗教及卫生事务。监督所辖各官署及地方长官。①

同时，还具体规定由内务部所设置的民政司执掌贫民赈恤、罹灾救济、贫民习艺所、盲哑收容所、疯癫收容所、育婴恤嫠、慈善及移民等事项；由卫生司执掌传染病、地方病的预防，种痘及车船检疫等事项。②社会救济工作由民政司和卫生司管理。

1914 年 12 月 22 日北洋政府颁布《修正各部官制通则案》，将内务部由原有六司调整为四司：民治司、警政司、职方司、考绩司。民治司即原来的民政司，其执掌事务依然包括救济、慈善等。卫生司的职掌归并到警政司，兼管有关社会救济事务。③

地方社会救济行政管理机构随着中央管理机构的变化而变化。1913 年北洋政府颁布法令规定省行政机关称行政公署，省行政长官开始称省民政长。民政长行政公署设有总务处和内务司、财政司、教育司、实业司。社会救济事务由内务司兼管。1914 年 5 月，袁世凯为复辟帝制，将省行政机关改为巡按使公署，省民政长改称巡按使，巡按使公署下设政务厅、财政厅，由政务厅之内务科兼管社会救济工作。袁世凯称帝失败后，机构名称复旧，大总统黎元洪于 1916 年 7 月将巡按使改为省长制，其相应的公署改为省长公署。省长公署设政务厅、财政厅、教育厅、实业厅、警务处。由省长公署下设的政务厅兼管社会救济。而在道一级的行政机关则由下设的内务科来管理，直到 1924 年道作为一级行政机构撤销为止，与此相应，县一级的社会救济工作也由内务科来负责。

1920 年 10 月，"黄河流域亢旱异常，直、鲁、豫、晋、秦五省发生'四十年未有之奇荒'。东起海岱，西达关陇，南至洛阳，北抵京畿，禾苗枯槁，赤地千里；加之虫雹为患，饥民多达数千万，为近代北方继光绪丁戊大祲之后的又一大荒之年"。④面对奇重之灾，北洋政府除派员办理赈粜外，还组织"国际统一救灾总会"，设置隶属于内务部专门管理灾荒救济的政府机构——赈务处。1920 年 10 月 16 日颁布《赈务处暂行章程》，其目的在于统一赈务，综理直鲁豫秦晋各灾区赈济及善后事宜。赈务处设督办一人，会办一至二人，坐办一人。其中，督办由大总统特派，"督理本处事务"；会办由大总统简派，"襄助督办办理本处事务"；坐办由大总统简派，"承督办之命掌理本处事务"。赈务处的权力极大，除经管赈款外，"办理赈务各官署所有灾区状况及关于赈济一切事宜，应

① 《内务部官制》，民国元年（1912 年）8 月《东方杂志》第 9 卷第 3 号，第 13 页。
② 《内务部官制》，民国元年（1912 年）8 月《东方杂志》第 9 卷第 3 号，第 13 页。
③ 《修正各部官制通则案》，民国三年（1914 年）12 月《东方杂志》第 10 卷第 8 号，第 3-6 页。
④ 李文海：《近代中国灾荒纪年续编》（1919—1949），长沙：湖南教育出版社 1993 年版，第 1 页。

随时报告赈务处"。①除制定赈务处暂行章程外，还制定了《办赈惩奖暂行条例》，规定对办赈过程中侵蚀赈款、办赈不力、报灾不及时或报灾不实者要予以惩戒；对办赈过程中表现良好，成绩卓著者，要予以奖励。另外，还制定颁布了《办赈犯罪惩治暂行条例》，规定"办赈人员侵蚀赈款至五百元以上者，处死刑、无期徒刑或一等有期徒刑"。②其中，奖惩与犯罪惩治条例属临时性质，一旦赈务完成即随之废止。

为统一赈务起见，1921年10月29日，北洋政府又以教令形式颁发《赈务处暂行条例》，规定由赈务处综理各灾区赈济及善后事宜。其督办由大总统特派，会办（一至二人）由大总统简派，"襄助督办，办理本处事务"。坐办（一至二人），同样由大总统简派，"承督办之命，掌理本处事务"。赈务处的权力同1920年北洋政府所颁布的《赈务处暂行章程》规定的权力一样大，即除经管赈款外，所有灾区状况及赈济一切事宜，赈务各官署得随时向它报告。③

根据1923年5月23日公布的《赈务处暂行章程》，处内分置总务、赈粜、工赈、赈务、运输五股办事。规定处长由内务部长兼任，副处长由内务部下属各司长兼任，以便协调工作，提高办赈效率。由于灾荒连年，北京政府对赈务问题尤为重视。1924年10月17日，从法律制度上对赈务进行了规范和完善，即公布了《督办赈务公署组织条例》和《附设赈务委员会章程》。确定督办赈务公署主办全国官赈，负责所有灾区的赈济事宜。一旦发生灾情，赈务各官署必须随时向它报告；署内分置总务、赈务、稽查三处办事，督办由大总统特派，会办为简派官员。北京政府时期，赈务机构地位的提升，反映了当时社会灾荒问题的严重性。

二、南京国民政府赈务会的成立

南京国民政府赈务会的成立经历了一个历史的发展过程。这反映出两个方面的问题。一方面，南京国民政府赈务会是对北洋政府时期赈务管理体制的继承与发展。北洋政府时期，赈务处作为专门的灾荒救济领导机构就已经存在。南京国民政府在此基础上有所发展，不仅在名称上有所变化，而且在机构的组织结构与人员构成上、领导层面上都有所不同。另一方面，南京国民政府赈务处的成立反映当时灾荒的严重性及国民政府对灾荒救济的重视程度。为了提高赈务的时效性，有必要成立一个运转高效、开销节俭的赈济机构——赈务委员会。

---

① 《赈务处暂行章程》，民国九年（1920年）12月《东方杂志》第17卷第23号《法令》，第125页。

② 《办赈惩奖暂行条例》《办赈犯罪惩治暂行条例》，民国九年（1920年）12月《东方杂志》第17卷第23号《法令》，第126-127页。

③ 《北京政府公布赈务处暂行条例》，参见《中华民国史事纪要》（初稿）——中华民国十年（1921年）9月至10月，第658-659页。

最初，国民政府亦沿袭北洋政府的旧制，于 1928 年 7 月成立赈务处，直隶于国民政府，主管各灾区赈济及慈善事宜。赈务处地位较高，处长由内政部长兼任，副处长由国民政府简任。赈务处下置赈款委员会和总务、调查、赈济三科。其中，赈款委员会由国民政府特派若干人组成，并指定其中 5 人为常务委员，主席在常委中产生。所主管事务包括：赈款之募集方法；赈款之保管；赈款之分配及使用方法。①

1929 年 3 月，国民政府成立了赈灾委员会，但并未取消赈务处的设置，两机构同时并存。赈灾委员会隶属于行政院，设主席一人，为许世英。②常务委员十一人，分别是许世英、唐绍仪、熊希龄、王震、朱庆澜、严庄、刘治洲、刘纪文、刘元龙、贺耀组、张杜芝；委员四人，分别是唐绍仪、许世英、胡汉民、戴传贤。此前，国民政府先后成立了一些地方性的赈济机构。例如，1928 年 3 月成立的直鲁赈灾委员会，1928 年年底成立的豫陕甘赈灾委员会和两粤赈灾委员会等。而国民政府赈灾委员会的成立，将全国地方性的救灾机构统一起来，相对来说，有利于国民政府从全局加强救灾工作的管理，有利于提高国民政府赈灾的效率。

然而，在国民政府救灾管理体制中，机构重叠的问题依然存在。一方面，赈务处在分管灾荒救济工作；另一方面，赈灾委员会同样也在开展灾荒救济事务。因此，当灾难发生时，"到底该由哪一个机构来行使其职能"的问题还是困惑着政府当局。这不仅牵涉救灾的效率问题，更影响到救灾物资如何发放的问题，同时在无形之中增加了救灾的成本。在这种情况下，将两个赈灾机构统一为同一个组织也就势在必行了。

1930 年 1 月，国民政府将赈务处和赈灾委员会两个机构合并，统一成立了一新的赈济领导机构——赈务委员会。此前，国民政府在下达给赈灾委员会主席许世英的文书中明确指出："令将该会缩小范围，更名赈务委员会，陈明减员节费办法，拟定修正组织条例草案。"③国民政府原赈灾委员会主席许世英，于1929 年年末，在其上报给国民政府主席蒋介石的文书中道出了成立赈务委员会的具体情形。许世英在文书中说：

---

① 《国民政府赈务处组织条例》，《中华民国法规大全》第 1 册，上海：商务印书馆民国 25 年（1936 年）版，第 312 页。

② 许世英（1872—1964）安徽贵池人。拔贡出身。清末历任刑部主事、奉天高等审判厅厅丞、厅长，山西提法司、布政司等职。1910 年曾赴欧美各国考察司法、监狱制度。辛亥革命时，曾吁请清帝退位。民国初年历任奉天民政长、福建巡按使。1916 年，历任段祺瑞内阁内务、交通总长。1921 年 9 月任安徽省省长，次年任汪大燮内阁司法总长。1925 年 12 月任段祺瑞执政府内阁总理。次年 1 月兼署财政总长、盐务督办，秋赴沪组苏浙皖联合会，反对孙传芳，鼓吹地方自治，因而遭孙通缉。1927 年蒋介石在南京成立国民政府，许世英表示支持。第二年东北张学良易帜统一于南京政府，10 月，南京政府请许世英主持直、鲁两省赈务，随北伐军推进，嗣将直、鲁赈务扩编为国民政府赈务委员会，许任委员长，主持全国救灾事务，达八年之久。

③ 《赈务委员会办事规程》，南京：中国第二历史档案馆馆藏档案史料：全宗名称：行政院，全宗号 2，案卷号 1596。

命主持赈务迄今二年，前岁筹办河北山东之赈系尽纯粹义务。惟时用人极少，开支异常节省，虽成绩无多，足观而两省急赈共筹募近九十万元，尚觉无疚于心。嗣接办赈款委员会亦仅用职员三数人，开支甚少。迨赈灾委员会成立，系合豫陕甘晋冀察绥两粤及赈款委员会原有职员归并组成，开支不免增多。……又复奉令颁修正组织条例，遵照改组，每月经费呈准预算，订一万三千四百八十二元而财部实发令一万元计。今尚欠发两月。世英等以赈务虽属行政范围，究含有慈善性质，虽前项开支较之中央各部会机关为最少，然仍时以耗费公帑无补灾黎为惧……惟近数月以来军事发生，交通阻滞，西北赈务不能进行，而治标治本诸政亦用以停顿。世英以积劳之躯感发旧疾，卧病两月，困惫已极。每念救灾无术，寝馈难安。然世英从政二十余年，向不敢苟且因循，贻误要政……今奉钧令饬属会缩小范围节省经费……遵即将属会于十二月底先行结束，并于宥日电呈遵办情形。……此次缩减必须用一人收一人之效，使一费得一费之益。款不虚糜，功归实际。①

从许世英的上报文书中可以看出，第一，赈务委员会是在改组国民政府赈灾委员会和赈务处的基础之上成立的。之所以这样说，因为就许世英本人来说，他既是赈务处下属的赈款委员会主席，也是赈灾委员会主席，身兼赈款与赈灾两个机构的双重职务。这种情况在相关机构常务委员的组成人员中也存在。例如，王震、严庄②等，既是赈款委员会中的常务委员，也是赈灾委员会中的常务委员，同时也是新成立的赈务委员会中的常务委员。第二，国民政府时期地方灾情十分严重，赈灾事务庞杂。第三，国民政府因连年灾荒与战争的交互影响，其财力已不堪重负。第四，组建赈务委员会的目的，在于精减办事人员，节省经费开支，提高办事效率。

赈务委员会的职责主要在于，负责自然灾害所造成的灾民以及国内战争所造成的难民的救济工作。根据1930年1月25日颁布的《赈务委员会组织条例》规定，赈务委员会以内政、外交、财政、交通、铁道、实业各部部长为当然委员外，另由国民政府特派委员十一人。常务委员从特派委员中产生，委员长即主席从常务委员中指定。下设三科：总务科、筹赈科、审核科。其中，总务科负责筹划会务、编列议事日程及开会记录、编辑刊物及宣传、经费出纳及编制预算决算、编制统计及表册、典守印信、文电收发缮校、物品购置等；筹赈科负责计划筹募赈款赈品、保管存放及支用赈款赈品、赈品调查及采购、赈品之运输免税及免运费、各项护照的办理及舟车装载接洽、调查各种灾情及其附属

① 《赈务委员会办事规程》，南京：中国第二历史档案馆馆藏馆藏档案史料：全宗名称：行政院，全宗号2，案卷号1596。
② 严庄（1889—？）字敬斋。陕西渭南人。毕业于美国密西根大学。1919年任太原矿务局技师。1923年任陕西省政府委员兼建设厅长。1930年任工商部参事兼工业司司长。先后担任过国民政府赈款委员会、赈灾委员会、赈务委员会中的常务委员。

应行考察、赈款赈品的散放等；审核科负责审核赈款赈品之出纳、审核收放赈款赈品之册报单据、审核采买运输赈品之册报单据、审核办赈经费之支用、审核本会经费之出纳等（《赈务委员会组织条约》）。[①]

国民政府赈务委员会的成立，反映出国民政府对灾荒救济的重视程度。

在中央政府的倡导下，各省先后成立了省级赈务会及县级赈务分会。其中，四川省赈务会成立于 1935 年、山东省赈务会成立于 1928 年、辽宁省于 1930 年成立水灾急赈会、安徽省赈务会成立于 1929 年、陕西省赈务会成立于 1928 年、山西省赈务会成立于 1928 年、吉林省赈务会成立于 1930 年、甘肃省赈务会成立于 1930 年、江苏省赈务会成立于 1929 年、江西省赈务会成立于 1929 年、湖南省赈务会成立于 1929 年。

从上面十一省赈务机构的设置情况来看，各省赈务会成立的时间并不完全一致。有的早于南京国民政府赈务会成立的时间，有的则晚于南京国民政府赈务会成立的时间，有的则基本按南京国民政府的要求将本省的赈务机构改为赈务会。例如，山东赈务委员会、陕西赈务会成立于 1928 年。安徽赈务会、江苏赈务会、江西赈务会、湖南赈务会成立于 1929 年。山西赈务会则成立于 1928 年至 1930 年间。甘肃赈务会、吉林赈务会成立的时间为 1930 年。四川赈务会成立的时间明显晚于其他省份，1935 年才成立。辽宁省赈务机构又是另外一种情况，其赈务机构明显带有应急性质，1930 年因该省发生重大水灾，便于同年成立辽宁水灾急赈会，后因 1931 年发生全国性的大水灾，便于该年组织成立辽宁省各界救济全国水灾急赈会，各县政府成立水灾筹赈支会。所有这些地方政府赈务组织机构的成立，均与国民政府先后成立的赈务处、赈灾委员会及赈务委员会等救灾机构有着密切关系。也就是说，国民政府相关赈灾机构的成立直接推动了各省赈务会的成立。

第三节　贵州省赈务会的成立及其演变

贵州省赈务会自 1929 年 12 月 21 日成立之后，其组织机构与赈务活动并不是一成不变的，而是经历了一个演变的历史过程。本节内容主要对贵州省赈务会的成立及其演变过程作具体分析。

一、贵州省赈务会的成立

民国时期的贵州，尽管政治局势动荡不安，军阀势力明争暗斗，但中央政府并没有放弃对贵州的控制。特别是在蒋介石南京国民政府成立之后，贵州的

① 蔡鸿源：《民国法规集成》第 34 册，合肥：黄山书社 1999 年版，第 21 页。

政治局势始终是中央政府所关注的一个省级行政单位。而贵州省赈务会就是在如此复杂多变的政治局势下成立的。贵州省赈务会的成立，从某种程度上反映出南京国民政府的意图在贵州的贯彻与实施。

1929年，南京国民政府中央赈灾委员会颁布《各省赈务会组织章程》（以下简称《章程》），要求各省设立省赈务会办理本省赈务。该章程共计二十条。内容涉及省赈务会的经费来源和赈款管理、组织机构、办事人员、办事程序等多方面的内容。《章程》第一条明确规定："有灾各省设省赈务会办理赈务。"关于赈务经费的问题，《章程》规定取得经费的三个渠道，即省政府拨款、国民政府赈款委员会拨款以及赈务委员会自筹资金。至于赈款的管理、发放及监督问题，具体由赈务机构内部所设事务处、执行处和监察处分别负责。①

根据南京国民政府中央赈灾委员会颁布的《各省赈务会组织章程》的要求，贵州省政府于1929年12月21日组织成立了贵州省赈务会。首任省赈务委员会主席为时任贵州省省长毛光翔。贵州省赈务会在成立后不久，即于1930年年初将成立的情况直接以电报形式分别向南京国民政府主席蒋介石、行政院长谭延闿和内政部长杨兆泰报告。报告电文称，根据全国赈灾委员会的要求及《各省赈务会组织章程》的规定，意识到赈务"异常重要"。为此，"妥速组织，所有会内委员，除由省府主席兼任外，并聘省政委窦居仁，省指委王度、李居平，民众团体张彭年、冯介丞、蒋亦莹为委员，各互推定毛光翔、窦居仁、王度、蒋亦莹为常务委员。复于常务委员中经省府指定毛光翔为主席，同时并推定蒋亦莹兼事务处长、窦居仁兼执行处长、王度兼监察处长。其各组主任、副主任及干事、事务各员，亦已分别设定，业于上年（即1929年，笔者注）十二月二十一日宣布成立在案"。电文除对贵州省赈务会机构设置情况和人员构成情况作了说明之外，特别指出了贵州省1928年以来的灾情概况。电文指出："惟查本省天灾人祸纷至沓来，灾区广至五十余县，灾民多至百五十余万人，奇情惨状，怵目伤心，实为黔省空前未有之浩劫。"②此一描述，实际上明确指出了贵州省赈务会成立时的灾情背景。

贵州省赈务会成立初期，其工作重心是募集赈款与组织成立县级赈务分会的事务上。对此，我们从贵州省赈务会成立后不久召开的一次会员大会上主席毛光翔的讲话中可了解这些基本概况。毛光翔指出：

本会成立，即电请中央赈灾委员会暨北平、上海华洋义赈总会拨款赈济。并将灾情分电全国各慈善团体、各省赈务会、各旅外同乡会、各省政府、各省党部、各报馆、各名流，附寄捐册各份，请代募捐。一面列表函令各县政府、各法团、各教堂详细查报灾情。近为力求各县灾情详实、办事灵敏起见，又依

---

① 参见《各省赈务会组织章程》，贵州省档案馆馆藏档案史料：全宗名称：贵州省赈务会，全宗号M24，案卷号279（以下引自贵州省赈务会档案史料不再加注全宗名称）。

② 贵州省档案馆馆藏档案史料：全宗号M24，案卷号278。

据省赈务会组织章程第十四条之规定，于各县设置赈务分会，由本会订定分会组织条例及办事细则，责成各该县政府遵照组织赶期成立，协办赈务①。

同时，作为贵州省赈务会的负责人，毛光翔还提出了该会的初步打算及对未来赈务工作的期待。这样，作为贵州省官方救灾组织——贵州省赈务会便有了明确的目的和活动范围，由此开始了赈务会在本省的各种社会救济活动。在这一过程中，赈务会组织机构也经历了一个不断演变的历史过程。与此同时，贵州省赈务会负责人也经历了多次变换。关于该会领导人更替情况，详见表 1-1。

表 1-1②　历任贵州省赈务会（含省赈济会）主席基本情况一览表

任　次	省赈务会主席	籍贯	任　职　时　间
第一任	毛光翔	贵州桐梓	1929 年 12 月至 1932 年 2 月
第二任	王家烈	贵州桐梓	1932 年 2 月至 1935 年 4 月
第三任	吴忠信	安徽合肥	1935 年 5 月至 1936 年 8 月
第四任	周恭寿	贵州麻江	1936 年 9 月至 1937 年 4 月
第五任	顾祝同	江苏涟水	1937 年 4 月至 1937 年 11 月
第六任	薛　岳	广东乐昌	1937 年 12 月至 1938 年 1 月
第七任	何辑五	贵州兴义	1938 年 2 月至 1939 年 4 月
第八任	吴鼎昌	浙江吴兴	1939 年 4 月至 1943 年 2 月

上表说明，贵州省赈务会自 1929 年 12 月成立到 1943 年 2 月省赈济会撤销，先后担任贵州省赈务机构主要负责人的有 8 位（不包括临时代理者在内，如贵州省民政厅厅长曹经沅就代理过一段时间的赈务主席职务）。在这 8 人当中，以贵州省主席身份兼任赈务机构主席者为 5 人，以贵州省政府委员身份兼任赈务机构主席者为 3 人。其中，外省籍领导人和本省籍领导人各为 4 人。

二、贵州省赈务会的演变

贵州省赈务会从 1929 年冬天成立后不久即开始发生演变。促使其发生演变的原因主要是两个：一是根据国民党中央政府所颁布的相关规章制度而演变；二是根据本省灾情的变化而发生演变。在这一过程中，其演变情况可以划分为五个阶段。

（一）初次演变

时间：1930 年 7 月。

演变背景：国民政府赈务委员会的成立及《修正各省赈务会组织章程》的颁布。

---

① 毛光翔：《贵州省赈务会大会演说词》，贵州省档案馆馆藏档案史料：全宗号 M24，案卷号 279。
② 此表系根据贵州省档案馆馆藏档案史料全宗号 M24 编制而成。

1930年年初，南京国民政府成立了中央赈务委员会，直隶于行政院办理各灾区赈务事宜，统一领导全国的赈灾工作。同时颁布《赈务委员会组织条例》。该条例规定，中央赈务委员会由总务科、筹赈科和审核科三个部门组成，并对三个部门相应的工作职掌作了详细规定。①

南京国民政府中央赈务委员会成立之后，根据《赈务委员会组织条例》的基本要求，对地方各省赈务委员会又提出了新的要求，重新制定颁布了《修正各省赈务会组织章程》。该章程为各省赈务会组织机构的演变提供了范例。具体为，原有省赈务会组织机构由事务处、执行处、监察处三个部门组成。演变后的省赈务会组织机构应改为总务组、筹赈组和审核组三个部门。由此可看出，原有组织机构称"处"，演变后的组织机构称"组"。组织机构虽然仍为三个部门，但全部更改为新名称。当然，各部门的工作职能基本未变。

根据国民政府的新要求，贵州省赈务会于1930年7月将原设的事务、执行、监察三处改为总务、筹赈、审核三组。与此同时，在地方部分县份组织成立了县赈务分会。具体情况见表1-2。

表1-2②　1930—1931年贵州省地方各县成立赈务分会情况简表

县名称	成立时间	县名称	成立时间	县名称	成立时间
龙里	1930年5月	安顺	1930年8月	毕节	1930年9月
瓮安	1930年6月	紫江	1930年6月	三穗	1930年10月
施秉	1930年5月	息烽	1930年6月	三合	1930年10月
镇宁	1930年5月	习水	1930年6月	遵义	1930年10月
丹江	1930年6月	思县	1930年7月	思南	1930年12月
印江	1930年7月	罗斛	1930年7月	普定	1931年2月
台拱	1930年7月	织金	1930年7月	平坝	1932年1月
锦屏	1930年7月	平越	1930年7月	桐梓	1932年4月

注：丹江县即现丹寨县；台拱县即现台江县；安顺县即现安顺市；紫江县即现开阳县；思县即现岑巩县；罗斛县即罗甸县；平越县即现福泉县；毕节县即今毕节市驻地毕节镇。

（二）1935年的机构改组

时间：1935年夏。

此次贵州省赈务机构实行改组，既有中央的因素，亦有贵州本省地方上的因素。

在中央层面，国民政府中央相关赈务规章的修改与制定，要求贵州省赈务会必须进行改组。在此之前，国民政府先后颁布的规章有：1930年颁布的《修正各省赈务会组织章程》、1931年颁布的《修正赈务委员会组织条例》、1933

---

① 资料来源：贵州省档案馆馆藏档案史料：全宗号M24，案卷号279。
② 参见贵州省档案馆馆藏档案史料：全宗号M24，案卷号292。

年由国民政府军事委员会委员长南昌行营颁布的《剿匪区内临时赈济办法》等，为贵州省赈务会的改组提供了制度依据。

在贵州本省地方层面，1935年的贵州天灾与人祸交替出现。所谓天灾，主要针对贵州本省所出现的自然灾害而言。1935年的贵州，既面临着旱灾的威胁，又面临着水灾的威胁，两种自然灾害交替在本省出现。一方面，旱情十分严重。全省出现旱灾的地方主要有安龙县、锦屏县、毕节县、龙里县、务川县。[1]另一方面，水灾亦不容乐观。全省遭受水灾的地方主要有德江县[2]、瓮安县、江口县、施秉县、正安县、龙里县、遵义县、贵定县、平越县（今福泉县）、安龙县、石阡县、凤冈县、平坝县、余庆县、印江县、锦屏县、玉屏县、沿河县、湄潭县、黄平县、镇远县、务川县、麻江县、铜仁县、关岭县、桐梓县、安顺县等。[3]严重的自然灾害使贵州本土物质资源更加匮乏，人们生活在水深火热之中。所谓人祸，主要是指战争对贵州所造成的社会灾难。辛亥革命以后到1935年国民政府直接统治贵州以前，贵州先后经历了两大军阀的统治时期，即兴义系军阀统治时期和桐梓系军阀统治时期。前者以刘显世[4]为首。因为这个集团的首领刘显世是兴义人，其骨干又多来自兴义所在的黔西南地区，因此它在历史上便被称作"兴义系军阀集团"。后者以周西成为代表。因周西成及其后的继任者都是贵州桐梓县人，故称他们为"桐梓系军阀"。两大军阀统治贵州期间，贵州战争不断。特别是在王家烈统治时期，为了维持其军阀统治的需要不断扩充军队，增大军费的开支，大大加重了贵州各族人民的负担。

上述情况的出现加大了贵州省赈务会赈济工作的压力。当时地方各县中，主动向省赈务会呈报灾情请求赈济的县份多达62个。在这62个县份当中，真正已经成立了县赈务分会的只有7个。在20世纪30年代初期，一些县份成立的赈务分会也只是灾情来临时的应急组织，灾情过后，赈务组织机构亦随之解体。因此，地方各县赈务组织机构出现有无不一的境况。有的曾经成立过县赈务分会，灾后即解体；有的从未成立过赈务组织机构。针对这一现状，贵州省赈务会在1935年春末夏初统一改组全省赈务组织机构之前就明确指出："查赈务分会成立要旨，不仅在受灾后之救济，尤贵在未灾之前筹防。"在省赈务会看

---

① 张肖梅编著：《贵州经济》之第9章，重庆：中国国民经济研究所1939年版，第8—10页（以下引自《贵州经济》不再具体加注）。

② 参见黄加服、段志洪主编：《中国地方志集成·贵州府县志辑》（第47册）：《民国德江县志》卷3：《杂记》，第372页。

③ 以上参见张肖梅编著：《贵州经济》之第9章，第8—10页。

④ 刘显世（1870—1927），字如周，号经硕。贵州兴义人。廪生出身，曾任兴义县团防总局局董、贵州巡防二营管带。1912年5月，任贵州省军务部长。1913年10月，任贵州护军使，拥戴袁世凯，被封为子爵。1916年1月宣布贵州独立，自任都督；6月任贵州督军兼省长。1918年任滇黔川靖国联军副总司令。1920年被黔军总司令王文华所逐，逃往昆明，投奔唐继尧。1923年在滇军支持下再任贵州省省长。1923年2月驱逐袁祖铭回黔，复任贵州省省长。1924年袁祖铭平定川黔，遂引退返乡居。

来，不仅要在受灾之县成立赈务分会，就是在没有遭受灾害的县份，"亦有成立赈务分会之必要"。此一做法，可为实施积极施救创造条件。为此，省赈务会直接向省政府列出了必须成立县赈务分会的 55 个报灾县份。这 55 个报灾县份是桐梓、赤水、平坝、青溪、玉屏、大塘、松桃、三穗、石阡、务川、正安、三合、榕江、平越、威宁、大定、遵义、沿河、龙里、广顺、麻江、永从（今从江县）、安顺、瓮安、清镇、安龙、习水、镇远、息烽、台拱（今台江县）、黎平、剑河、后坪（今沿河、务川县）、绥阳、余庆、织金、八寨（今丹寨县）、锦屏、镇宁、盘县、修文、印江、黄平、凤冈、开阳、思南、贞丰、岑巩、毕节、贵阳、关岭、黔西、省溪（今万山特区）、贵定、水城。另外，还有 19 个未报灾的县份，同样要求其成立县赈务分会。这 19 个县份分别是罗甸、普定、丹江（今丹寨县）、定番（今惠水县）、长寨（今长顺县）、郎岱（今六枝特区）、紫云、兴义、兴仁、安南（今晴隆县）、普安、册亨、天柱、炉山（今凯里市）、独山、都匀、平舟、荔波、都江。①

就是在这种背景下，为统一全省赈务工作，贵州省赈务会于 1935 年 6 月 1 日改组成立。

这次调整，对省、县的组织章程和办事规程均作了新的修正。内容涉及《贵州省赈务会组织章程》《贵州省赈务会修正办事规程》《贵州省赈务会修正各组办事细则》《贵州省赈务会修正各县赈务分会组织章程》等。

根据 1935 年 6 月国民政府将贵州划分为 11 个行政督察区的情况来看，贵州省赈务会成立时全省为 81 个县，《贵州省赈务会组织章程》第八条规定："各县因办理赈务得设县赈务分会。"因此，在省赈务会改组成立之后，积极推动地方设立赈务分会也就成了省赈务会重要的工作内容。为了保证地方赈务分会的顺利组建，首先讨论制定了《订定各县县赈务分会组织章程》，规定："凡被灾县分为办理本县赈务得依据省赈务会组织章程第八条之规定设县赈务分会"。②与此同时，省政府根据中央政府的政策，明确要求各县必须组织成立赈务分会。20世纪 30 年代中期贵州地方部分县份赈务分会成立的基本情况详见表 1-3。

表 1-3③ 贵州省赈务会 1935 年夏改组后部分县份赈务分会成立情况一览

县赈务分会名称	成立时间	县赈务分会名称	成立时间
安龙县赈务分会	1936 年 7 月 15 日	桐梓县赈务分会	1936 年 7 月 12 日
盘县赈务分会	1936 年 7 月 24 日	省溪县赈务分会	1936 年 7 月 7 日
册亨县赈务分会	1936 年 8 月 21 日	务川县赈务分会	1936 年 7 月 10 日

---

① 参见贵州省档案馆馆藏档案史料：全宗号 M24，案卷号 303。
② 贵州省档案馆馆藏档案史料：全宗号 M24，案卷号 4。
③ 本表根据贵州省档案馆馆藏档案史料：全宗号 M24，案卷号 296、299、300、301、302、303、304、305、306、307、308、309 整理而成。

续表 1-3

县赈务分会名称	成立时间	县赈务分会名称	成立时间
兴仁县赈务分会	1936 年 9 月	玉屏县赈务分会	1936 年 7 月 12 日
普安县赈务分会	1936 年 11 月 24 日	郎岱县赈务分会	1936 年 8 月 18 日
兴义县赈务分会	1936 年 12 月 19 日	关岭县赈务分会	1936 年 10 月 1 日
安南县赈务分会	1937 年 1 月 11 日	镇宁县赈务分会	1936 年 11 月 14 日
水城县赈务分会	1936 年 8 月 20 日	普定县赈务分会	1936 年 10 月 15 日
威宁县赈务分会	1936 年 4 月 18 日	紫云县赈务分会	1936 年 11 月 4 日
毕节县赈务分会	1936 年 8 月 12 日	湄潭县赈务分会	1935 年 9 月 10 日
黔西县赈务分会	1936 年 9 月	德江县赈务分会	1935 年 9 月 12 日
大定县赈务分会	1936 年 10 月 22 日	铜仁县赈务分会	1935 年 9 月 7 日
黄平县赈务分会	1936 年 11 月 6 日	江口县赈务分会	1935 年 9 月 1 日
岑巩县赈务分会	1936 年 7 月 22 日	下江县赈务分会	1935 年 10 月 1 日
瓮安县赈务分会	1936 年 7 月 20 日	仁怀县赈务分会	1935 年 10 月 20 日
三穗县赈务分会	1936 年 7 月 13 日	贵定县赈务分会	1936 年 9 月 24 日
天柱县赈务分会	1936 年 8 月 16 日	息烽县赈务分会	1936 年 10 月 12 日
台拱县赈务分会	1936 年 8 月 20 日	定番县赈务分会	1936 年 9 月 1 日
青溪县赈务分会	1936 年 7 月 4 日	长寨县赈务分会	1936 年 8 月 20 日
施秉县赈务分会	1935 年 10 月 15 日	开阳县赈务分会	1936 年 9 月 20 日
镇远县赈务分会	1936 年 7 月 25 日	修文县赈务分会	1936 年 9 月 21 日
平越县赈务分会	1936 年 7 月 18 日	广顺县赈务分会	1936 年 10 月 9 日
炉山县赈务分会	1936 年 10 月 23 日	罗甸县赈务分会	1936 年 11 月 16 日
余庆县赈务分会	1937 年 1 月 8 日	正安县赈务分会	1936 年 7 月 6 日
大塘县赈务分会	1936 年 7 月 6 日	平坝县赈务分会	1936 年 7 月 18 日
龙里县赈务分会	1936 年 8 月 20 日	织金县赈务分会	1936 年 7 月 20 日
清镇县赈务分会	1936 年 7 月 4 日	安顺县赈务分会	1936 年 7 月 29 日
遵义县赈务分会	1936 年 7 月 12 日	贵阳县赈务分会	1936 年 11 县 21 日

（三）1937 年间贵州省赈务会组织机构的大改组

时间：1937 年 5 月。

1936 年以来，贵州本省灾情惨重、赈务繁剧，仅仅依靠原有的组织机构难以承受繁重的赈济任务。因此，有必要对原有的赈务会机构实行改组。

1. 具体灾情（详见表1-4）

表1-4① 1936—1937年贵州各地灾情一览表

时间	地点	具 体 灾 情
1936年夏	定番	雨泽稀少，烈日如焚，各区禾苗大都枯萎，秋收时只得三成，计灾民9 000余人，损失谷数约175 000石②
1936年夏秋	开阳	旱灾严重，收成歉薄③
1937年	贵阳	去冬迄今，数月未雨，小春枯萎，包谷亦未下种，收成无望
同上	遵义	入春久晴，全未得雨，稻麦无法播种，小春收成无望
同上	仁怀	连月以来，亢晴不雨，四月四日仅得微雨一次，田无滴水可资播种，烟麦之属概已无救
同上	绥阳	入春亢旱未雨，小季仅可望十分之二，大季未能下种
同上	习水	入冬以来，雨水稀少，田土龟裂，稻谷难以下种，豆麦蔬菜已日就枯萎，灾情严重
同上	桐梓	弥月未雨，播种苦无水田，米价飞涨，小春大半枯萎，包谷下种困难，收获难望二成
同上	正安	入春后，数月亢阳不雨，田土多未能耕种，已栽种者，亦多未活，小春收成无望
同上	凤冈	数月不雨，涧溪干涸，荍麦茎枯，豌荳不实，估计全县不及一成
同上	石阡	入春以来，雨水渴竭，荞麦枯萎，收成无望，大季亦未播种
同上	思南	去秋迄今未雨，豆麦完全失望，包谷亦难下种，长此以往，恐大季亦难耕种
同上	沿河	亢旱不雨，大季难于下种，小季收成无望
同上	德江	今春以来，迄无滴雨，大季难于播种，小春收成不过十分之二
同上	兴义	干旱已久，秧田缺水，播种困难，小季枯萎，收成歉薄
同上	兴仁	入春以来，久晴不雨，虽零雨二三次，仍无济于耕种，豆麦枯萎，收成无望
同上	普安	灾重区广，溪沟断绝，饮料维艰，荞麦枯萎，收获不及二成，包谷下种无望
同上	贞丰	去冬迄今，亢晴不雨，遍地焦土，民食恐慌，包谷不能下种，豆麦已枯萎殆尽，小春已无收成
同上	册亨	去秋至今仍无雨，河流断绝，饮料缺乏，大春刻难下种，小春杂粮完全绝望
同上	安南	久未得雨，春耕绝望，饮料甚艰

---

① 此表根据黄加服、段志洪主编《中国地方志集成·贵州府县志辑》和张肖梅编著《贵州经济》整理而成。

② 参见黄加服、段志洪主编：《中国地方志集成·贵州府县志辑》（第27册）：《定番县乡土教材调查报告》之第4章，第213页。

③ 参见黄加服、段志洪主编：《中国地方志集成·贵州府县志辑》（第38册）：《民国开阳县志稿》之第3章"政治"第18节救济，第384页。

续表 1-4

时间	地点	具　体　灾　情
同上	安龙	久旱不雨，春收绝望
同上	毕节	天气近仍亢阳，粮价日涨，若日内降雨，田谷尚可播种，否则难于种植，小春已无望
同上	大定	入春以来，旱晴不雨，小春不过二成，大季不能耕种
同上	黔西	入春亢旱，春收无望，大季尚未下种
同上	威宁	自冬至春亢旱，包谷未能下种，将来小季不过二成
同上	赤水	自冬徂春，亢旱不雨，水源涸竭，不惟无法耕种，甚且饮料恐慌，居民逐水迁移，小春绝望，粮食缺乏
同上	织金	入春数月不雨，小季干枯，收成不过十分之二
同上	安顺	半载不雨，仅阴雨二日，但甚微，不济于事，近仍亢旱，耕种困难
同上	镇宁	长期亢旱，近复不雨，食水困难，麦苗半就枯萎，各种副产品收成无望
同上	关岭	数月不雨，不能耕种，小季无收
同上	息烽	入春以来，久晴不雨，小麦枯萎，难望二成收入
同上	开阳	去冬迄今，数月不雨，田土干燥，小春枯萎
同上	平坝	入春以来，亢晴不雨，田土龟裂，不能耕种，小季不过二成
同上	普定	天久亢旱，时历数月，小春收成不过十一，大季尚难下种
同上	修文	入春亢旱不雨，包谷未能下种，稻田尤难耕种，小季收成不过二成
同上	紫云	冬季无相当雨量，入春滴雨毫无，大季未播种，小春仅可望十分之一
同上	榕江	去冬歉收，春又苦旱，米价陡涨，人心惶惶
同上	贵定	入春以来，迄未降雨，大春无法下种，小季收成无几
同上	罗甸	去秋至本年四月中旬，均无雨，小季仅可望三成
同上	龙里	冬令以来，久旱不雨，小季收入不过十分之二
同上	广顺	入春久无雨水，豆麦枯萎，包谷不能下种，春收不过十分之二
同上	长寨	去冬以来，久旱不雨，春耕尚未播种，小季仅可望二成
同上	大塘	入春久旱，田土龟裂，小春收成无望
同上	盘县	久旱不雨，无水灌田，尚未播种，小春仅可望一二成
同上	郎岱	入春亢旱不雨，小春枯萎，收成不及十之一二
同上	水城	天时久旱，小春萎死，籽种缺乏，荒象已成[①]
同上	定番	旱灾，各区田土龟裂，麦苗均至枯萎无收[②]

[①] 以上贵阳县以下各县至水城县 1937 年旱情资料均据张肖梅编：《贵州经济》之第 9 章，第 15-16 页。

[②] 参见黄加服、段志洪主编：《中国地方志集成·贵州府县志辑》（第 27 册）：《定番县乡土教材调查报告》之第 4 章，第 213 页。

从上表可以看出，从 1936 年夏季以来，至 1937 年春季，贵州本省出现了大范围的旱灾，灾害波及贵州 81 县中的 47 县，占全省所有县份的 58% 以上。

上述严重的灾情引起了国民政府的重视。对此，1937 年 5 月 5 日《申报》作了如下报道：

> 财部对本年受灾各省之赈济极为重视。除已赈放者不计外，现已调查黔桂陕等省受灾实况，俾作分配赈款标准，日内即可具体决定。又该部以黔省灾荒严重，已会同内部核准，该省暂禁酿酒，以免滥费民食，并电知该省府查照。[1]

同年春，国民党政府行政院特派成静生以"监赈"名义赴贵州察看灾情。成（静生）于 4 月 22 日（三月十二日）自贵阳发给《申报》一份电文，描述黔灾：

> 《申报》诸公均鉴，静生前奉院派来黔监赈，驰达黔省，沿途视察，20 日抵筑，所过郡县已数月不雨，土地龟裂，春熟绝望。灾民咸以矿质观音粉及树叶蕨根充饥，面有菜色，衣不蔽体，人间地狱，惨不忍言。况耕牛贩运，驱行道左，无虑万千，农事已废，灾区几遍全省，最重之处计四十一县，多属垂毙之众。虽经中央拨帑，省府设施，祗以灾重款微，不敷甚巨。[2]

同年 7 月 1 日（五月二十三日）《申报》报道：

> 黔省旱灾，亘十个月之久，灾区达六十二县，灾民二百七十二万余人，其严重不下于民十四之全省大旱。[3]

根据省赈务会派员办理急赈县份，计有遵义等 44 县，超过全省县份的半数以上。

以上史料在统计 1937 年贵州受灾各县的具体数字时虽然有所出入，但有两点应当确定：一是贵州受灾县份超过四十余县，二是贵州受灾人口超成二百万。严重的旱灾，给贵州经济社会的发展带来了灾难性的后果。旱灾不仅使农田颗粒无收，更使广大灾民生活无着。在这种情况之下，作为承担贵州全省灾荒救济工作的官方赈务组织——贵州省赈务会，仅仅依靠原有组织机构，难以胜任极其繁杂的社会救济任务。因此，扩大改组贵州省赈务会，已成为政府与赈务会的共识。

2. 扩大改组概况

（1）扩大改组会议的召开。

1937 年 5 月 2 日上午，贵州省赈务会召开委员会第一次大会。会议专门就省赈务会扩大改组问题、改组后的机构设置、赈济事务的开展等问题进行了广泛的讨论。现将这次会议的详细情况转录于下。

---

① 《各省灾况》(1937 年 5 月 4 日中央社电)，资料据 1937 年 5 月 5 日《申报》第 1 张第 4 版。
② 《成静生电沪——为黔灾呼吁乞赈》，资料据 1937 年 4 月 23 日《申报》第 1 张第 3 版。
③ 《黔省旱灾急赈办法》，资料据 1937 年 7 月 1 日《申报》第 3 张第 12 版。

会议地点：省府会议厅。

出席：顾祝同[①]（韩德勤[②]代）、韩德勤、曹经沅、王瀓莹（唐世镒代）、张志韩、胡嘉诏（艾怀瑜代）、周恭寿、黄国桢、周达时、余华沐、严昌武、冯剑飞（谢汝霖代）、何玉书、窦居仁、冯介丞、王延直、刘其贤、王谟、唐惺悟、漆璜。

列席：成静生（中央代表）。

主席：顾祝同（韩德勤代）。

纪录秘书：黄焕采、严衍泰。

甲：大会报告省政府讨论通过的省赈务会扩大改组方案。

查现在本省灾情惨重，赈务繁剧，非扩大改组省赈务会不足以应事实需要，特拟具省赈务会临时组织章程提经本府委员会第325次常会，议决通过。当依照章程第二条之规定，指定本主席、曹厅长经沅、王厅长瀓莹、张厅长志伟、胡厅长嘉诏、周委员恭寿、韩委员德勤、何委员辑五、严秘书长昌武、冯处长剑飞、漆院长璜为当然委员，由府加聘省党部黄委员国桢、周委员达时、滇黔绥靖副主任公署余参谋长华沐及士绅唐先生惺悟、王先生谟、冯先生介丞、何先生玉书、窦先生居仁、刘先生其贤、王先生延直为委员。并指定本主席为省赈务会主席、周委员恭寿、曹厅长经沅、黄委员国桢、唐先生惺悟为常务委员。以曹经沅为总务组主任、严昌武为副主任。周恭寿为救济组主任、王谟为副主任。王瀓莹为筹募组主任、冯介丞为副主任。胡嘉诏为工赈组主任、窦居仁为副主任。唐惺悟为审核组主任、刘其贤为副主任。除分函外，相应检同组织章程函达查照等由到会。特提报告。[③]

---

① 顾祝同（1893—1987），字墨三，江苏涟水人。先后就读于陆军小学、武昌预备军官学校、保定陆军军官学校。毕业后，历任粤军第二军参谋，黄埔军官学校战术教官兼管理部主任、教导第二团营长、团副，第三师副师长、第二师师长、国民革命军第九军军长、第一军军长、江苏省政府委员、军事委员会委员长、洛阳行营主任、国民政府警卫军军长、江苏省政府主席、赣粤湘闽鄂五省"剿匪"军北路总司令、军政部政务次长，驻赣绥靖公署主任、军事委员会委员长、重庆行营主任。1936年8月至1937年11月任贵州省政府主席。其后，历任军事委员会委员长、西安行营主任、第三战区副司令长官、第五集团军总司令、江苏省政府主席、第三战区司令长官、徐州绥靖公署主任、陆军总司令部总司令、郑州绥靖公署主任、国民政府参谋本部参谋总长、中央训练团团长等职。1949年10月去台湾，未几又回重庆，任"西南军政长官公署"长官。去台湾后，任"国防部"部长、台湾当局"战略顾问委员会"副主任、"国防会议"秘书长等职。

② 韩德勤（1892—1988），别号楚箴，江苏泗阳人。毕业于保定陆军军官学校第六期步科。历任旅参谋长、副旅长、旅长，五十二师师长，江苏省政府委员，江苏省保安处处长，"围剿"北路军总司令部参谋长，江西绥靖公署参谋长，军事委员会委员长、重庆行营办公厅主任等职。1935年7月至1937年12月任贵州省政府委员。其后，历任江苏省政府委员兼民政厅厅长、第三战区司令长官部参谋长、第二十四集团军代总司令、八十九军军长、江苏省政府代主席等职。中华人民共和国成立前夕去台湾，任台湾当局"战略顾问委员会"顾问。1953年退役。

③ 以上报告事项参见贵州省档案馆馆藏档案史料：全宗号M24，案卷号284。

乙：大会讨论事项：

（一）本会现既扩大改组，所有办事细则亟应根据临时组织章程拟定，是否由各组派员公（共）同起草，抑或指定负责人员办理，请公决。

议决本会办事细则，各组派员会同总务组起草再提常会核定。

（二）各组秘书组员应如何派定，以专责成请公决。

议决：救济、审核两组秘书由赈务会原有秘书严衍泰、杨筱培分别担任。其余各组秘书由省府各厅调配至各组。组员由各组主任遴员开单提常会分别核委。

（三）本会现既改组，从前概算已不适用。应如何决定标准，编制之处，请公决。

议决：由总务组根据原则连同书役薪工及办公费，拟具概算书，明日提常务会决定。

（四）本会办公地址狭隘，现既扩大组织，人员加多，应如何扩充以资办公，请公决。

议决：由总务组办理。

（五）本年据报旱灾县份已达七十余县，应否派员分区勘查，以昭核实并应如何拟定调查表式，分发填报，请公决议决。先派四人分路调查。其调查表式由主管组拟制，呈核后分令各县填报。

（六）现在灾区广泛，几及全省。待赈甚急，应否先行，就灾情最重、次重、重县份赶办急赈，请公决。

议决：原则通过俟中央拨发赈款数目确定后，再行分别支配。

（七）省会为四方灾民密集场所，兹为普遍救济起见，拟择地以资办理。请公决。

议决：就贵阳、安顺、遵义、兴义等处，次第筹备举办粥厂，其详细办法及开始日期，交常会核定。其贵阳部分由救济组派员会同省警察局、贵阳县政府、省救济院拟定，呈候核夺，并由省府通令受灾各县于必要时得酌就原有积谷，呈请开办粥厂。①

（2）相应组织章程与办事细则的修改

根据贵州省赈务会召开的委员会议精神，改组后的省赈务会，一方面，增加从事赈灾事务的省党部会员，即由原来的2人增加到7人；另一方面，在组织机构上，在原赈务会所设三个组的基础上再增加两个组，即救济组和工赈组。将灾害救济工作作为重中之重来抓。与此同时，从省赈务会到地方各县赈务分会相关的组织章程、办事细则、办事规程等，也随着省赈务会的扩大改组而作相应的修改，以适应当时赈务之需要。

---

① 以上资料参见贵州省档案馆馆藏档案史料：全宗号 M24，案卷号 284。

（四）1939年贵州省赈务会演变为贵州省赈济会

时间：1939年4月。

1938年1月5日，随着贵州灾情的减轻，省赈务会又恢复原有组织。然而，1938年春，随着前方战事日益吃紧，赈济事务显得较以前更为重要。在此背景之下，国民政府为了提高赈济行政工作的权力和效率，切实执行政府的战时赈济政策，又对全国的赈济机构与部门进行了合并改组。具体情况如下。

1938年2月24日，行政院讨论通过了《赈济委员会组织法》。该法第一条规定："赈济委员会依国民政府组织法第二十条①之规定组织之。"第二条规定了赈济委员会的工作职责，即"掌理全国赈济行政事务"。②4月27日，依照该法在汉口成立了新的赈济委员会，它将原设的赈务委员会、非常时期难民救济委员会总会合并改组，并把内政部民政司所掌的救济行政，也划归赈济委员会管辖，委员长由行政院副院长兼任，从而提高了赈济委员会的行政地位。"前赈务委员会委员长不出席行政院会议，现赈济委员会委员长改为特任职，并规定出席行政院会议，提高赈济委员会地位，与本院（指行政院，笔者注）所属各部会相等，统掌全国赈济行政事宜，此后各省市的救济机关、慈善团体，均受赈济委员会之指挥监督。"③

1938年11月28日，国民政府行政院训令，为统一各省办理赈务之事权起见，要求各省将原设赈济救灾各机关合并，统一设置省赈济会。

具体方法是根据国民政府颁布的《赈济委员会组织法》和《各省赈济会组织规程》的要求，贵州省政府于1939年年初即开始筹设贵州省赈济会。首先是制定颁布《贵州省赈济会组织规程》。该规程的第一条明确指出："本省为办理赈济事宜设置贵州省赈济会。"④根据贵州省赈济会呈报给国民政府赈济委员会的材料，我们可以看出贵州省赈济会成立时的基本情况。省赈济会的汇报材料指出：

依照规定（即国民政府颁布的《赈济委员会组织法》《各省赈济会组织规程》和贵州省政府颁布的《贵州省赈济会组织规程》，笔者注），积极筹备，遴聘现

---

① 《中华民国国民政府组织法》第二十条的内容："行政院设各部分掌行政之职权。关于特定之行政事宜，得设委员会掌理之。"那么，灾荒救济应属特定事宜之范围。在国民政府的行政机关中，灾荒救济事务则分属行政院下属的内政部负责。在内政部中，具体由"民政司"负责。对此，相关的法律法规都作了具体规定。例如《行政院组织法》第一条规定，在行政院所设九部中，包括"内政部"在内。参见《中华民国法规大全》第1册，第278-280页。根据《内政部组织法》第四条，在其所设立的六个司、处级单位中包括"民政司"在内。与此同时，第七条规定"民政司"的工作职责包括"赈灾救济及其他慈善事项"在内。参见蔡鸿源主编《民国法规集成》第34册，第57页。而赈务委员会成立之后，则成为直接隶属于国民政府行政院的一个行政单位。

② 蔡鸿源：《民国法规集成》第34册，济南：黄山书社1999年版，第278页。

③ 《赈济委员会孔祥熙兼委员长对该会科长以上职员训词》（民国二十八年一月十九日，重庆），秦孝仪主编：《革命文献》第96辑之《抗战建国史料——社会建设（1）》，台北：裕台公司中华印刷厂1983年版，第430页。

④ 贵州省档案馆馆藏档案史料：全宗号M24，案卷号290。

任贵州省政府委员何辑五①，财政厅厅长王激莹，民政厅厅长孙希文，贵州省党部委员张定华、傅启学，地方士绅窦以庄、谢根梅，贵阳商会主席陈职民为委员。并依照组织规程第二条由全体委员第一次会议推定何委员辑五、王委员激莹、谢委员根梅、孙委员希文、张委员定华兼常务委员。暨同规程第七条指定何委员辑五兼总务组组长、王委员激莹兼财务组组长、谢委员根梅兼筹募组组长、孙委员希文兼救济组组长、张委员定华兼查核组组长，于四月十三日正式成立。已将前贵州省赈务会、贵州省救济难民委员会原管事务接收管理。所有前赈务会全部事务，划归本会总务组集中办理，以结束完毕为止。前救济难民委管辖之贵州省救济难民事务处，②仍旧保存，隶属本会直辖。③

这样，自1939年4月13日贵州省赈济会组织成立之后，原设之贵州省赈务会及贵州省救济难民委员会等明令撤销，所有各会事务，统由贵州省赈济会接管。各县赈务分会也先后随之改为县赈济分会。

以下为贵州省各县成立赈济分会的基本概况：

表 1-5④   贵州省各县赈济会组织成立年月日一览表

县别	成立年月日	县别	成立年月日
绥阳	1939 年 6 月 30 日	习水	1939 年 7 月 24 日
麻江	1939 年 7 月 5 日	郎岱	1939 年 11 月 1 日
德江	1939 年 7 月 5 日	施秉	1939 年 7 月 11 日
开阳	1939 年 7 月 6 日	石阡	1939 年 8 月 1 日
炉山	1939 年 7 月 20 日	独山	1939 年 11 月 4 日
贵阳	1939 年 7 月 10 日	册亨	1939 年 7 月 11 日
仁怀	1940 年 2 月 27 日	铜仁	1939 年 8 月 25 日
下江	1939 年 7 月 20 日	玉屏	1940 年 1 月 19 日
青溪	1939 年 7 月 15 日	平舟	1940 年 4 月 20 日
余庆	1939 年 7 月 15 日	盘县	1940 年 9 月 7 日
广顺	1939 年 7 月 15 日	长寨	1940 年 1 月 20 日

---

① 何辑五（1899—1987），名应瑞，以字行，贵州兴义人。陆军大学毕业。历任贵州讲武学校少尉区队长，黔军第四团上尉副官，国民革命军第一军管理处处长，汕头市公安局局长，潮梅警备司令兼第一军第一补充师师长，第十军副军长。1928年任浙江省政府委员。1930年任中国航空公司董事、副理事长。1932年5月至1933年7月任贵州省政府委员，其间，曾兼任民政厅厅长。其后，任监察院监察委员、军事参议院参议等职。1936年8月至1949年11月任贵州省政府委员，并先后兼任贵阳市市长、贵州省军管区参谋长、贵州企业公司董事长、省建设厅厅长、省水利局局长、贵州省禁烟委员会主任委员、贵州省戒烟经费管理委员会常务委员等职。1945年任国民党六届中央候补委员。1946年当选为"国大代表"。中华人民共和国成立前去台湾。

② 1938年7月19日，贵州省救济难民委员会组织成立；同年10月24日成立贵州省救济难民事务处为救济会执行难民事务的机关，并附设于省民政厅内。

③ 贵州省档案馆馆藏档案史料：全宗号M24，案卷号290。

④ 贵州省档案馆馆藏档案史料：全宗号M24，案卷号310。

续表 1-5

县别	成立年月日	县别	成立年月日
沿河	1939 年 7 月 26 日	紫云	1939 年 10 月 3 日
贵定	1939 年 7 月 29 日	织金	1939 年 7 月 10 日
黄平	1939 年 7 月 10 日	黎平	1939 年 7 月 30 日
省溪	1939 年 7 月 10 日	关岭	1939 年 11 月 1 日
龙里	1939 年 7 月 23 日	八寨	1939 年 7 月 11 日
大定	1939 年 9 月 2 日	榕江	1939 年 8 月 20 日
息烽	1939 年 9 月 2 日	凤冈	1940 年 1 月 17 日
定番	1939 年 9 月 2 日	江口	1940 年 4 月 20 日
毕节	1939 年 9 月 3 日	罗甸	1940 年 4 月 29 日
安顺	1939 年 9 月 25 日	普安	1940 年 1 月 17 日
锦屏	1939 年 7 月 20 日	清镇	1940 年 7 月 12 日
永从	1939 年 7 月 21 日	桐梓	1939 年 7 月 20 日
镇宁	1939 年 10 月 1 日	湄潭	1939 年 7 月 25 日
丹江	1939 年 7 月 10 日	岑巩	1939 年 10 月 29 日
剑河	1939 年 7 月 11 日	遵义	1939 年 8 月 15 日
普定	1940 年 1 月 17 日	荔波	1939 年 7 月 15 日
三穗	1940 年 2 月 6 日	兴仁	1940 年 3 月 1 日
威宁	1940 年 4 月 25 日	印江	1940 年 2 月 5 日
平坝	1939 年 7 月 24 日	三合	1939 年 10 月 9 日
思南	1939 年 7 月 11 日	天柱	1939 年 8 月 5 日
务川	1939 年 12 月 30 日	台拱	1939 年 7 月 15 日
后坪	1939 年 9 月 1 日	都匀	1940 年 4 月 20 日
安龙	1940 年 3 月 4 日	黔西	1940 年 1 月 23 日
松桃	1940 年 10 月 22 日	平塘	1940 年 4 月 20 日
三都	1940 年 1 月 10 日	晴隆	1940 年 1 月 20 日
贞丰	1940 年 10 月 26 日	兴义	1941 年 10 月 23 日
修文	1940 年 11 月 10 日	惠水	1939 年 9 月 1 日
赤水	1940 年 12 月 16 日	正安	1940 年 1 月 27 日
水城	1941 年 1 月 12 日	望谟	1941 年 8 月 1 日
瓮安	1940 年 8 月 28 日	平越	1940 年 8 月 1 日
金沙	1941 年 6 月 15 日	道真	1941 年 6 月 15 日
赫章	不详	纳雍	不详

（五）贵州省赈济会组织机构的终结

时间：1943 年 2 月。

1940 年 10 月 11 日，国民政府颁布《社会部组织法》（以下简称《组织法》），宣布成立直属于国民政府行政院的社会部。首任部长为贵州安顺人谷正纲。①社会部的权能在于："管理全国社会行政事务。"它既"对于各地方最高级行政长官执行本部主管事务有指示监督之责"，同时，"对于各地方最高级行政长官之命令或处分认为有违背法令或逾越权限者得提经行政院会议议决后停止或撤销之"。社会部下设四个司、局，分别是总务司、组织训练司、社会福利司、合作事业管理局。其中，规定组织训练司所管事项包括：人民团体之组织训练、各种人民团体相互关系之调整联系、劳资争议之处理、社会运动及人民团体目的事业外一般活动之指导监督等事项。社会福利司所管事项包括：社会保险之指导实施、劳动者生活之改良、社会服务事业之倡导管理、日常生活费用指数之调查统计、职业介绍之指导协助、贫苦老弱残废等之收容教养等事项。②

1941 年 5 月 3 日，社会部制定并颁布了《社会部各司分科规则》，规定社会救济由社会福利司所属的第五科负责。具体包括：残疾老弱之救济、贫民之救济、无正当职业者之收容教养、贫病医疗护产之倡导推行、救济经费之规划及审核稽查、救济设施之设置指导监督、慈善团体之指导监督、国际救济之联系推行、社会救济制度及社会救济业务之规划指导改进、社会救济工作人员之甄用考核奖惩等事项。③从《社会部各司分科规则》的基本内容可见，国民政府的社会救济事业实际上已被列为社会部所管理的范围。

1941 年 9 月 5 日，国民政府行政院颁布了《省社会处组织大纲》，明确规定：

各省政府得设置社会处，主管关于人民组训、社会运动、社会救济、社会福利等事宜。④

贵州省政府社会处在上述历史环境下应运而生。1942 年 4 月 1 日，贵州省政府社会处正式挂牌成立。其职掌在于：关于全省人民团体之组织、训练、调整及其相互关系，社会活动及人民团体的事业外一般活动之指导监督，劳资争议处理，社会福利、社会救济、社会服务及职业介绍之指导实施，贫苦老弱残废之收容教养及其他有关社会行政事项。首任处长为周达时。处内初设秘书室、第一二三科、视导室和会计室。⑤

---

① 谷正纲（1902—）字叔常。贵州安顺人。1916 年入贵阳省立初级师范学校。1922 年赴德国柏林工业大学留学。1924 年加入中国国民党。1926 年选派莫斯科中山大学。1927 年回国后，任国民党中央党务学校训育主任。1928 年加入中国共产党改组同志会。1931 年任国民党中央执行委员、立法委员，后任实业部常务次长。抗战期间，任军委会第五部次长、第三战区政治部主任、浙江省党部主任委员、国民党中央社会部长、最高国防会议委员。去台湾后，历任国民党中央改造委员会委员兼第二组长、台湾行政当局部门负责人、"国民大会"秘书部门负责人、1980 年任台湾当局"资政"等职。
② 参见蔡鸿源主编：《民国法规集成》第 35 册，济南：黄山书社 1999 年版，第 50 页。
③ 参见蔡鸿源主编：《民国法规集成》第 42 册，济南：黄山书社 1999 年版，第 152-153 页。
④ 参见蔡鸿源主编：《民国法规集成》第 42 册，济南：黄山书社 1999 年版，第 154 页。
⑤《贵州省社会处组织规程》，资料据贵州省档案馆馆藏档案史料：全宗号名称：贵州省政府，全宗号 M1（以下引自贵州省政府档案史料不再加注全宗名称），案卷号 1555。

从贵州省政府社会处掌控的工作职责来看，社会救济事务成为其主要工作内容。这一情况，同贵州省赈济会的工作内容明显存在重叠的问题。由此，统一全省救济事务的问题又一次被提到贵州省政府的议事日程。1943 年 1 月 8 日上午，在贵州省政府召开的第 908 次委员会议上，由贵州省民政厅、财政厅、教育厅、建设厅联合提出的讨论省市县机构调整一案中，在涉及省级机构调整的问题上，明确提出："省赈济会裁撤，其业务并入社会处办理。"①该议案获贵州省政府委员会会议通过。这样，1943 年 2 月，贵州省赈济会被裁撤，其业务归并社会处，增设第四科，办理临时灾害救济及过境难民侨胞救济、垦殖等事项。后来，社会处又增加劳动行政（国民义务劳动等）的工作事项，同时接管了原省赈济会所属配置难民垦殖的平坝乾溪农场。②如之，贵州省赈务会（赈济会）结束了它的工作使命。贵州省赈务（济）会的组织机构虽然已经不存在了，但它所从事的赈济工作却依然在运行。新的赈务主管部门——贵州省社会处承担了所有与赈济有关的事务。

根据以上分析我们可以得知，贵州省赈务会自 1929 年成立，到 1943 年裁撤，经历了五个阶段的演变。其中，第一阶段，主要是内部组织机构名称上的变化，即由原来的事务、执行、监察三处演变为总务、筹赈、审核三组。第二阶段，随着贵州本省灾情加剧，根据国民政府中央颁布的相关章程而进行改组。此次改组的力度远远超出第一次。通过此次改组，直接推动了全省各县赈务分会的成立，从而起到统一全省赈务活动的作用。第三阶段，完全是为了适应 1937 年全省特大旱情的需要而进行改组。此次改组的重点在于增加赈务会内部的组织机构，将工赈和救济单列出来，目的在于进一步提高赈济的效率。第四阶段的改组缘由在于，全面抗战爆发后，全国难民数量急剧增长。国民政府为统一全国的自然灾害与难民救济事务，在原赈务委员会的基础上成立全国赈济委员会。与之相呼应，贵州省赈务会亦被改组为省赈济会。改组后的贵州省赈济会除承担贵州省赈务会原有的灾荒救济业务外，更增加了难民救济的重任，其赈济工作比以往任何时候都更为繁重。第五阶段，分析贵州省赈济会的裁撤，裁撤后的贵州省的赈济事务由贵州省社会处相关部门接管。

---

① 《贵州省政府委员会第 908 次会议纪录》，参见贵州省档案馆馆藏档案史料：全宗号 M1，案卷号 808。

② 参见韩义义、杨占贤主编：《贵州社会组织概览》（1911—1949），贵阳：贵州人民出版社 1996 年版，第 42 页。

第二章　贵州省赈务会的组织章程与办事规则

贵州省赈务会作为贵州省领导全省社会救济工作的官方机构，一方面，它要受贵州省政府的领导；另一方面，它还要受国民政府赈务委员会的指导。因此，其组织章程、办事规则的制定与实施既离不开贵州省政府的直接参与，也离不开国民政府赈务委员会的指导。中央政府的指导主要是通过颁布相关的法规条例来规范、约束地方赈务机构的成立和赈务活动的开展。除此之外，中央政府还通过赈济专款的划拨、赈务监督人员的派遣来推动和督促地方赈务机构的活动。与此同时，贵州省本省灾情的变化也直接影响着贵州省赈务会组织章程与办事规则的制定与修改。

第一节　20世纪20年代末期至30年代初期的组织章程与办事规则

20世纪20年代末期至30年代初期，贵州省赈务会经历了成立与组织机构的初步变动阶段。与此同时，随着省赈务机构的成立及组织章程的制定，部分县份也先后成立了县赈务分会。而县赈务分会在成立的过程中，根据省赈务会的基本要求，同样制定了本县赈务分会的组织章程与办事规则。现就20世纪20年代末期至30年代初期贵州省赈务会及赈务分会的组织章程与办事规则作如下分析。

一、20世纪20年代末期至30年代初期贵州省赈务会的组织章程与办事规则

1929年，国民政府赈灾委员会为统一各地的赈务工作，颁布了《各省赈务会组织章程》。章程在要求受灾各省必须设立赈务会办理赈务的同时，规定省赈务会由事务处、执行处、监察处组成，三处共同负责全省的赈济事务。

在国民政府的统一要求下，贵州省政府于1929年12月21日组织成立了贵州省赈务会，制定颁布了《贵州省赈务会组织章程》和《贵州省赈务会办事细则》，规定了贵州省赈务会的组织结构与具体的办事细则。同时也规定，凡被灾

各县必须设立县赈务分会，由省赈务会统一制定了《县赈务分会组织条例》和《县赈务分会办事细则》。成立赈务分会的各县，结合本县实际，也制定了相应的《县赈务分会组织章程》和《县赈务分会办事细则》。

最初成立的贵州省赈务会由事务、执行、监察三处组成。担任省赈务会主席的为时任贵州省省长毛光翔。毛光翔之后，在1935年贵州省赈务会改组之前，继任贵州省赈务会主席的是毛光翔的同乡，贵州桐梓人王家烈。

在毛光翔担任贵州省赈务会主席时期，省赈务委员会设委员6人：窦居仁、王度、李居平、张彭年、冯介丞、蒋亦莹。顾问13人：施恩、何世光、卢寿慈、熊逸滨、王伯群、何敬之、何辑五、李仲公、袁干丞、华延鳌、凌汉洲、胡寿山、窦简之。会员达72人。其他各处的情况是：

事务处：处长蒋亦莹。

文书组主任孟广焜，副主任赵致衡；干事2人；事务员6人。

会计组主任张朝升，副主任丁志恭；干事2人；事务员5人。

庶务组主任刘树槐，副主任钟景贤；干事2人；事务员5人。

执行处：处长窦居仁。

调查组主任赵致衡，副主任刘焕森；干事2人；事务员4人。

放赈组主任李世光，副主任何鸿书；干事2人；事务员4人。

采运组主任赵廷环，副主任张珏良；干事2人；事务员5人。

监察处：处长王度。

视察组主任王宪文；干事2人；事务员3人。

审计组主任吴鼎尧；干事2人；事务员3人。①

从上面可以看出，初成立的贵州省赈务会建立了一个系统较完备的组织。包括顾问人员，领导层面、办事层面的人员和本会会员在内，一共有一百余人涉及赈务工作。其中，事务处下设三个工作组；执行处下设三个工作组；监察处下设两个工作组。在三个处级单位中，其工作内容涵盖了勘灾、放赈、赈款的募集与赈品的采购、赈款与赈品的管理与审计、监督等环节。

在成立赈务组织机构的同时，为了规范办赈人员的行为，贵州省赈务会还制定了《贵州省赈务会办事细则》（以下简称《细则》）。该《细则》共分五章二十九条。内容涉及各部门的工作职责、内勤管理和职员的奖惩。

其中，涉及各部门工作职责的内容有：

事务处三组：文书组所掌事务有典守印信、收发及保管文件、统计及报告之编制；会计组掌会内经费之出纳；庶务组掌办公用品的购置和办公用具的修缮等。

执行处三组：调查组掌调查灾区及赈务状况；放赈组掌赈款的筹募、赈款

---

① 以上资料均据贵州省档案馆馆藏档案史料：全宗号 M24，案卷号 902。

与赈品的发放、农赈与工赈等；采运组掌赈品的采买与运输等。

监察处二组：视察组掌监视放赈人及各市县分会之勤惰及有无弊窦，稽查执行处关于赈款之发放及赈品采买运输与保管；审计组掌审核执行处关于赈款之出纳，审核事务处经费之出纳。

涉及员工奖惩的内容有：奖励分三种，记功、奖金和保荐；惩罚分两种，记过、斥退。可以列为奖励的情况有五种，对于赈务之筹划能发抒意见签呈改进者；承办特别要件能出自心得极臻完善者；办公敏捷而又精细者；承办公件毫无错误并无延搁者；勤奋从公，早到迟退，不请假者。出现以下情况之一的人员应予以惩罚：承办要件贻误事机者；办事草率毫无进步者；承办公件发现错误或延搁者；不按时入值退值，并请假过多者。①

1930 年 1 月，国民政府在原赈灾委员会的基础上成立了中央赈务委员会，统一领导全国的社会救济工作。同时，颁布《赈务委员会组织条例》（以下简称《条例》），进一步规范全国的赈务领导机构和赈务活动。《条例》规定，赈务委员会"直隶于行政院办理各灾区赈务事宜"。《条例》第三条规定，赈务委员会共设三科：总务科、筹赈科和审核科。其中，总务科所掌事项包括：筹划会务、编列议事日程及开会记录、编辑刊物及宣传、经费出纳及编制预算决算、编制统计及表册、典守印信、文电收发缮校、物品购置等。筹赈科所管事项包括：计划筹募赈款赈品、保管存放及支用赈款赈品、赈品调查及采购、赈品之运输免税及免运费各项护照并舟车装载接洽、调查各种灾情及其附属应行考察、赈品赈款散放等。审计科所掌事项包括：审核赈款赈品之出纳、审核收放赈款赈品之册报单据、审核采买运输赈品之册报单据、审核办赈经费之支用、审核本会经费之出纳等。②

根据中央《赈务委员会组织条例》的基本要求，国民政府对 1929 年所颁布的《各省赈务会组织章程》进行了修改，并于 1930 年 5 月颁布了《修正各省赈务会组织章程》。新修改的组织章程比原章程的内容少了八条。新章程要求将原赈务会当中的事务、执行、监察三处改为总务组、筹赈组和审核组。同时规定，"各市、县因办理赈务，得设市、县赈务分会。其规程由省赈务会订定之，并分报赈务委员会及本省政府备案"。③

贵州省赈务会根据国民政府所颁布的《修正各省赈务会组织章程》的要求，将原设的事务、执行、监察三处改为总务、筹赈、审核三组。在此过程中，贵州省赈务会在向中央赈务委员会所撰写的一份关于本会改组的提案当中做了具体说明。提案指出：

案奉中央赈务会函送修正各省赈会章程，请查照办理等因，当经拟具本会

---

① 以上资料均据贵州省档案馆馆藏档案史料：全宗号 M24，案卷号 278。
② 以上参见蔡鸿源主编：《民国法规集成》第 34 册，济南：黄山书社 1999 年版，第 21 页。
③ 参见《中华民国法规大全》第 1 册，上海：商务印书馆民国 25 年（1936 年）版，第 800 页。

办事规程及各组办事细则，请核定在案。兹查此次修正各省赈会组织章程第二条规定之委员人数与原章相符。惟事务、执行、监察三处改为总务、筹赈、审核三组。处长则改称主任。故拟将原兼事务处长蒋亦莹改为总务组主任；执行处长窦居仁改为筹赈组主任；委员马培中推为审核组主任。以下原有主任干事各员，既为新章所无，自应撤销，拟一律改聘为会员。现事务各处改为总务各组，则从前之文书各组，似应改称为股。每股设股长一人，股员若干人。股长、股员即就原有职员中选充。书记照旧，以免纷更。①

此举获得了国民政府赈务委员会的认可。赈务委员会主席许世英在回复中明确指出：

敬复者案准来牍以遵照修正各省赈务会组织章程，将贵会事务执行监察三处改为总务筹赈审核三组，并推定各组主任暨订定办事规程及各组办事细则，请鉴核备案等因，到会查核，均属周妥，应即备案，相应函复，即希查照。②

与此相适应，贵州省赈务会颁布了修改后的《贵州省赈务会办事规程》。同时，新颁布了《贵州省赈务会各组办事细则》。

修改后的《贵州省赈务会办事规程》虽然与原规定的条目一样，还是二十九条，但在一些规定上还是有所变化。具体为：上班时间有所改动。原规定上班的时间是上午 10 点，新规定的时间提前了一个小时，要求在上午 9 点开始办公。组织机构的名称上有所变化。原规定将省赈务会组织机构分为三处八组，新规定将省赈务会组织机构分为三组八股。其他内容大体上是一致的。

新颁布的《贵州省赈务会各组办事细则》专门对总务、筹赈、审核三组的职责范围作了具体规定。就各组的工作内容来看，与原来颁的《贵州省赈务会办事细则》的规定总体是一致的。③

二、20 世纪 20 年代末期至 30 年代初期贵州各县赈务分会的组织章程与办事规则

地方各县作为省级机构的下属单位，其赈务分会的组织章程与办事规则，随着省赈务会所制定的组织章程与办事规则的变化而调整。

首先，在贵州省赈务会成立初期，省赈务会即制定了《贵州省县赈务分会组织条例》。该条例规定：

分会由县政府二人（县长及各局长），县党部、县指导委员会二人，民众团

---

① 资料来自贵州省档案馆馆藏档案史料：全宗号 M24，案卷号 278。
② 贵州省档案馆馆藏档案史料：全宗号 M24，案卷号 278。
③ 修改后的《贵州省赈务会办事规程》与《贵州省赈务会各组办事细则》参见贵州省档案馆馆藏档案史料：全宗号 M24，案卷号 278、279。

体、县中小校长及公正绅耆三人至五人组织之。各互推一人为常务委员，以县长为主席。①

在组织机构上，县赈务分会相应地设立事务、执行、监察三股。股下设组。其中，事务股分设文书、会计、庶务三组；执行股分设调查、放赈、采运三组；监察股分设视察、审计二组。每组设主任一人、副主任一人、干事若干人。各股所办事务，与省赈务会各处所办事务基本一致。同时规定：

分会直辖于省赈务会。凡有向外宣传或报告事项，须经省赈务会核转。②

此一规定表明，县赈务分会实际应属省赈务会在地方各县从事灾荒救济事务的派出机构。

对于各县成立县赈务分会的情况，我们以平越县（今贵州省福泉市）为例来说明之。平越县在 1930 年 7 月 11 日成立县赈务分会之后，该县县长饶存厚特将成立过程和赈务分会的组织机构及构成人员向贵州省赈务会作了详细汇报。平越县赈务分会具体人员与组织构成情况如下：

（1）主席 1 人，由该县县长饶存厚担任。

（2）常务委员 7 人，其中既有县政府的官员，也有学校教育部门的人员，还有地方公正之士绅。分别是：饶存厚（本县县长）、刘景山（征收局长）、范子文（行政科长）、刘文钦（教育局长）、刘子刚（保卫团总）、刘宗甫（学校校长）、胡庆山（公正士绅）。

（3）县赈务分会由三股组成：事务股、执行股和监察股。其中，事务股设股长 1 人，由文书组、会计组、庶务组三组组成。三组当中分别设正副主任 1 人，干事各 2 人。执行股设股长 1 人，由调查组、放赈组、采运组三组组成。三组当中亦设正副主任各 1 人，干事若干人。监察股设股长 1 人，由视察组、审计组两组组成。两组当中分别设正副主任各 1 人，干事 1 到 2 人。③

平越县赈务分会在其组织机构的设置上与 1930 年年初贵州省赈务会所颁布的《贵州省县赈务分会组织条例》当中的第三条、第四条、第五条和第六条的规定相一致。完整的组织机构为该县赈务活动的开展提供了组织上的保障。

在办事细则上，由省赈务会颁布制定了《贵州省各县赈务分会办事细则》，对各股的工作职责作了详细规定。办事内容同省赈务会的办事细则总体上是一致的，但在有些规定上仍存在着一些细微的差别。例如，县赈务分会的奖励尽管也是分为三种，但对比省赈务会的规定，二者的内容并非完全一致，存在一定的差异性。省赈务会所规定的奖励类型分别为："记功、奖金和保荐"；县赈务分会的奖励类型则是："奖章、匾额和嘉奖"。相比之下，省赈务会的奖励力

---

① 贵州省档案馆馆藏档案史料：全宗号 M24，案卷号 278。
② 贵州省档案馆馆藏档案史料：全宗号 M24，案卷号 278。
③《平越县赈务分会组织章程》，参见贵州省档案馆馆藏档案史料：全宗号 M24，案卷号 293。

度要大于县赈务分会的奖励力度。就惩罚而言，省赈务会规定的惩罚是："记过与斥退"；县赈务分会的惩罚是："斥退与惩办"。相比之下，省赈务会的惩罚力度要轻于县赈务分会的惩罚力度。①

后来，随着中央政府政策的变化，贵州省赈务会根据国民政府的要求，将赈务组织机构中的事务、执行、监察三处改为总务、筹赈、审核三组。与此相适应，各县赈务分会也将组织机构中的事务、执行、监察三股改为总务、筹赈、审核三组。原处下所设的各组则改为股。县赈务分会组织机构内部名称上虽然发生了细微变化，但各机构所承办的具体事务与办事程序基本与名称变化之前雷同。

第二节　20 世纪 30 年代中期的组织章程与办事规则

在 20 世纪 30 年代中期，贵州省赈务会根据国民政府颁布的有关赈务的规章制度以及本省灾情变化情况，对本会进行了改组。与此同时，省赈务会的组织章程与办事规则亦作重新修订。

一、20 世纪 30 年代中期贵州省赈务会的组织章程与办事规则

1935 年 6 月 2 日，贵州省政府颁布了新的《贵州省赈务会组织章程》（以下简称《章程》）。该章程由十二个方面的内容构成，具体包括省赈务会赈务委员的人员构成、组织机构、工作职能及本会日常经费的开支等。《章程》第一条明确指出：

本会遵照中央修正各省赈务会组织章程及军事委员会委员长行营公布剿匪区内临时赈务办法组织之。名曰：贵州省赈务会。②

其中，在赈务委员的人员构成上，规定贵州省赈务会：

由省政府聘任省政府委员二人、省党部委员二人、民众方面三至五人。但为增加剿匪区内赈务效率，并请绥靖公署派高级职员二人为委员。各互推一人为常务委员。由省政府于常务委员中指定一人为主席。③

① 《贵州省各县赈务分会办事细则》，具体参见贵州省档案馆馆藏档案史料：全宗号 M24，案卷号 278。
② 资料均据贵州省政府秘书处法制室编：《贵州省单行法规汇编》第 1 辑上册，贵阳：贵阳文通书局 1935 年版，第 178 页。
③ 资料均据贵州省政府秘书处法制室编：《贵州省单行法规汇编》第 1 辑上册，贵阳：贵阳文通书局 1935 年版，第 178 页。

此规定较之 20 世纪 30 年代初期的贵州省赈务会组织章程而言，主要增加了驻黔绥靖公署①的职员为委员，体现出赈务与政治不可分的特殊要求。在赈务组织机构构成方面，与原组织章程的规定相一致，依然由总务、筹赈与审核三组构成，三个部门具体负责与赈务有关的事务。关于本会办公经费的问题，该章程规定："本会经费应造具预算呈由省政府核发，不得在赈款内开支。"该规定体现出赈务款项必须专款专用的基本原则。至于工作职能，该章程规定由赈务会主持贵州全省的赈务工作，同时还承担本会办事规程与办事细则的制定，以及组建各县赈务分会的任务。关于赈务委员会委员及本会所聘顾问的薪酬问题，该章程规定皆为名誉职，本会不支付任何薪酬。②此一时段贵州省赈务会委员构成情况详见表 2-1。

表 2-1③　贵州省赈务会委员名册（1935 年 6 月）

委员姓名	聘任机关	任职情况
吴忠信	省政府	常务委员兼主席
曹经沅	省政府	常务委员
李次温	省党部	常务委员
周达时	省党部	委员
柳善	绥靖公署	常务委员
梁汉耀	绥靖公署	委员
袁干丞	民众方面	常务委员
唐惺悟	民众方面	委员

　　此次贵州省赈务会成立之后，委员出现多次变动。1935 年 7 月，梁汉耀辞职，改聘绥靖公署高级参谋青干南任委员；曹经沅辞职，改聘省府委员牟琳；1935 年 10 月，青干南辞职，改聘驻黔绥靖公署方学芬处长任委员；1936 年 4 月，柳善委员辞职，改聘绥靖公署秘书长谢晓钟任常务委员。④

---

① 所谓绥靖公署，是蒋介石国民党为对付共产党所领导的军队而专门设立的反动的地方军政组织。根据国民政府民国十九年（1930 年）9 月颁布的《绥靖督办公署暂行组织条例》的规定，设立该机构的目的在于："为剿灭各省边区及苏省共匪起见特设绥靖督办以专责成而靖地方。"在这一指导思想下，民国二十四年 4 月 17 日，国民政府颁布了《驻黔绥靖主任公署组织条例》，并在贵州成立了驻黔绥靖公署。该条例的第一条指出："为办理黔省及附接边区绥靖事宜特设驻黔绥靖主任主持之。"在确定该组织的职能中，除了规定应对共产党所领导的军队的内容之外，还包括所谓"处理被匪区域善后事宜"和"绥辑流亡"的内容。具体情况参见：《中华民国法规大全》第 1 册，上海：商务印书馆民国二十五年（1936 年）版，第 298-302 页。
② 资料均据贵州省政府秘书处法制室编：《贵州省单行法规汇编》第 1 辑上册，贵阳：贵阳文通书局民国二十四年（1935 年）版，第 178 页。
③ 表内资料均据贵州省档案馆馆藏档案史料：全宗号 M24，案卷号 4。
④ 以上资料均据贵州省档案馆馆藏档案史料：全宗号 M24，案卷号 4。

此一时段，急赈问题成为贵州省赈务会开展本省赈务活动的中心工作。因此，为规范办赈人员的赈务活动，贵州省政府于 1935 年 7 月 9 日颁布了《贵州省赈务会临时急赈办法》（以下简称《办法》）作为对新改组成立的贵州省赈务会开展临时急赈的具体指导方针。所谓急赈是指由于灾情的严重性而采取紧急救济之意。重点在于一个"急"字。"救灾如救命"即体现急赈的基本要义。在急赈的过程中，首先将对人的生命救济置于首位，带有在非常时期特事特办的意味。而《贵州省赈务会临时急赈办法》的制定颁布，其目的性也是十分明确的，即"散放急赈以受灾极重无力谋生者为限"。至于急赈的程序，《办法》第四至八条作了具体规定。第四条规定应先调查登记并公示："凡应散放急赈者，先由本会函请省政府令饬被灾各县先行切实调查，登录清册榜示各区，以作放赈根据。"第五条规定调查统计的期限："各县县长办理前条手续，统限奉到省令后，十日内办竣。将灾民户口总数电知本会，约定放赈数目。"第六至八条规定赈款赈品的发放程序："各县应得赈款赈品由本会决定数目，派员携往灾区，就灾民总数平均配放。"同时，"放赈委员驰往灾区应会同党部、军团队、县府、区、保及当地正绅公（共）同散放"。最后，"放赈委员应照本会所制灾民受领赈款表逐户施放，并须取得灾民拇指印及区、乡长章证，备作正式报销"。此外，《办法》对放赈委员的日常开销也作了具体规定，不能违规超标准开销。同时，对于冒领、重领赈款赈品者，办赈过程中徇私舞弊或办赈不力者，均作出了相应的处罚规定。①

除了颁布《临时急赈办法》之外，同年 7 月 24 日，贵州省政府还颁发了两个与赈务有关的法规：《贵州省赈务会办事规程》《贵州省赈务会各组办事细则》。这两个法规对省赈务会的办事规程与办事细则作出了具体规定。现就各法规的具体内容分析如下。

（1）《贵州省赈务会办事规程》（民国二十四年七月二十四日省政府公布施行）。该规程包括九个方面的内容，具体涉及会议的召开、各组职掌及人员构成。其中，尤其是关于各组职掌的内容，具体规定了办赈各组的工作内容与范围，从而避免在开展赈务工作的过程中的杂乱无章，确保赈务行为在规范有序的状态下进行。各组的职掌是：总务组负责筹划会务、编列议事日程及开会纪录、编辑刊物及宣传、经费出纳及编制预算决算、编制统计及表册事、典守印信、文电收发缮校、物品购置、杂务；不属其他各组事项。筹赈组之职掌包括：计划筹募赈款赈品、保管存放及支用赈款赈品事项；赈品调查及采购、赈品之运输免税及免运费各项护照并舟车装载接洽等事项，调查各种灾情及其附属应行考察事项。审核组之职掌包括：审核赈款赈品之出纳事项，审核收放赈款赈品之册报单据，审核采买运输赈品之册报单据，关于审核办赈经费之支用、审核

---

① 以上资料均据《贵州省赈务会临时赈济办法》，贵州省政府秘书处法制室编：《贵州省单行法规汇编》第 1 辑上册，贵阳：贵阳文通书局民国 24 年（1935 年）版，第 179-181 页。

经费之出纳事项。从规定来看，赈务会中总务组的工作最为繁忙，而筹赈组与审核组相对来说，工作较为单一。①

（2）《贵州省赈务会各组办事细则》（民国二十四年七月二十四日省政府公布实行，以下简称《细则》）。本《细则》由二十一个方面的内容组成。具体规定了贵州省赈务会各组工作流程。例如，关于文件的接收、发送与审阅。《细则》规定，凡到会文件，"应由号房接收，就原封用簿注明来历及件数，随时送交收发处点收"。收发处收到文件后，"每日收到文件立即折封分别性质摘由登簿分送各组，不得积压延搁。如系函电，应由收发处就原封登簿分送"。对于各组职员所办文件，《细则》规定"应即日送稿"。特别是关系到核算账目的事务，除需要调查讨论者外，办理时间不得超过三日。文件的审阅，先由相关各组主任审核后，再由相关各组主任提交赈务会主席审阅并提出处理意见。对于核定后的文件，必须"发缮校对、盖印、登簿、封发，随将文稿附件分别粘卷归档保管"。归档后的文件如因公需要调阅者，必须履行调阅手续。调阅完毕后再原样归还保管人员。

与此同时，《细则》对本会职员的工作纪律提出了严格要求。例如，关于职员上班时间，《细则》要求："本会办公时间除例假外，每日自午前八时起至十一时止（休息两点钟早餐）又自午后一时起至五时止。但有紧要事件，虽不在办公时间亦应到会办理。"同时，职员在办公时间内，除因公来访者外，一律不许接见客人。再如，关于文件的保密问题。《细则》强调，对于未经许可向外公布的文件，要求保管人员严守秘密，不得向外泄露。

此外，《细则》对于赈款、赈品的管理与使用，本会办公用品的采购与使用，普通员工的薪酬等问题也作了相应规定。②

从《细则》的整体规定来看，该《细则》的具体内容是切实可行的。它体现出当时《细则》制定者的一种程序意识、档案意识、保密意识和节俭意识。

二、20世纪30年代中期贵州各县赈务分会的组织 章程与办事规则

1935年7月24日，贵州省政府公布了《贵州省赈务会订定各县赈务分会组织章程》（以下简称《章程》）。该章程成为各县组建赈务分会的重要依据。各县赈务分会的组织模式参照贵州省赈务会的组织模式组建。对于县赈务分会委员构成问题，《章程》规定：

---

① 参见贵州省政府秘书处法制室编：《贵州省单行法规汇编》第1辑上册，贵阳：贵阳文通书局民国二十四年（1935年）版，第189-190页。

② 参见贵州省政府秘书处法制室编：《贵州省单行法规汇编》第1辑上册，贵阳：贵阳文通书局民国二十四年（1935年）版，第191-193页。

县赈务分会由县政府聘任县府高级职员二人（县长在内）、县党部指导员二人、人民团体三人至五人组织之。但为增加剿匪区内赈务效率，如有驻军县份，得聘请军事机关高级职员二人为委员。各互推一人为常务委员。[①]

该规定要求遇有驻军的县份，应聘请军事机关高级职员为赈务委员，体现出军政联办地方赈务工作的运作模式。其目的在于提高地方赈务的时效性。对于县赈务分会的办公经费问题，《章程》规定由县政府划拨，不得在赈款内开支。其他内容均参照省赈务会组织章程制定。[②]

与此同时，各县相应制定了本县赈务分会的办事规程与各组办事细则。对此，笔者分别查看了贵州省铜仁县（今铜仁市）、德江县、定番县（今惠水县）、龙里县四县赈务分会的办事规程与办事细则。对比各县赈务分会的办事规程与办事细则，总体是大同小异。

一方面，就四县赈务分会的办事规程来看，各县赈务分会办事规程的制定，有利于规范本会办事程序，防止违章行为的发生。各县赈务分会的办事规程虽然是以县为单位来制定的，但我们通过分析发现，各县的办事规程既有相同之点，也有不同之点。

首先，从相同之点来看，主要体现为：制定县赈务分会的依据相同。各县均是依据省赈务会所确定的总原则来制定本县赈务分会的办事规程。这充分体现出，各县赈务分会办事程序必须根据省赈务会所确定的办事程序来确定。省赈务会与县赈务分会之间是一种领导与被领导、支配与被支配的关系。在这一前提下，各县赈务分会对本会会议的召开、内部组织机构各部门之间的职掌、各部门之间的职员构成及其职责等均作出了具体规定。此外，由于各县赈务分会事务的繁杂，均要求设立司书职位，统一负责本分会文件的缮写、表册的填报及卷宗的保管等事务。

其次，我们也应看到，各县赈务分会所制定的办事规程并不是千篇一律、无所变化。各县从本县赈务的实际出发，在制定办事规程的过程中还体现出一定的差异性。这种差异主要体现在两个方面。一是，关于各县赈务分会常务委员会议召开的问题。各县每月召开赈务分会常务委员会议的日期、次数并无统一的规定。其中，铜仁县规定分会常务委员会议为每星期六举行一次；德江县则规定常务委员会每月举行三次即每月的初十日、二十日和三十日为开会日期；定番县规定常务委员会每月举行一次（日期临时通知）；龙里县的常务委员会规定每旬举行一次即每月召开三次会议，每月十日、二十日和三十日为开会日期，规定同德江县情况相同。二是，关于各县赈务分会所设各组人员分配的问题。

① 参见贵州省政府秘书处法制室编：《贵州省单行法规汇编》第 1 辑上册，贵阳：贵阳文通书局民国二十四年（1935 年）版，第 187-188 页。
② 参见贵州省政府秘书处法制室编：《贵州省单行法规汇编》第 1 辑上册，贵阳：贵阳文通书局民国二十四年（1935 年）版，第 187-188 页。

各县赈务分会所设各组人员数目多少不一。其中，铜仁县要求总务、筹赈、审核三组共设组员 6 人至 9 人分掌各组事务；德江县明确规定共设组员 6 人分掌各组事务；定番县没有规定组员的具体数目，只是规定各组设干事若干人来分掌各组事务；龙里县则规定了数目范围，要求各组设组员 2 人至 5 人分掌各项事务。

再次，综合四县赈务分会的办事细则我们可以发现，各县办事细则是对本会办事规程的进一步细化。各县赈务分会在制定本会办事细则的过程中，参照省赈务会办事细则制定了各会具体的办事细则。内容大都涉及文件的收发、各组事务的处理、赈款赈品的保管与散放、办公用品的采购与保管等内容。在这些内容中，核心问题在于赈款与赈品的保管与散放问题。如何确保赈款与赈品安全保管与有效散放，事关各县赈务分会的办赈效益与总体声誉。因此，各县赈务分会均用具体条文对此作出了明确规定。此外，由于办赈经费的缺乏，各县赈务分会在办公经费的开支上亦实行严格控制，严防浪费与无端的损坏。

在各县赈务分会的办事细则中，相比之下，铜仁县赈务分会的办事细则最为详细。其细则对总务、筹赈与审核三组主任的职责作了明确规定。其中，涉及筹赈组主任的办事细则达十条之多，审核组主任的工作职责也达七条。在总务组中，不仅规定了总务主任的职责，而且对总务组中文书的职责、会计的职责和庶务的职责都作了相应的规定。龙里县赈务分会的办事细则重点放在本会文件的收发与处理问题上，强调本会文件统一由收发处负责传达到相应各组处理。

当然，各县赈务分会办事细则除了在内容上详略不一外，在具体规定上也独具特色。例如，铜仁县赈务分会的办事细则规定庶务的职责包括：物品的购备、器具的保管和全会茶水及其他杂务；德江县赈务分会对本会办公的时间作了具体规定，要求工作人员每日上午上班的时间自午前八时起至十时止，下午上班的时间为午后一时起至四时止。相似的规定在定番县赈务分会办事细则中也出现过。定番县赈务分会规定工作人员的办公时间，上午自每日七时半起至十时半止；下午上班的时间为午后自一时起至五时止。

此外，关于职员酬金的发放问题。有的县有明确规定，有的县则忽略了这一问题。例如，德江县明确规定，本会各组职员均为义务职，每月仅给司书发放津贴洋 6 元。定番县对本会员书津贴也作出规定，要求每月给员书发放一定的津贴。其他两县赈务分会的办事细则中则没有将此问题列入规定范围之内。①

---

① 以上内容均参见《贵州省铜仁县赈务分会办事规程》《贵州省铜仁县赈务分会总务组办事细则》《贵州省铜仁县赈务分会筹赈组办事细则》《贵州省铜仁县赈务分会审核组办事细则》《贵州省德江县赈务分会办事规程》《贵州省赈务会德江县分会各组办事细则》《贵州省定番县赈务分会办事规程》《贵州省定番县赈务分会各组办事细则》《贵州省龙里县赈务分会各组办事细则》《贵州省龙里县赈务分会办事规程》，贵州省档案馆馆藏档案史料：全宗号 M24，案卷号 296、298。

第三节 1937年扩大改组时期的组织章程与办事规则

1937年是贵州特大旱灾爆发的一年。严重的灾情导致原有赈务组织机构难以承担社会救济的繁重任务。为此，在扩大改组贵州省赈务会及县赈务分会的同时，其原有组织章程与办事规则亦随之调整。具体调整情况，笔者依然从省、县两个层面进行分析。

一、扩大改组时期贵州省赈务会的组织章程与办事规则的修改

（一）关于组织章程的修改

1937年5月2日，贵州省赈务会委员会第一次大会在贵州省政府会议厅召开。此次会议是在贵州灾情十分严重的情况之下召开的一次重要赈务会议。参会人员有：顾祝同（韩德勤代）、韩德勤、曹经沅、王澂莹（唐世铿代）、张志韩、胡嘉诏（艾怀瑜代）、周恭寿、黄国桢、周达时、余华沐、严昌武、冯剑飞（谢汝霖代）、何玉书、窦居仁、冯介丞、王延直、刘其贤、王谟、唐惺悟、漆璜。中央派往贵州的监赈员成静生列席了此次会议。本次会议在报告事项中指出：

> 查现在本省灾情惨重，赈务繁剧，非扩大改组省赈务会不足以应事实需要。[1]

此前，即1937年4月，由省赈务会所拟具的《贵州省赈务会临时组织章程》已经贵州省政府委员会第325次常会议决通过。该章程对贵州省赈务会的扩大改组作了重要的组织规划。

对比20世纪30年代中期的《贵州省赈务会组织章程》不难发现，新制定的《贵州省赈务会临时组织章程》在内容上有两个方面的重大变化：一是构成赈务会委员的人员增多了。原赈务章程中，赈务会委员来自省政府、省党部、民众团体和绥靖公署。新制定的《临时组织章程》则在原有委员来源的基础之上，要求省政府全体委员、各厅处长和省高等法院院长作为省赈务会的当然委员。二是从事赈务工作的组织机构扩大了。原赈务章程中，赈务会只设总务组、筹赈组和审核组三组。新制定的《临时组织章程》中则在原有组织机构的基础上，新增加了两个办赈部门，这两个部门分别是救济组和工赈组。将救济和工赈从原有组织部门中单列出来，摆到突出位置，其目的只有一个，即进一步提

---

[1] 贵州省档案馆馆藏档案史料：全宗号M24，案卷号284。

高赈济工作的时效性，更好地服务于处境艰难的广大灾民。这反映出救灾重在救急的基本原则。综合这两个方面可以发现，扩大改组时期的贵州省赈务会，无论是参与办赈的人员，还是办赈职能部门，均发生了明显变化。此为当时赈济事务繁重的内在要求。

根据《临时组织章程》的规定，省赈务会正式确定了本会主席、常务委员、委员及各组负责人人员。

指定本主席、曹厅长经沅、王厅长澂莹、张厅长志韩、胡厅长嘉诏、周委员恭寿、韩委员德勤、何委员辑五、严秘书长昌武、冯处长剑飞、漆院长璜为当然委员。由府加聘党部黄委员国桢、周委员达时、滇黔绥靖副主任公署余参谋长华沐及士绅唐先生惺悟、王先生谋、冯先生介丞、何先生玉书、窦先生居仁、刘先生其贤、王先生延直为委员。并指定本主席为省赈务会主席、周委员恭寿、曹厅长经沅、黄委员国桢、唐先生惺悟为常务委员。以曹经沅为总务组主任，严昌武为副主任；周恭寿为救济组主任，王谋为副主任；王澂莹为筹募组主任，冯介丞为副主任；胡嘉诏为工赈组主任，窦居仁为副主任；唐惺悟为审核组主任，刘其贤为副主任。[①]

扩大改组时期贵州省赈务会组织机构与人员构成及调整情况详见下表。

表 2-2[②] 扩大改组时期贵州省赈务会委员名册（1937 年 5 月初成立时）

委员姓名	备　　考
顾祝同	主席（省政府主席）
曹经沅	常务委员兼总务组主任（民政厅长）
王澂莹	筹募组主任（财政厅长）
张志韩	教育厅长
胡嘉诏	工赈组主任（建设厅长）
周恭寿	常务委员兼救济组主任（省政府委员）
韩德勤	（省政府委员）
何辑五	（省政府委员）
严昌武	总务组副主任（省政府秘书长）
冯剑飞	（保安处处长）
漆　璜	（高等法院院长）
黄国桢	常务委员（省党部委员）
周达时	（省党部委员）
余华沐	（滇黔绥靖公署参谋长）

---

① 贵州省档案馆馆藏档案史料：全宗号 M24，案卷号 284。
② 表内资料均据贵州省档案馆馆藏档案史料：全宗号 M24，案卷号 284。

续表 2-2

委员姓名	备　考
唐惺悟	常务委员兼审核组主任（士绅）
王谟	救济组副主任（士绅）
冯介丞	筹募组副主任（士绅）
何玉书	（士绅）
窦居仁	工赈组副主任（士绅）
刘其贤	审核组副主任（士绅）
王延直	（士绅）

表 2-3①　扩大改组时期贵州省赈务会委员名册（1937 年 8 月调整后）

委员姓名	备　考
顾祝同	主席（省政府主席）
孙希文	常务委员（民政厅厅长）
王澂莹	筹募组主任（财政厅厅长）
张志韩	（教育厅厅长）
叶纪元	工赈组主任（建设厅厅长）
周恭寿	常务委员（省政府委员）
韩德勤	常务委员（省政府委员）
何辑五	常务委员兼救济组主任（省政府委员）
严昌武	总务组主任（省政府秘书长）
冯剑飞	（保安处处长）
漆璜	（高等法院院长）
黄国桢	常务委员（省党部委员）
周达时	（省党部委员）
余华沐	（滇黔绥靖公署参谋长）
唐惺悟	常务委员兼审核组主任（士绅）
王谟	救济组副主任（士绅）
冯介丞	筹募组副主任（士绅）
何玉书	（士绅）
窦居仁	工赈组副主任（士绅）
刘其贤	审核组副主任（士绅）
王延直	（士绅）

①　表内资料均据贵州省档案馆馆藏档案史料：全宗号 M24，案卷号 327。

表 2-4[①] 扩大改组时期贵州省赈务会职员姓名册（1937 年 8 月调整后）

组　　别	职　　别	姓　　名	备　　考
总务组	主任	严昌武	
	兼任秘书	王家榘	秘书处
		刘仲雅	民政厅
	副务部兼任秘书	佘守恕	秘书处
	纪录部兼任秘书	黄焕采	秘书处
	运输部兼任秘书	王永祓	建设厅车务段
	一等组员	陈可凤	
	二等组员	李启璞	
	兼任组员	朱德桑	秘书处
		刘启昌	民政厅
		曾弼师	秘书处
		黄侠南	秘书处
		钟景贤	秘书处
		李干洲	秘书处
		邓孟六	秘书处
		庞嵩生	秘书处
		王鸾伍	秘书处
		罗忠开	秘书处
		邹文富	秘书处
		王兢存	秘书处
		李公祐	秘书处
		高树桑	秘书处
	一等书记	周绍黄	
		田慰农	
	二等书记	贾绍鸣	
		潘子曾	
		李赞侯	
		丁继明	
		张绍渊	
筹募组	主任	王澂莹	
	副主任	冯介丞	

---

① 表内资料均据贵州省档案馆馆藏档案史料：全宗号 M24，案卷号 327。

续表 2-4[①]

组　　别	职　别	姓　名	备　考
	兼任秘书	蓝泽均	财政厅
	一等组员	车之辂	
	兼任组员	刘正仪	财政厅
		徐礼和	财政厅
		徐葆玮	财政厅
		唐晋书	财政厅
救济组	主任	何辑五	
	副主任	王谟	
	秘书	严衍泰	
	一等组员	孙嗣煊	
		郭建策	
	二等组员	花方瀛	
		罗熙麟	
		夏平	
		李叔荣	
		杨明英	
工赈组	主任	胡嘉诏	
	副主任	窦居仁	
	兼任秘书	刘守刚	建设厅
	一等组员	陈鸿焘	
	兼任组员	卜青芳	建设厅
审核组	主任	唐惺悟	
	副主任	刘其贤	
	秘书	杨筱培	
	一等组员	黄琢成	
	二等组员	赵叔勋	
	兼任组员	钱莆东	财政厅

《临时组织章程》和省赈务会委员名册经报中央赈务委员会、国民政府军事委员会委员长行营审核之后，大部内容获得认可。但为确保贵州省赈务会的组织章程同中央赈务委员会的规定相符，国民政府中央赈务委员会明确指出，《临时组织章程》只能是临时性的，不宜长期使用。因此，应该在《临时组织章程》

---

① 表内资料均据贵州省档案馆馆藏档案史料：全宗号 M24，案卷号 327。

第十条后加列一条："本章程于此次重灾办理结束时废止，仍照平时组织章程办理。"这一规定为贵州省赈务会在 1938 年灾情减轻的情况下恢复其原有的组织形态奠定了基础。①

（二）关于办事规程与办事细则的修改

贵州省赈务会委员会在 1937 年 5 月 2 日下午召开的第一次大会讨论的事项中指出：

> 本会现既扩大改组，所有办事细则亟应根据临时组织章程拟定，是否由各组派员公同起草抑或指定负责人员办理请公决。②

经会议议决，"本会办事细则由各组派员会同总务组起草再提常会核定"。③根据此次会议精神，省赈务会对原有办事规程与办事细则进行了修改。修改后的办事规程与办事细则在总体上同原有规定内容是一致的。其中，对于办事规程，只是在第六条内容上有所变化。原第六条的规定是："本会各组主任由委员兼任并设组员九人至十五人分掌各组事务。"修改后的第六条内容变成："本会各组主任由委员或常务委员兼任并设组员若干人分掌各组事务。"同时，修改后的办事规程还增加了一条规定，即第七条："本会设秘书二人综核一切文件。"④从内容上的变化反映出，由于灾情之繁重，办理赈济事务的相关人员亦随之增加。另外，就办事细则来讲，由于办事规程中增加了秘书一职，因此，在办事细则的第八条规定："各组职员拟就文件先交秘书审核，继送主管主任核阅，方送主席核定判行。"⑤新办事细则在文件的审核上增加了秘书环节的工作。同时，为应付繁重的赈济事务，还相应增加了书记的职位。例如，总务组秘书刘友陶、刘仲雅在呈报给总务组主任曹经沅、副主任严昌武的请示报告中强调："查本会照案应设书记六人，分任收发、档案诸事。现扩大改组后，事务加繁，自应照案设足，俾敷分配办理。"⑥

二、扩大改组时期贵州各县赈务分会的组织章程与办事规则的修改

（一）关于县赈务分会组织章程的修改

县赈务分会组织章程因省赈务会组织章程的修改而修改。对此，贵州省赈

---

① 贵州省档案馆馆藏档案史料：全宗号 M24，案卷号 281。
② 贵州省档案馆馆藏档案史料：全宗号 M24，案卷号 284。
③ 贵州省档案馆馆藏档案史料：全宗号 M24，案卷号 284。
④ 贵州省档案馆馆藏档案史料：全宗号 M24，案卷号 282。
⑤ 贵州省档案馆馆藏档案史料：全宗号 M24，案卷号 282。
⑥ 贵州省档案馆馆藏档案史料：全宗号 M24，案卷号 328。

务会在 1937 年 5 月份的工作报告中记录了修改的具体经过。工作报告在"修正县赈务分会组织章程事项"中指出：

> 省赈务会扩大改组后，以各县赈务分会之组织尚欠完密，当此本省灾情奇重，赈务繁剧之时，实不足以资应付。爰将县赈务分会组织章程加以修正。关于委员之聘任，除原有党政民众团体人数略有增减外，并规定加聘军学两界及地方公正士绅为委员。同时，拟订分会办事规程提会修正通过。刻已令发各县，饬即遵照并呈报分函在案。①

各县在奉到省赈务会要求对本县赈务分会扩大改组的相关文件之后，纷纷闻风而动，调整本县赈务分会的组织机构和办事规程。例如，赤水县县长在该县赈务分会呈报给省赈务会的报告中指出：在收到省赈务会下发的相关文件之后，"当即商同查放主任委任委员商承均召集各区区长、各机关法团领袖、地方公正士绅，到县政府，于 6 月 21 日（1937 年，笔者注），开会商讨扩大组织事宜"。②赤水县赈务分会的报告从一个侧面反映出县赈务分会为贯彻省赈务会扩大改组的基本精神所做出的努力。

对比 1935 年《贵州省赈务会订定各县赈务分会组织章程》的内容，修改后的县赈务分会组织章程在内容上主要有两大变化：一是委员数量增多了。原章程中规定的委员人数控制在 7 至 11 人之内，新修改的章程规定委员人数最多可达 16 人。二是组织机构扩容。原章程的组织机构中仅设三组：总务组、筹赈组与审核组。新修改的章程中，将筹赈组划为三块：救济组、筹募组与工赈组。将救济工作单列出来，凸显救济工作的重要性。这样，赈务分会的组织机构亦由原来的三个组调整为五个组。③

（二）关于县赈务分会办事规程与办事细则的修改

根据 1937 年 5 月通过的《贵州省赈务会修正各县赈务分会组织章程》第四条内容规定，各县赈务分会的办事规程与办事细则由各县自行拟定，然后分报省政府、省赈务会、县政府。对此，由于历年各县赈务分会办事规程与办事细则并无太大变化，因此，笔者不再作进一步分析。不过，当时贵州省赈务会根据贵州各县灾情十分严重的状况颁发了《贵州省赈务会查放急赈办法》（以下简称《查放急赈办法》），以此作为地方各县在办理急赈过程中应统一遵循的基本程序与办事细则。这一做法的目的在于，促使赈务工作适应当时贵州各地灾情繁重的需要。因此，赈务程序带有明显的应急性。这一情况的出现，一方面，反映出省赈务会在地方各县赈务分会开展工作过程中的主导作用；另一方面，

---

① 贵州省档案馆馆藏档案史料：全宗号 M24，案卷号 63。
② 贵州省档案馆馆藏档案史料：全宗号 M24，案卷号 395。
③ 参见贵州省档案馆馆藏档案史料：全宗号 M24，案卷号 395。

也是出于应急的需要。在自然灾害极其严重的非常时期，非采取非常之措施无以应对非常之需要。《查放急赈办法》规定：

> 查放急赈每县由省赈务会委派查放主任委员一人，会同各县赈务分会办理一切事宜。其进行程序由县府饬各区保长造报灾民户口清册，再由县分会与查放主任委员到灾区为若干路派查放员分路察勘，分别灾情轻重定为甲乙丙三等，具报分会，由会核算户口，支配赈款，填发赈票。各灾民持票领款。当散发赈款时，由分会邀集各机关及地方公正士绅会同监视，于收回之赈票上加盖公（共）同监放清讫戳记。放竣后，制具户口一览表，连同票根及收回赈票、县府证明书送省赈务会报销。以上手续殊为繁琐，故订定办法以资率循。①

为了落实各地灾情，省赈务会专门制作一种灾情调查表。内容涉及：被灾情形、被灾面积、人口、民国二十五年（1936年）秋季收成、民国二十六年（1937年）春季收成、各县仓储情形等。

三、灾情减轻后贵州省赈务会、县赈务分会组织章程与办事规则的进一步修改

根据国民政府中央赈务委员会和国民政府军事委员会委员长行营的要求，扩大改组后的贵州省赈务会及相应的组织章程、办事规程、办事细则仅适用于本省灾情严重的情况之下施行。一旦灾情减轻，则应恢复原有的赈务会组织机构。与此同时，省赈务会组织章程、办事规程、办事细则也应予以修改。因此，到1938年年初，当贵州本省灾情有所缓和之后，省赈务会组织章程、办事规程、办事细则也作出相应的调整。

（一）贵州省赈务会组织章程的进一步修改

对于贵州省赈务会恢复原有组织机构的事项，贵州省政府在1937年冬召开的省政府委员会第395次会议上专门作了讨论。此次会议决议：

> 一，赈务委员会恢复原组织；二，指定孙、何（指省政府民政厅厅长孙希文和省政府委员何辑五，笔者注）两委员为该会委员。②

对于这一决议的具体解释，贵州省政府秘书处在其下发的《通知》中作了详细分析与说明。《通知》指出：

> 所谓恢复原组织者，当指恢复二十六年五月扩大改组以前之原组织而言。该会组织章程在二十四年五月间吴主席（即吴忠信，笔者注）时代，对于委员名额作如下之规定：本会由省政府聘任省政府委员二人、省党部委员二人、民

---

① 《查放急赈办法》，贵州省档案馆馆藏档案史料：全宗号 M24，案卷号 63。
② 贵州省档案馆馆藏档案史料：全宗号 M1，案卷号 1554。

众方面三人至五人。但为增加剿匪区内赈务效率，并请绥靖公署派高级职员二人为委员。各互推一人为常务委员。由省政府于常务委员中指定一人为主席。至二十五年九月，由周委员恭寿任该会主席时，则将组织章程予以修正：本会委员由省政府聘任省政府委员四人、民众团体方面三人至五人。各互推常务委员二人。省党部委员二人，亦推一人为常务委员，共计常务委员五人。由省政府于五人中指定一人为主席。故在未扩大改组以前之委员名额，为十一人。而常委为五人，主席人选系就五常委中指定。现在，赈务会改组。据该会秘书转述何委员（指何辑五，笔者注）意见，过去之组织章程拟遵照中央颁布之各省赈务会组织章程予以修正。照中央规定：省赈务会由省政府聘任省政府委员二人、省党部委员二人、民众团体三人至五人组织之，各互推一人为常务委员，由省政府于常务委员中指定一人为主席。①

该通知对于贵州省赈务会自 1935 年以来组织章程中赈务委员人数的变化情况进行了一定的梳理。要恢复原有赈务组织机构，首先，在赈务委员组成人数上参照 1935 年时的标准。其次，在省赈务会的组织机构上，要求恢复原有的三个小组的组织形式，撤销组织机构中的救济组和工赈组。最后，在省赈务会委员身份构成上，重新修改后的组织章程中没有"聘任贵州省绥靖公署高级职员"之类的内容。其原因在于，1936 年 8 月，国民政府驻黔绥靖主任公署已被裁撤。组织章程中其他内容大体与 1935 年夏天贵州省赈务会成立时制定的组织章程相一致。对此，新当选的省赈务会主席何辑五在上报给贵州省政府主席吴鼎昌的公文中明确指出：

窃查本会于元月一日（即 1938 年，笔者注）恢复原有组织，业经呈报在案。所有恢复后组织章程及办事规程、办事细则仍根据中央修正各省赈务会组织章程并参酌本省现时情形拟定，于元月二十七日提经本会第一次委员会议议决修正通过记录在卷。②

以下为贵州省赈务会组织机构恢复后职员组成概况。

表 2-5③　贵州省赈务会组织暨职雇员姓名表（1938 年 2 月）

姓　　名	职　　　别	备　　考
何辑五	常务委员兼主席	
陈职民	常务委员兼总务组主任	
唐惺悟	常务委员兼筹赈组主任	
周达时	常务委员兼审核组主任	
黄国桢	常务委员	
孙希文	委员	

① 贵州省档案馆馆藏档案史料：全宗号 M1，案卷号 1554。
② 贵州省档案馆馆藏档案史料：全宗号 M1，案卷号 1554。
③ 贵州省档案馆馆藏档案史料：全宗号 M24，案卷号 267。

续表 2-5

姓　名	职　　别	备　考
窦以庄	委员	
严衍泰	秘书	
余敦�	会计	
孙嗣煊	总务组一级组员	
喻祖荫	总务组二级组员	
郭建策	筹赈组一级组员	
卢运隆	筹赈组二级组员	
孙镜鸥	审核组一级组员	
彭中英	审核组二级组员	
魏德焕	办事员	
李山仑	办事员	
周绍黄	雇员	
田慰农	雇员	
张绍渊	雇员	
刘忠智	雇员	

（二）贵州省赈务会办事规程与办事细则的进一步修改

1. 办事规程的修改

对比 1935 年贵州省赈务会制定的办事规程，在内容上总体相同，但在一些细节问题上还是有所变化。一是关于赈务会议的召开。赈务会常委会议召开的频率发生变化：原规定要求常务委员会议每星期三举行一次，新规定则改为每月举行一次。二是关于组织机构的设置及具体事务的分工也产生了一些变化。原办事规程中没有单独设置赈务会办公室，一些有关赈务会的基础事务均由总务组负责承担。修改后的办事规程中单独设置了一个赈务会办公室，并对办公室的工作职责作了具体规定。其中包括：设置秘书职位，由秘书综核一切文件；设置会计职位，由会计办理一切款项保管存放出纳及购制物品暨编制预算决算事项；设置办事员岗位，由办事员办理典守印信监印及临时交办事项。此前，文件的保管、经费的预算与决算均属总务组承担的事务，而经费的保管则属筹赈组的职责。新修改的办事规程成立直属于赈务会的办公室之后，将经费大权划归办公室统管，更有利于节约开支，提高行政的办事效率。①

---

① 1935 年 7 月 24 日贵州省政府公布施行的《贵州省赈务会办事规程》详见贵州省政府秘书处法制室编《贵州省单行法规汇编》第 1 辑上册,贵阳:贵阳文通书局 1935 年版,第 189-190 页。1938 年 2 月 11 日由国民政府赈务委员会核准备案的《修正贵州省赈务会办事规程》详见贵州省政府秘书处法制室编《贵州省单行法规汇编》第 3 辑上册,贵阳:贵阳文通书局 1938 年版,第 227-230 页。

2. 办事细则的修改

新修改后的办事细则与 20 世纪 30 年代中期及以前的办事细则相比，在多个方面作了调整。一是在文件的收发环节上，增加了赈务会办公室的环节。原规定是，各组在收到文件后，先拟具办法，再呈赈务会主席核阅后发交各承办人员办理。而新规定是，各组收到文件后，即行拟具办法，须经本组主任核定盖章，再送办公室转呈主席复核盖章后仍发交各组办理。只是在遇到急办文件的情况下才直接由各组呈送主席核阅办理。二是在各组拟具文件后的处理上，增加了办公室秘书工作的环节。原规定各组文件起草完毕后，由各组主任直接呈送赈务会主席核阅。而新规定是，在文件起草完毕后，先呈办公室秘书核阅，再送各该组主任核阅盖章后呈主席核定判行。三是在办公时间的规定上也有所变化。原规定的办公时间是，除例假外，每日自午前八时起至十一时止（休息两点钟早餐）又自午后一时起至五时止。而新规定的办公时间是，每日上午七时半起至十一时止，下午自二时起至六时止，必要时得延长之。同时，星期日及例假照常办公。从这里可以看出，新规定的办公时间一方面上午提前了半个小时，另一方面强调周末与例假日也必须上班。此一规定反映出省赈务会在工作作风上更趋向于务实、紧凑。四是在对于职员的工作纪律问题上，更注重工作人员应做到守时、到位。新规定在第十六条强调："本会职员每日应准时到会办公，不得迟到或早退"；第十八条强调："本会职员均须轮流值日"；第十九条强调："本会职员如因事因病请假者须依照省政府请假规则办理"。①而这种硬性规定在原有办事细则中没有涉及。这说明省赈务会在处理本省赈务时并未因灾情的减轻而放松处理赈务的日常工作。相反，赈务工作愈加受到应有的重视。

（三）各县赈务分会组织章程与办事规程、办事细则的进一步修改

1938 年春末夏初，根据贵州省赈务会组织章程与办事规程内容的调整，贵州各县赈务分会在省赈务会的统一领导下，对本县组织章程与办事规程作相应的调整。调整的依据是贵州省政府统一公布的《贵州省赈务会修正各县赈务分会组织章程》和《贵州省各县赈务分会办事规程》。对此，笔者分别以 20 世纪30 年代中期贵州省赈务会订定的各县赈务分会组织章程和铜仁县订定的县赈务分会办事规程进行对比分析，以进一步了解修改后的县赈务分会组织章程和办事规程的具体内容。

1. 县赈务分会组织章程内容的变化

1938 年贵州省政府公布的县赈务分会组织章程同 1935 年公布的县赈务分

---

① 参见 1935 年由贵州省政府公布施行的《贵州省赈务会各组办事细则》，贵州省政府秘书处法制室编：《贵州省单行法规汇编》第 1 辑上册，贵阳：贵阳文通书局 1935 年版，第 191-194页。1938 年 2 月由国民政府赈务委员会核准施行的《贵州省赈务会办事细则》，贵州省政府秘书处法制室编：《贵州省单行法规汇编》第 3 辑上册，贵阳：贵阳文通书局 1938 年版，第 230-232 页。

会组织章程在内容上大体是一致的。新公布的县赈务分会组织章程在内容上体现出三个方面的细微变化：一是关于县赈务分会办事规程的制定问题。根据1935年时的章程，县赈务分会办事规程由各县自行制定。而新颁布的县赈务分会组织章程则确定由省赈务会统一制定各县赈务分会所应遵循的办事规程。二是关于事务员或书记的聘任问题。1935年的县赈务分会组织章程没有具体规定应如何聘任。而新颁布的县赈务分会组织章程明确指出：事务员或书记原则上从各机关调用兼任，但必要时得酌用专任人员。三是关于赈款赈品的查放、县赈务分会内部重大事项的处置问题。1935年章程中没有涉及这一内容，而1938年新颁布的县赈务分会组织章程则专门作为一条予以说明：

县赈务分会关于赈款赈品查放事项及其他重要事项均须经全体委员会或常务委员会决定施行。①

赈款、赈品的保管与发放，是县赈务分会工作的重中之重。新章程在涉及赈务分会重大事项的决策时，要求发挥集体的作用，从而可以避免工作过程中的随意性和主观性，让赈务活动在制度规定的范围内进行，以杜绝作弊情事的发生。这应该是贵州省赈务会及其赈务分会在工作机制上走向成熟的一个重要标志。

2. 县赈务分会办事规程内容的变化

对比20世纪30年代中期铜仁县赈务分会所制定的办事规程，我们可以明显感觉到，1938年由贵州省政府公布的县赈务分会办事规程在内容上远比铜仁县赈务分会所制定的办事规程要翔实得多。其中，铜仁县赈务分会的办事规程只有八条，而贵州省政府所公布的县赈务分会办事规程则多达二十条。统一制定的县赈务分会办事规程在内容上不仅涉及赈务分会内部各组的具体职掌，而且对各组职员、各组负责人、各赈务部门的办事程序作了具体规定。同时，对赈务分会内部职员的薪俸津贴及工役资也作了详细规定。这一情况的变化反映出，由省赈务会颁布的县赈务分会办事规程在制定的过程中充分考虑到了方方面面的关系与办事程序，具有较强的指导性与可操作性。②

第四节　贵州省赈济会的组织章程与办事规则

1937年7月7日全面抗战爆发后，由于战争所造成的难民救济问题成为国民政府所关注的重要社会问题，国民政府于1938年春将原赈务委员会改组为赈济委员会。国民政府赈济委员会的成立，不仅仅是名称上的变化，还反映出当

---

① 资料均据：《贵州省赈务会修正各县赈务分会组织章程》（1938年2月贵州省政府公布），贵州省档案馆馆藏档案史料：全宗号M24，案卷号284。

② 资料均据：《贵州省赈务会修正各县赈务分会组织章程》（1938年2月贵州省政府公布），贵州省档案馆馆藏档案史料：全宗号M24，案卷号284、296。

时社会赈济工作的繁重性与艰巨性。不仅仅要应付天灾，更要应对人祸。因此，为进一步统一全国的赈济工作，国民政府统一制定了《赈济委员会组织法》，并于 1938 年 4 月 27 日在汉口成立了赈济委员会。此后，国民政府还颁布了相关法规，积极推动地方各省建立省赈济分会。1938 年 11 月，国民政府行政院明确训令，要求各地成立赈济分会。贵州省赈济会就是在这种背景下通过对原省赈务会进行改组而成立的。

一、贵州省赈济会成立的过程

贵州省赈济会成立于 1939 年 4 月 13 日。对此，贵州省政府在上报给重庆国民政府赈济委员会公函中汇报了省赈济会成立的基本情况。公函指出：

依照规定（指国民政府所颁布的有关成立各省赈济会的规定，笔者注），积极筹备，遴聘现任贵州省政府委员何辑五，财政厅厅长王激莹，民政厅厅长孙希文，贵州省党部委员张定华、傅启学，地方士绅窦以庄、谢根梅，贵阳商会主席陈职民为委员。并依照组织规程第二条由全体委员第一次会议议决推定何委员辑五、王委员激莹、谢委员根梅、孙委员希文、张委员定华兼常务委员。暨同规程第七条指定何委员辑五兼总务组组长、王委员激莹兼财务组组长、谢委员根梅兼筹募组组长、孙委员希文兼救济组组长、张委员定华兼查核组组长，于四月十三日（即 1939 年，笔者注）正式成立。已将前贵州省赈务会、贵州省救济难民委员会原管事务接收管理。所有前赈务会全部事务，划归本会总务组集中办理，以结束完毕为止。前救济难民委员会管辖之贵州省救济难民事务处，仍旧保存，隶属本会直辖，理合备文，检同组织规程、办事细则，呈祈鉴核备查。①。

二、贵州省赈济会组织章程与办事规则的制定

（一）组织章程

1939 年 4 月由贵州省政府所颁布制定的《贵州省赈济会组织规程》（以下简称《规程》）内容共为十三条。该规程确定成立省赈济会的宗旨在于"办理赈济事宜"。省赈济会主席由时任贵州省主席吴鼎昌②兼任。常务委员三人至五人，

---

① 资料均据贵州省档案馆馆藏档案史料：全宗号 M24，案卷号 290。

② 吴鼎昌（1884—1950）字达铨，别署前溪。祖籍浙江吴兴，生于四川华阳。早年求学成都尊经书院。1903 年留学日本，1905 年在东京加入同盟会，1910 年毕业于东京高等商业学校。回国后中商科进士。先后任中日合办本溪湖铁矿局总办、大清银行江西分行监督，1912 年升任上海中国银行正监督，并加入共和党。1914 年任天津造币总厂总办，1916 年任中国银行总裁。其后相继任盐业银行总经理、财政部次长、四行储蓄会主任，成为北四行集团首脑人物。1925 年与胡政之、张季鸾接办天津《大公报》，任社长，次年又兼《国闻通讯社》社长。南京国民政府建立后，先后任国防设计委员会委员、实业部部长。抗战时期历任军事委员会第四部部长。1937 年 11 月至 1945 年 1 月任贵州省政府主席、滇黔绥靖公署副主任、贵州全省保安司令。离黔后，历任国民政府文官长、国民党中央设计局秘书长、"国民大会"筹备委员会委员、"总统府"秘书长等职。1949 年春去香港。1950 年 8 月 22 日病逝于香港。

由委员互推。委员若干人，由省政府就省政府委员、省党部委员暨民众团体及地方公正士绅中遴聘。全会共分设五组：总务组、财务组、筹募组、救济组、查核组。每组设组长一人，由主任委员就委员中指定之。各组组员若干人，由各组组长遴请主任委员派充，但以就省政府及各厅、处、会、局人员中遴选兼任为原则。关于难民救济事宜，《规程》规定由隶属本会的救济难民事务处专门负责办理。本会经费由省政府直接核发，不得在赈款内开支，以确保赈款专款专用，防止挪用赈款现象的发生。此外，《规程》还强调，地方各县为办理本县赈济事宜得组织设立县赈济分会。①

从《贵州省赈济会组织规程》的内容可以看出，省赈济会同省赈务会相比，其机构级别应是一致的，即机构的总负责人均是由省政府主席兼任。同时，委员成员均来自省政府、省党部和民间团体及地方公正士绅。在业务办理方面，进行灾难救济是其共同的职能。所不同的是，省赈济会增加了因战争而造成的难民救济的内容，而省赈务会其工作职能则主要在于自然灾害所造成的社会救济。此外，在组织机构的具体构成部门方面，省赈务会由三个部门构成，而省赈济会则由五个部门构成。在省赈济会的组织机构中突出了财务与救济在机构中的中心地位，将此两大业务单列出来予以办理。以下为贵州省赈济会组织机构与人员构成概况。

表 2-6②　　贵州省赈济会各部门负责人名册（1939 年 4 月）

姓　名	职　别
吴鼎昌	省政府主席兼主席
孙希文	常务委员兼救济组组长
王澂莹	常务委员兼财务组组长
何辑五	常务委员兼总务组组长
张定华	常务委员兼查核组组长
谢根梅	常务委员兼筹募组组长
傅启学	委　员
陈职民	委　员

（二）办事规则

贵州省赈济会成立之后，制定了详细的办事细则，其内容多达二十八条。具体规定了本会会议的召开、各组的工作职能、办事程序。同时，对各组主任、组员的工作内容与工作程序以及各职员所应遵守的规章等方面均提出了具体要求。这一做法与贵州省赈务会的工作机制相类似。

---

① 参见贵州省档案馆馆藏档案史料：全宗号 M24，案卷号 290。
② 资料均据贵州省档案馆馆藏档案史料：综合全宗号 M24 整理而成。

贵州省赈济会办事细则相比 1935 年、1938 年贵州省赈务会所制定的办事细则而言，其规定更为详细、具体。这主要从三个层面体现出来。一是要求定期召开会议。原办事细则对赈务会会议的召开没有作出规定，而此次省赈济会的办事细则对会务问题明确作出了规定，要求每月举行一次会议。临时会议则根据赈济委员会主任委员的要求或有委员二人以上请求召开会议时召开。赈济会议的定期召开，有利于本会委员们了解赈济情况，交流赈济认识，统一赈济思想与行动，为进一步搞好本会的赈济活动作出规划。因此，赈济会议的制度化是必要的。二是在文件的接收与管理上，程序有所改变。原办事细则规定文件统由号房接收分发并交各组审阅后再交赈务会主席审阅，而新颁布的省赈济会办事细则将文件的收发分为外收发与内收发两种。其中，外收发直接负责接收外界到会的文件并转送内收发。内收发的职责在于将所属各组文件分发到各组拟具办法，交赈济会秘书送交各组组长审核，然后由各组组长分送赈济会主席总审，并提出处理意见交相关单位办理。在文件的审阅程序上多了一个秘书环节的工作。秘书"承主任委员之命令及各组长之指挥，综核一切文稿"。这样做的目的在于集中管理赈济会的所有文件，防止文件的散失与遗弃。同时，也更有利于文件的调阅。三是对于本会职员的工作纪律提出了更为严格的要求。新颁布的省赈济会办事细则不仅要求本会职员上班不能迟到或早退、上班时间不能接见客人，而且要求职员轮流值日，因病或因事请假时必须办理请假手续。[1]

三、贵州各县赈济分会的组织章程与办事规则

（一）组织章程

根据省赈济会组织规程第十二条的规定，地方各县亦应成立相应的赈济分会，而县赈济分会的组织章程则由省赈济会负责制定。在省赈济会主导下制定的各县赈济会组织规程所规定的县赈济会组织机构参照省赈济会组织机构建立。在县赈济会中，主任委员由地方各县县长担任。常务委员在委员中产生，名额也是三人至五人。委员来自县政府、县党部、县政府高级职员、民众团体和地方公正士绅。在县赈济会组织机构中，同样设立五个小组：总务组、财务组、救济组、查核组、筹募组。各组可以根据自身的人员情况确定雇用事务员和书记的名额。同时，规定在设有救济难民分处的县份，其"救济难民事务由该县分处办理"。

---

① 1939 年 4 月制定颁发的《贵州省赈济会办事细则》详见贵州省档案馆馆藏档案史料：全宗号 M24，案卷号 290。

从县赈济会组织规程的内容来看，同 20 世纪 30 年代中期的县赈务会组织章程相比，可以看出两者之间的许多共同点。一是，赈济机构的总负责人同样由各县县长兼任。二是，赈济机构中的委员均从县政府高级职员、县党部、民众团体及地方公正士绅中遴选。三是，本会日常办公经费，同样由各县县政府从地方收入中划拨，不得占用赈款。四是，本会委员均为名誉职，不享受岗位津贴的待遇。所不同的是，赈济会将组织机构划分为五个小组，将救济与财务小组独立出来，更突出救济与财务工作的重要性。此外，赈济会除了承担地方灾荒救济事务之外，更注重因战争所造成的难民救济。这是县赈济分会与原县赈务分会在工作职能上最大的差别所在。①

后来，根据情况的变化，省赈济会于 1940 年 5 月又对县赈济分会的组织规程作了进一步的修改。修改后的县赈济会总负责人不再由县长兼任，而是由县民政科长或县社会科长兼任，其他规定均与原规定相同。②

（二）办事细则

根据县赈济分会组织规程第八条规定，县赈济分会的办事细则由各县自行制定，但得呈报省赈济会备案。对此，笔者先后查看了黎平县、都匀县（今都匀市）、永从县（今从江县）、关岭县、郎岱县（今六枝特区）的办事细则。从五县赈济分会的办事细则来看，其内容在总体上是一致的。其中，内容最为详细的是永从县（今从江县）的办事细则，规定多达三十三条。其余县份的办事细则多为十条左右，没有超过二十条。内容涉及县赈济会的组织成员、组织机构、各组的工作职能、事务员与书记的雇用、赈款赈品的募集与管理、难民救济、常务委员会议与委员会议的召开等。

同时，在一些具体规定上也有一定的差异。一是，在县赈济分会的机构设置上，原则要求统一按省赈济会的要求设置五个部门。但也有例外，如黎平县，仅设置三个办事机构：总务组、财务组和查核组。二是，在县赈济分会内部事务员与书记的雇用人数上，各县规定不一。例如，黎平县规定事务员与书记各为三人；都匀县（今都匀市）则各为二人；永从县（今从江县）、郎岱县（今六枝特区）则各为一人；关岭县没有规定具体的人数，只是在需要时临时雇用。三是，关于各县赈济分会赈济会议的召开问题，各县赈济分会的规定也不尽一致。四是，县赈济分会职员上班时间的问题，有的县提出了要求，有的县则没有硬性规定。例如，黎平县、都匀县（今都匀市）、郎岱县（今六枝特区）没有

---

① 1939 年 6 月制定颁发的《贵州省各县赈济会组织规程》详见贵州省档案馆藏档案史料：全宗号 M24，案卷号 310。

② 1940 年 5 月修改制定的《贵州省赈济会修正各县赈济分会组织规程》详见贵州省档案馆馆藏档案史料：全宗号 M24，案卷号 310。

相关的规定；而永从县（今从江县）和关岭县则提出了具体的规定，要求上午七点开始上班，下午五点下班。其中，尤其是永从县（今从江县）对本会职员的行为提出了具体的要求。要求职员每日应准时上、下班，既不得迟到或早退（兼任职员不在此限），也不得在上班时间会见客人（因公会见例外）。

各县赈济分会在办事细则的规定上尽管有差异，但其中心只有一个，即在省赈济会的统一安排与布置下，围绕本县赈济事务来开展工作。正是这些办事细则的制定与实施，推动了贵州全省赈济事务的开展，规范了各县赈济分会的赈济活动，为各县赈济事务提供一定的制度保障。①

---

① 关于黎平县、都匀县、永从县、关岭县、郎岱县五县赈济会的办事细则详见贵州省档案馆馆藏档案史料：全宗号 M24，案卷号 312。

第三章 国民政府迁川前贵州省赈务会赈务活动基本概况

贵州省赈务会作为贵州官方的社会救济机构，其赈务活动从该机构的成立到撤销，可分为前后两个不同时期：一是南京国民政府时期（1929—1937年），一是重庆国民政府时期（1938—1943年）。在南京国民政府统治时期，贵州省赈务会的赈务活动主要偏重于因自然灾害引起的社会救济。当然，其中也不乏因本省军阀之间的混战而引起的难民救济。在重庆国民政府统治时期，贵州省赈务会于1939年4月被改组为贵州省赈济会，其赈务活动除因自然灾害引起的社会救济之外，开展难民救济是其赈务活动的重中之重。本章研究贵州省赈务会在国民政府迁川前主要赈务活动基本概况，内容涉及赈务经费的募集、为开展赈务而采取的工作程序、具体赈务措施等。

第一节 贵州省赈务会赈务活动的经费来源

拥有充足的赈务经费是开展赈务活动的基础与前提。贵州省赈务会赈务活动的经费来源，有这样几种渠道：中央财政拨款；贵州省政府和地方各县政府财政拨款；本省公务部门与公职人员捐款；本省民间捐款；省外政府机关与公职人员捐款；省内外民间慈善团体捐款。

一、中央与地方财政拨款

（一）中央与地方财政拨款的法律依据

中央与地方财政拨款的法律依据主要是《救灾准备金法》及相关法律条例。

1930年年初，国民政府在成立中央赈务委员会时，关于赈务的经费问题也就被提到了议事日程上来。

1930年10月28日，国民政府颁布了中国首部与救济经费有关的法规——《救灾准备金法》。该法的出台，一方面与20世纪20年代末期严重的灾情不可分割；另一方面，与国民政府赈务委员会主席许世英的多方奔走与努力有关。

20 世纪 20 年代末期的中国，各类自然灾害频繁发生。在历年所发生的灾害中，尤以 1928 年的灾情为巨，灾情几遍全国。在 25 个省区中先后发生的自然灾害包括：旱、水、风、雹、蝗、疫、霜冻、沙淤、地震、山崩等。其中，尤以西北和华北等地的旱荒为奇重。据不完全统计，被灾 1 093 县，灾民 7 000 万人，占全国人口 1/6。①

灾害发生后，要确保灾民顺利渡过难关，不仅需要足额的救济物资，更需要充足的救济资金。国民政府赈务委员会主席许世英自担任国民政府赈灾委员会（1930 年 1 月改为赈务委员会）主席以来，始终困扰着他的是救灾经费问题。针对 1928 年全国各地出现的严重旱灾，国民政府专门划拨一千万元救灾公债救济各地灾民。然而，在许世英看来，国民政府此举看起来金额巨大，但具体落实到每一个地区、每一位灾民，却微乎其微。他说：

此次我政府关心民瘼，颁发赈灾公债一千万元，其数不可谓不巨。然按之灾区与灾民之分配，仍不啻杯水车薪。若再遇灾患之生，又将何以处此？②

为此，许世英提议，要求政府自 1929 年起，每年从预算内开列备荒专款 500 万元，专为救灾防灾之用。同时要求：

此项专款永不用删除，永不移作他用。昭示天下，著为信条。将来制定宪法时，亦应载之宪典。③

要求将救灾专款以法典的形式固定下来，可见救灾经费在救灾领导人许世英心目中的分量。俗语说，事非经过不知难。中国是一个灾害频发的国度。对于领导全国救灾工作的许世英来说，在灾害救济的过程中，深感经费问题在灾民救济过程中的重要性。没有足额的经费作支撑，要开展灾害救济，正是"巧妇难为无米之炊"。正是基于这一认识，身为全国灾害救济的领导人，许世英为了使自己的提议获得批准，开始了长达一年半，数十件电函的公文呈请。为实现动议，许世英甚至还提出辞职的请求："呈为精力疲惫，难胜艰巨，恳请辞职，以息仔肩事。"④在许世英的累次呼吁下，国民政府立法院终于在 1930 年 10 月 4 日第 112 次会议讨论通过了《救灾准备金法》，并报国民政府于 1930 年 10 月 28 日核准通过。

《救灾准备金法》是在许世英上呈的救灾准备金条例的基础上修订而成，共十一条，详细规定了每年中央和各省财政预算中应支出的比例、救灾准备金保管、救灾准备金的使用等办法。以下为该法的具体内容：

---

① 参见李文海等著：《近代中国灾荒纪年续编》（1919—1949），湖南教育出版社 1993 年版，第 190 页。

② 《救灾准备金法成立之经过》，贵州省档案馆馆藏档案史料：全宗号 M24，案卷号 1。

③ 《救灾准备金法成立之经过》，贵州省档案馆馆藏档案史料：全宗号 M24，案卷号 1。

④ 《救灾准备金法成立之经过》，贵州省档案馆馆藏档案史料：全宗号 M24，案卷号 1。

《救灾准备金法》(1930年10月28日公布)

第一条　国民政府每年应由经常预算收入总额内支出百分之一为中央救灾准备金,但积存满五千万元后得停止之。

第二条　省政府每年应由经常预算收入总额内支出百分之二为省救灾准备金。

省救灾准备金以人口为比例,于每百万人口积存达二十万元后得停止前项预算支出。

第三条　救灾准备金应设保管委员会。在中央,由国民政府派委员七人组织之,以内政部长、财政部长为当然委员。在省,由省政府呈请行政院派定委员五人组织之,以民政厅长、财政厅长为当然委员。

中央救灾准备金保管委员会受行政院之监督。省救灾准备金保管委员会受省政府之监督处理其事务。

第四条　保管委员会经费之支给不得动用救灾准备金。

第五条　救灾准备金由保管委员会负责保管,不得移作别用。

第六条　遇有非常灾害为市县所不能救恤时,以省救灾准备金补助之,不足再以中央救灾准备金补助之。

工赈或与救灾有关之移民,得由救灾准备金内酌予补助前二项之补助。金额应由保管委员会议决,呈请监督机关核准。

第七条　救灾准备金应妥存国家银行或殷实之银行按期计息。

第八条　因保管人过失致救灾准备金受损时,该保管人应负责赔偿责任。

第九条　依被灾之情况,本年度救灾准备金所生之孳息不敷支付时,得动用救灾准备金。但不得超过现存额二分之一。

第十条　救灾准备金之收支保管委员会应按年度造具预算决算分别呈报监督机关。

第十一条　本法自公布日施行。①

从上面的规定来看,贵州省赈务会赈务经费主要来自两个渠道:一是国民政府中央财政拨款,一是省政府预算内财政拨款。其中,中央政府的财政拨款具有不确定性,随时有所变化,是根据本省灾情的轻重和在本省救灾经费不足的情况之下由中央政府讨论确定具体的经费数额。而省政府的救灾准备金数额则按本省每年经常预算收入总额的百分之二划拨,规定按每百万人口积存20万元的比例计算。与此相应,地方各县赈务分会的赈务经费主要来自省政府赈务会财政拨款和县政府预算内财政拨款。以县政府的财政预算内拨款为主,在遇有重大灾害发生、地方救济经费不足的情况之下,由中央赈务会和省赈务会拨款补助,具体补助数额视各地具体灾情而定。灾情繁重时,经费随之增多;反之,减少。

---

① 《救灾准备金法成立之经过》,贵州省档案馆馆藏档案史料:全宗号M24,案卷号1。

（二）中央与地方财政拨款的基本概况

前面已经提到，国民政府于 1930 年 10 月就已经颁布了《救灾准备金法》。该法第十一条明确规定"自公布日施行"，从而为中央与地方政府划拨救灾经费提供了法律依据。然而，实际操作起来情况要困难得多。按照此法公布时间为 1930 年 10 月，实行也应于同年开始，因此年行将结束，推迟到 1931 年起执行亦符合当时实情。但是自 1931—1935 年连续四年，因财政支绌，未能实行。直到 1935 年，政府公布《实施救灾准备金办法及保管委员会组织条例》，才将救灾准备金列入预算，专为赈灾之用，不得挪移。故此法的实际执行为 1935 年，在此之前，无论中央抑或省均未执行。

以下为国民政府于民国 24 年（1935 年）6 月 8 日公布的《实施救灾准备金暂行办法》及《救灾准备金保管委员会组织条例》的具体内容：

《实施救灾准备金暂行办法》（1935 年 6 月 8 日公布）

第一条 救灾准备金依会计年度拨存之。

第二条 救灾准备金就每年应拨总额按十二个月计算，但遇预算不敷时得充酌拨若干。在中央，由财政部；在各省，由财政厅指定专款分月拨付于中央或省之保管委员会。

第三条 依救灾准备金法第六条第一项办理时，在市县，应根据勘报灾歉原案造具应赈户口清册，呈经省政府复查属实，受省保管委员会核议。在省政府，应根据勘报灾歉原案，检同应赈户口清册并将省救灾准备金原存额数及补助数目呈经行政院交中央保管委员会核议，依救灾准备金法第六条第三项行之。依救灾准备金法第六条第二项办理时，请办救灾工程或移民机关准用前项程序。但经行政院或省政府认为应行补助者，得迳交中央或省之保管委员会依救灾准备金法第六条第三项行之。

第四条 依救灾准备金法第七条存款时，应存国家银行。其未设国家银行地方，得存殷实银行。均由保管委员会呈报监督机关备案。

第五条 中央或各省保管委员会动支救灾准备金时，其银行支票须经常务委员全体签字。

第六条 保管委员会应将每月结存之救灾准备金造具清册，按月呈报监督机关备案并分送内政部、财政部查考。

前项清册应由保管人署名盖章。

第七条 救灾准备金法第八条之保管人应取具连带负责之保证，由保管委员会议决定之。

第八条 救灾准备金法第九条之规定，中央或省之救灾准备金，均适用之。但各省遇有非常灾害，依救灾准备金法第六条第一项办理。请由省补助时，应以省救灾准备金金额不敷补助为限。

省救灾准备金未经依法积存者，不得请求中央补助。

第九条　依救灾准备金法第十条，由保管委员会造报之预算决算并分送内政部、财政部查考。

第十条　隶属于行政院之市，得依照救灾准备金法对于省之规定报存救灾准备金并按照救灾准备金法办理。

第十一条　本办法自公布日施行①。

《救灾准备金保管委员会组织条例》（1935年6月8日公布）

第一条　本条例依救灾准备金法第三条制定之。

第二条　保管委员会在中央，应称为中央救灾准备金保管委员会；在各省，应称为某省救灾准备金保管委员会。

第三条　保管委员会在中央由国民政府，在各省由行政院，就法定委员中指定常务委员三人，并以其中一人为委员长。

第四条　保管委员会除依照救灾准备金法第三条第二项监督机关之命令处理会务外，不受任何机关之监督指挥。

第五条　保管委员会应设左列各科：

（一）总务科

（二）保管科

第六条　中央保管委员会设主任秘书一人，简任；秘书二人，荐任，并兼任科长。科员四人至八人，委任。

第七条　各省保管委员会设秘书一人，科长二人，科员四人至六人，均委任。

第八条　保管委员会因缮校文件得用雇员。

第九条　保管委员会会议如左：

（一）委员会议每月举行一次。

（二）常务委员会议每星期举行一次。

（三）临时会议由委员长临时召集之。

第十条　保管委员会委员均为无给酬。但无兼酬之委员长及常务委员得酌支公费。

第十一条　中央保管委员会经费由国库支付。各省保管委员会经费由省库支付。均应造具预算决算呈请监督机关核定之。

第十二条　隶属于行政院各市设保管委员会时，准用本条例之规定。

前项保管委员会以市社会局长、财政局长为当然委员。

第十三条　保管委员会办事细则本会定之。

第十四条　本条例自公布日施行。②

---

① 贵州省档案馆馆藏档案史料：全宗号 M24，案卷号 5。
② 贵州省档案馆馆藏档案史料：全宗号 M24，案卷号 5。

根据国民政府的规定，各省先后均筹备成立本省救灾准备金保管委员会，储备救灾准备金。贵州省相对要落后于全国其他省份，直到1939年9月9日才正式组织成立省救灾准备金保管委员会，其监督机关为贵州省政府。贵州省政府每年由经常预算收入总额内支出2%建立省救灾准备金，以每百万人口积存20万元为止。遇有非常灾害，为市县所不能救恤时，由省救灾准备金保管委员会议决，呈经监督机关核准，以省救灾准备金予以补助。该委员会设委员5人，由省政府呈请国民政府行政院派定，民政、财政两厅厅长为当然委员；设常务委员3人，由行政院就委员中指定，并以其中一人任委员长。委员长先后由孙希文、谭克敏担任。委员会下设总务、保管两科。1943年1月底，该委员会裁撤。[①]

根据现存资料可以发现，无论是国民政府，还是贵州省政府，在救灾准备金的支出上均存在明显不足的问题。

首先我们来看国民政府1930年至1935年度赈灾支出数额及占岁出总额百分比：

表3-1 1930—1935年度中央支出赈灾数目表[②] （单位：法币元，下同）

年度	赈灾支出	岁出总计	占岁出总额百分比
1930	10 000 000	5 850 000 000	0.17
1931	不详	7 750 000 000	不详
1932	2 000 000	7 490 000 000	0.026
1933	2 000 000	7 260 000 000	0.027
1934	4 000 000	8 960 000 000	0.044
1935	1 000 000	10 310 000 000	0.009

从上表我们可以看出，国民政府历年用于救灾方面的支出均严重不足。除1930年稍高之外，其余年份均严重偏低，远未达到《救灾准备金法》第一条规定之中央"应由经常预算收入总额内支出百分之一"的标准。

其次，国民政府拨入贵州的赈灾款额相对于全国其他省份偏低。我们以1931年国民政府救济水灾委员会对全国各地划拨的赈灾款额来分析：

湖北：洋一百二十九万五千元。

江苏：洋三十九万五千元。

安徽：洋三十三万七千元。

江西：洋三十三万三千元。

① 参见韩义义、杨占贤主编：《贵州社会组织概览》（1911—1949），贵阳：贵州人民出版社1996年版，第43页。
② 以上数据系根据[美]阿瑟·恩·杨格著、陈泽宪、陈霞飞译：《一九二七至一九三七年中国财政经济情况》一书中之附录部分：《1928年7月1日至1937年6月30日常年岁入和岁出》所载统计数字整理而成，北京：中国社会科学出版社1981年版，第486-489页。

河南：洋三十一万三千元。

湖南：洋二十四万四千元。

山东：洋二十万元。

福建：洋五万元。

贵州：洋五万元。

云南：洋四万元。

四川：洋四万元。

陕西：洋四万元。①

1931 年，贵州是一个重灾年成。然而，从上面国民政府救济水灾委员会所划拨给贵州的赈灾款额来看，还不及湖北的二十五分之一，不及湖南的四分之一，仅与福建相当，略高于西部地区的云南与四川。就旱灾较为严重的 1935 年至 1937 年三年间，国民政府投入贵州灾赈的经费亦相当不足，其中 1935 年先后分两次向贵州拨发赈款共 10 万元；1936 年，中央财政部向贵州拨发救灾公债 10 万元；中央赈务委员会向贵州发放救灾公债 23 万元。前次公债经出售后，仅获法币 6 万 3 千 4 百余元；后次经出售后，仅获法币 13 万 6 千 8 百余元。两者相加，仅 20 万元法币出头。此三年中，1937 年拨款最多，先后三次共 40 万。但也远不及湖北等省 1931 年一年之数。

另据贵州省赈务会记载，1935 年 6 月至 1937 年 4 月间，国民政府中央财政部还向贵州汇来过 7 万元的赈款，中央赈务委员会汇来过 2 000 元的赈款。②此两项赈款作为临时增补，数量微不足道。

上述数目，相对严重的贵州灾情来说，显然不足。同时，距贵州本省执政者的期望也相去甚远。对此，我们从贵州省民政部门与赈务部门的请赈报告中得到明证。省民政厅厅长曹经沅和省赈务会其他领导层成员 1937 年在向国民政府中央贵州籍领导人的请赈报告中就明确指出：

今以情势迫切，复电请行政院、行营，请援照川省最近旱灾赈例，提前给赈，一次拨发赈款贰百万元，以便统筹配赈。③

这一愿望在同一时期贵州省赈务会呈给中央赈务委员会的请赈报告中同样表现出来。报告称：

近见报载，川省旱灾已蒙中央允拨赈二百万元，今以黔省之贫瘠及年来之灾祸互相比观，则待赈之殷，实属更为迫切。上月中央勘灾，杨委员与龄、仇委员裹来黔亲历灾区实地勘察，亦以灾情迫切，同抱隐忧。本会负责筹赈，已深感借箸无策。而人民元气大伤，何堪再罹浩劫。④

① 秦孝仪主编：《"革命"文献》（"革命"二字引号系编者所加，下同）第 71 辑之《抗战前国家建设史料——内政方面》，台北：裕台公司"中华印刷厂"1977 年版，第 123 页。

② 以上数据均据贵州省档案馆馆藏档案史料：全宗号 M24，案卷号 64、384、386、387、389 等。

③ 贵州省档案馆馆藏档案史料：全宗号 M24，案卷号 386。

④ 贵州省档案馆馆藏档案史料：全宗号 M24，案卷号 386。

为此，省赈务会迫切要求中央赈务委员会转呈行政院、委员长行营"俯念黔省情形特殊，提前赐赈，一次拨发赈款贰百万元"。①

贵州执政者以四川灾情作为参照，希图引起中央政府对贵州灾赈的重视，追加赈济贵州的款项。然而，由于国民政府财力所限，最终未能满足贵州执政者所期盼的款项。

此外，全国全面抗战爆发后，中央政府先后给贵州划拨了部分难民救济款与自然灾害救济款。1938年9月，中央赈济委员会曾拨给贵州难民救济款10万元；1942年10月，中央赈济委员会拨给贵州晴隆县、盘县、普安县旱灾赈款2万元。②中央财政所拨救济款项稍多之年为1942年至1943年间，贵州镇远等六县旱灾，拨款30万元；桐梓等十县冰雪成灾，拨款50万元。③两数相加虽然达到80万元，但同比之下，中央政府1942年拨给广西的水灾赈款即为100万元，旱灾赈款为50万元，两数相加为150万元，总数大大超出给贵州所拨救济款项。④

对于贵州本省财政来说，虽然有国民政府《救灾准备金法》提出了相关要求，但在赈款的支出上，同样存在不能足额发放的问题。对此，我们可通过民国二十年（1931年）至民国二十七年（1938年）间贵州省各项财政收支情况来说明之。

表 3-2⑤　1931 年至 1932 年贵州省政府财政收支情况一览表

目 \ 年度与金额	二十年		二十一年		二十二年		二十三年	
	金额	对总计之%	金额	对总计之%	金额	对总计之%	金额	对总计之%
党务费	117 700	1.32	65 200	1.09	65 200	1.07	64 948	1.08
行政费	4 071 638	45.62	1 171 415	19.51	1 251 416	20.57	1 146 374	19.15
司法费	115 878	1.30	116 298	1.94	116 298	1.91	117 698	1.97
公安费	1 657 960	18.58	1 683 147	28.04	1 683 147	27.67	1 683 147	28.11
财务费	783 047	8.77	807 579	13.45	807 579	13.28	752 828	12.57
教育文化费	433 680	4.86	387 550	6.46	387 550	6.37	397 034	6.63
交通费	122 189	1.37	140 948	2.35	140 948	2.32	139 645	2.33
卫生费	—	—	15 265	0.25	21 098	0.35	20 969	0.35
建设费	1 089 319	12.20	1 019 818	16.99	1 107 984	18.21	359 294	6.00

① 贵州省档案馆馆藏档案史料：全宗号 M24，案卷号 386。
② 贵州省档案馆馆藏档案史料：全宗号 M24，案卷号 389。
③ 参见秦孝仪主编：《"革命"文献》第 97 辑之《抗战建国史料——社会建设（2）》，台北：裕台公司"中华印刷厂"1983 年版，第 441-442 页。
④ 参见秦孝仪主编：《"革命"文献》第 97 辑之《抗战建国史料——社会建设（2）》，台北：裕台公司"中华印刷厂"1983 年版，第 441 页。
⑤ 数据引自张肖梅编著：《贵州经济》之第 14 章，第 9 页。

续表 3-2

年度与金额 项目	二十年		二十一年		二十二年		二十三年	
	金额	对总计之%	金额	对总计之%	金额	对总计之%	金额	对总计之%
债务费	9 274	0.10	9 274	0.15	9 274	0.15	29 441	0.49
协助费	22 609	0.25	20 953	0.35	20 953	0.34	29 350	0.49
抚恤费	—	—	—	—	—	—	—	—
营业资本支出	—	—	93 998	1.57			742 826	12.41
救灾准备金								
实业费	92 375	1.04	61 674	1.02	61 674	1.02	90 246	1.51
其他支出	—	—						
预备费	410 000	4.59	410 000	6.83	410 000	6.74	413 520	6.91
军事善后费	—	—	—	—	—	—	—	—

表 3-3[①]　1935 年至 1938 年贵州省政府财政收支情况一览表

年度与金额 支出项目	二十四年		二十五年		二十六年		二十七年	
	金额	对总计之%	金额	对总计之%	金额	对总计之%	金额	对总计之%
党务费	122 185	1.85	118 644	1.70	118 644	1.65	59 322	1.15
行政费	1 663 169	25.19	935 762	13.41	1 130 152	15.68	642 832	12.45
司法费	487 875	7.39	442 475	6.34	442 474	6.14	231 736	4.49
公安费	823 154	12.54	639 765	9.17	653 157	9.06	404 029	7.82
财务费	531 575	8.05	517 443	7.42	274 698	3.81	164 750	3.19
教育文化费	844 923	12.80	955 040	13.69	1 253 704	17.39	661 849	12.82
交通费	15 499	0.23	10 269	0.15	11 195	0.16	16 681	0.32
卫生费	29 293	0.44	38 424	0.55	46 985	0.65	263 639	5.11
建设费	1 102 316	16.69	289 021	4.14	323 162	4.55	266 606	5.74
债务费	9 866	0.15	749 422	10.74	557 172	7.73	36 361	0.70
协助费	70 650	1.07	1 414 677	20.28	1 297 473	18.00	820 714	15.89
抚恤费	—	—	15 000	0.21	15 000	0.21	7 500	0.15
营业资本支出	126 865	1.92	296 637	4.25	120 010	1.66	—	—
救灾准备金	70 000	1.06	100 000	2.01	130 000	1.80	65 000	1.26
实业费	—	—						
其他支出	—	—	80 072	1.15	100 000	1.39	260 562	5.22
预备费	350 436	5.31	334 378	4.79	446 657	6.20	223 329	4.32
军事善后费	350 000	5.30						

① 数据引自张肖梅编著:《贵州经济》之第 14 章, 第 9 页。

上面两表反映出这样两个方面的问题：一是，1935 年国民党势力控制贵州之前，贵州省政府没有按规定将救灾准备金纳入到预算与支出的计划之内，赈款的使用带有很大的随意性。造成这种情况的原因，一是国民政府本身筹备组建救灾准备金库方面行动迟缓所致；二是贵州地方政局长期处于动荡状态造成。三是在政府预算经费的支出上，救灾经费的支出所占比例相对较小。省政府将预算经费的很大一部分用于行政与公安方面，而用于社会救灾方面的比例除 1936 年达到 2% 以上外，其余年份均低于 2%。造成这种状况的原因在于：一方面，贵州省政府在预算经费的使用上不合理。其预算经费大部分用于政府机构的运转和社会治安的管理方面。同时，财务管理方面也耗去了相当多的经费。另一方面，与贵州经济的长期落后也有很大关系。正如《贵州经济》的编著者所分析，"黔省多山，素称贫瘠，历年财政收支，在西南滇、黔、川、粤、桂、湘各省中，以黔省为最少"。在 1931 年至 1935 年间，"每年收支经临合计，仅自二百余万元逐渐增至四百余万元。但当时黔省政治尚在割据局面之下，财政虽有预算，但未尝切实执行，因此事实等于具文"。由此造成"黔省各级地方预算，由于积弊之过深及先天衰弱，多不能自立"的状况。直到 1935 年国民党中央势力抵黔之后，这一状况才有所改观："省财政须仰给中央协款，始能成平衡之预算，县财政则亦多赖省款之补助。"中央政府扶持黔省财政的举措体现在多个方面。其中，1937 年国民政府通过的《修正财政部指拨贵州省政府协款协定草案》的第一项明确规定："财政部指由四川盐税下，拨付黔省库协款每年壹百伍拾万元，按月由四川盐务管理局照数拨付。"①鉴于这种必须由财政拨款才能运转的情形，期望贵州省政府抽出更多的资金用于社会救济也就很困难了。

二、省内外各种捐款及其使用情况

省内外各种捐款是贵州省赈务会赈务经费的重要来源。这些捐款包括：本省公务部门和公职人员的捐款、地方公正士绅捐款、省内外民间慈善团体捐款、外省政府和公职人员的捐款等。这些捐款在一定程度上弥补了贵州省赈务会赈务经费上的不足，对贵州赈务活动的开展提供重要支撑。

就救济经费的使用情况而言，主要涉及因水、旱、雹、火、战争等引起的灾难救济。此外，蝗灾救济与匪灾救济也属其救济的范围。

对于省内外各种捐款及其使用情况，笔者引用 1935 年至 1939 年间贵州省赈务会收支赈款报告表说明之。

首先，我们来看 1935 年 6 月 1 日至 1937 年 4 月底贵州省赈务会收支赈款的基本情况，详见表 3-4 至表 3-16。

---

① 张肖梅编著：《贵州经济》之第 14 章，第 1 页。

表 3-4①

贵州省赈务会自二十四年六月一日起 至二十六年四月底止收支赈款报告表

收入项下	款别		备考
	金	额	
财政部汇来赈款	七〇〇〇〇	〇〇	
赈务委员会赈款	二〇〇〇	〇〇	
上海旱灾义赈会赈款	二〇〇〇〇	〇〇	
广西省政府捐助赈款	三〇〇〇	〇〇	
贵州剿匪后援会捐助赈款	一九一二	六四	
第二路军新生活俱乐部捐助赈款	五三六〇	〇〇	
第五区专员公署捐募赈款	六一	三五	
教育厅职员捐助赈款	一七六	二九	
省立医院职员捐助赈款	二四	五〇	
高法院职员捐助赈款	二〇八	八〇	
省赈务会职员捐款	五	四六	

---

① 表内数据均据贵州省档案馆馆藏档案史料：全宗号 M24，案卷号 64。

表 3-5①

贵州省赈务会自二十四年六月一日起至二十六年四月底止收支赈款报告表

款别	金 额		备考
收入项下			
贵阳女子中学女师教费、赤水、都匀中学保委会捐款	二〇九	七七	
贵州省政府职员捐助赈款	五七九	〇四	
贵州保安处官佐捐助赈款	七三	〇八	
保安处第一团官佐捐助赈款	四七	二四	
第二路军俱乐部拨来黄河长江水灾捐款	四八九八	〇一	
省立师范学校职员捐款	五九	六九	
保安处第二团官佐拨来黄河长江水灾赈款	一七五	五四	
第三区专员公署职员捐助赈款	六二	六五	
省立高中职教员捐款	四二	七七	
威宁龙县长雨苍捐款	二〇	〇〇	
财厅拨发各县二十四水火等灾赈款救灾准备金	一九六〇〇	〇〇	

---

① 表内数据均据贵州省档案馆馆藏档案史料：全宗号 M24，案卷号 64。

表 3-6①

贵州省赈务会自二十四年六月一日起 至二十六年四月底止收支赈款报告表

款别（收入项下）	金	额	备考
财厅拨发各县二十五年火灾赈款拨支救灾准备金	七〇〇〇	〇〇	
财厅拨发各县籽种费拨支救灾准备金	一四〇〇	〇〇	
财厅拨发二十五年分济腊米款	二〇六五	〇〇	
贵阳特业公会代募特货捐款	二二三三二	〇〇	
接管前赈会案内存放王镜波、刘瑶皆还来赈款	一五〇〇	〇〇	
特业公会代募滇帮特货捐款	六〇〇	〇〇	
本会变卖面巾一千条价款	一二六	〇〇	
安顺县缴还水火等灾剩余赈款		八九	二十四年分
安顺缴还火灾剩余赈款		〇五	二十五年分
王镜波、刘瑶皆二人缴来赈款息金	一八四	〇〇	
存入中央银行赈款息金	六二二	八一	

① 表内数据均据贵州省档案馆馆藏档案史料：全宗号 M24，案卷号 64。

表 3-7①

贵州省赈务会自二十四年六月一日起 至二十六年四月底止 收支赈款报告表

收入项下 款别	金额		备考
	金	额	
存入农业银行赈款息金	一四八	三五	
中央银行佃租本会铁局巷房屋租金	三四〇	〇〇	
合计	一六四八三五	九三	

---

① 表内数据均据贵州省档案馆馆藏档案史料：全宗号 M24，案卷号 64。

表 3-8①

贵州省赈务会自二十四年六月一日起 至二十六年四月底止收支赈款报告表

支出项下

款别	金	额	备考
遵义二十四年水雹等灾急赈	八〇〇〇	〇〇	以下急赈均由会委派各该县公正士绅遵照发放赈款规程会同各该县政府赈务分会认真查放。
黄平二十四年水灾急赈	八〇〇〇	〇〇	
仁怀二十四年旱灾急赈	六〇〇〇	〇〇	
赤水二十四年旱灾急赈	六〇〇〇	〇〇	
习水二十四年旱灾急赈	六〇〇〇	〇〇	
桐梓二十四年水灾急赈	六〇〇〇	〇〇	
印江二十四年水灾急赈	六〇〇〇	〇〇	
沿河二十四年水灾急赈	六〇〇〇	〇〇	
镇远二十四年水灾急赈	二〇〇〇	〇〇	
施秉二十四年水灾急赈	二〇〇〇	〇〇	
青溪二十四年水灾急赈	二〇〇〇	〇〇	

---

① 表内数据均据贵州省档案馆馆藏档案史料：全宗号 M24，案卷号 64。

表 3-9①

贵州省赈务会自二十四年六月一日起，至二十六年四月底止收支赈款报告表

支出项下	金	额	备考
玉屏二十四年水灾急赈	二〇〇〇	〇〇	
镇远二十四年水灾急赈	三〇〇〇	〇〇	
石阡二十五年急赈	三七〇〇	〇〇	
平越二十五年急赈	三七〇〇	〇〇	
大定二十五年急赈	三七〇〇	〇〇	
黔西二十五年急赈	三七〇〇	〇〇	
毕节二十五年急赈	三七〇〇	〇〇	
瓮安二十五年急赈	三七〇〇	〇〇	
玉屏二十五年急赈	一五〇〇	〇〇	
江口二十五年急赈	一五〇〇	〇〇	
修文二十五年急赈	一五〇〇	〇〇	

---

① 表内数据均据贵州省档案馆馆藏档案史料：全宗号 M24，案卷号 64。

表 3-10①

贵州省赈务会自二十四年六月一日起 至二十六年四月底止收支赈款报告表

支出项下（款别）	金	额	备考
余庆二十五年急赈	一五〇〇	〇〇	
青溪二十五年急赈	一〇〇〇	〇〇	
省溪二十五年急赈	一〇〇〇	〇〇	
铜仁二十五年急赈	一〇〇〇	〇〇	
岑巩二十五年急赈	一〇〇	〇〇	
开阳二十五年急赈	一〇〇〇	〇〇	
清镇二十五年急赈	一〇〇〇	〇〇	
贵阳二十五年急赈	一〇〇〇	〇〇	
盘县二十五年急赈	三七〇〇	〇〇	
黔西二十五年加发购米谷款	一五〇〇	〇〇	
黔西二十五年火灾急赈	二〇〇〇	〇〇	

---

① 表内数据均据贵州省档案馆馆藏档案史料：全宗号 M24，案卷号 64。

表 3-11[①]

贵州省赈务会自二十四年六月一日起 至二十六年四月底止收支赈款报告表

款别（支出项下）	金额		备考
	金	额	
大定二十五年加发购米谷款	一五〇〇	〇〇	
毕节二十五年加发购米谷款	三〇〇〇	〇〇	
水城二十五年加发购米谷款	四〇〇〇	〇〇	
威宁二十五年加发购米谷款	五〇〇〇	〇〇	
正安二十五年匪灾籽种赈款	二〇〇〇	〇〇	
思南二十五年赈款	六〇〇	〇〇	
铜仁二十四年水火灾赈款	一二〇〇	〇〇	
正安二十四年水火灾赈款	一二〇〇	〇〇	
三穗二十四年水火灾赈款	一二〇〇	〇〇	
德江二十四年水火灾赈款	一〇〇〇	〇〇	
石阡二十四年水火灾赈款	一〇〇〇	〇〇	

① 表内数据均据贵州省档案馆馆藏档案史料：全宗号 M24，案卷号 64。

表 3-12①

贵州省赈务会自二十四年六月一日起　至二十六年四月底止收支赈款报告表

支出项下 款别	金　额		备　考
江口二十四年水火灾赈款	一〇〇〇	〇〇	
湄潭二十四年水火灾赈款	一〇〇〇	〇〇	
岑巩二十四年水火灾赈款	八〇〇	〇〇	
凤冈二十四年水火灾赈款	八〇〇	〇〇	
松桃二十四年水火无情灾赈款	八〇〇	〇〇	
务川二十四年水火灾赈款	八〇〇	〇〇	
余庆二十四年水火灾赈款	八〇〇	〇〇	
省溪二十四年水火灾赈款	八〇〇	〇〇	
龙里二十四年水火灾赈款	八〇〇	〇〇	
关岭二十四年水火灾赈款	六〇〇	〇〇	
麻江二十四年水火灾赈款	六〇〇	〇〇	

① 表内数据均据贵州省档案馆馆藏档案史料：全宗号 M24，案卷号 64。

表 3-13[①]

款　别	支出项下	贵州省赈务会自二十四年六月一日起至二十六年四月底止收支赈款报告表
	金　额	
		备　考
贵定二十四年水火灾赈款	六〇〇　〇〇	
平越二十四年水火灾赈款	六〇〇　〇〇	
安顺二十四年水火灾赈款	六〇〇　〇〇	
榕江二十四年水火灾赈款	六〇〇　〇〇	
八寨二十四年水火灾赈款	六〇〇　〇〇	
大塘二十四年水火灾赈款	四〇〇　〇〇	
永从二十四年水火灾赈款	四〇〇　〇〇	
下江二十四年水火灾赈款	四〇〇　〇〇	
锦屏二十四年水火灾赈款	四〇〇　〇〇	
息烽二十五年石洞火灾赈款	一九二〇　〇〇	
锦屏老寨火灾赈款	二四〇　〇〇	

---

① 表内数据均据贵州省档案馆馆藏档案史料：全宗号 M24，案卷号 64。

表 3-14①

贵州省赈务会自二十四年六月一日起 至二十六年四月底止收支赈款报告表

款别（支出项下）	金	额	备考
石阡庙山火灾赈款	一九〇	〇〇	
清镇卫上火灾赈款	一一四〇	〇〇	
思南县火灾赈款	四〇〇	〇〇	
瓮安四区火灾赈款	一一〇	〇〇	
织金一区火灾赈款	一〇〇〇	〇〇	
安龙普坪火灾赈款	八二〇	〇〇	
平坝二区火灾赈款	二二五〇	〇〇	
清镇站街火灾赈款	九七〇	〇〇	
麻江下司火灾赈款	六五〇	〇〇	
安顺大井寨火灾赈款	五五〇	〇〇	
息烽观音阁火灾赈款	一五〇〇	〇〇	

---

① 表内数据均据贵州省档案馆馆藏档案史料：全宗号 M24，案卷号 64。

表 3-15①

贵州省赈务会自二十四年六月一日起至二十六年四月底止收支赈款报告表

支出项下		
款别	金额	备考
修文南门火灾赈款	一四五〇〇	
独山二十五两区火灾赈款	一一一〇〇	
仁怀二十五年秋旱籽种款	五〇〇〇	
桐梓二十五年秋旱籽种款	六〇〇〇	
遵义二十五年秋旱籽种款	六〇〇〇	
石阡二十五年秋旱籽种款	五〇〇〇	
贵阳二十五年济腊米款	八五五〇〇	
贵阳二十六年济腊米款	二〇六五〇〇	
大塘火灾急赈款	二〇〇〇	
省会粮道巷火灾急赈	一二〇〇	查放赈委员江徽杰推携款赴黄平放赈途中遇匪
恤金	一〇〇〇	其随从击敌死，给恤如上数。

---

① 表内数据均据贵州省档案馆馆藏档案史料：全宗号 M24，案卷号 64。

表 3-16①

贵州省赈务会自二十四年六月一日起 至二十六年四月底止收支赈款报告表

支出项下 款别	金	额	备 考
折水	一八	三〇	第五区专署职员捐款六十一元三角五分，全系川钞不能行使，经签准在市七折掉换法币
代收特货捐款职员周大泳津贴	二七三	〇〇	该员津贴每月十六元，系由息租项下发给
汇威宁赈款手续费	一五	〇〇	
施送黔西大定县瘟疫各药料费	一一八	六〇	由会在同济堂制造分发各县备用
修理本会铁局巷房屋工料费	二一	七〇	此项房屋原租与中央银行，因年久失修，特雇工修理
本会裁缺各员津贴	一一三	四〇	
合 计	一五九四九	〇〇	

附记：查本会自二十四年六月起至二十六年四月底止总共收入法币壹拾陆万肆千捌百叁拾伍元玖角叁分共支出法币壹拾伍万玖千肆百肆拾玖元。收支两抵外实结存法币伍千叁百捌拾陆元玖角叁分。

按本会收支各款除册列各数外尚有二十五年奉发中央公债票面三十三万元在沪变价拆售法币贰拾万零柒拾陆元零玖分。除支付派员赴湘采购营斗籴米壹万肆千零柒拾肆石捌斗付去法币壹拾贰万贰千伍百叁拾捌元贰角肆分。又支付遵、仁、桐、赤、绥、湄、务等七县籴米款法币壹万柒千伍百零陆元贰角肆分。以中央核发数开支应余法币叁万贰千陆百拾玖元捌角伍分。因调用公路局车辆之车费尚未全数结束故未列入册内。而由湘运米来黔舟车各费及因办粜一切用款约伍万余元所有不敷之数悉由省政府筹拨。全并说明

---

① 表内数据均据贵州省档案馆馆藏档案史料：全宗号 M24，案卷号 64。

在经费的具体来源上，赈务经费主要来源于九个渠道：一是中央政府，为财政部拨款与赈务委员会划拨赈款；二是外省政府机关捐助赈款；三是本省政府机关及职能部门公职人员捐助赈款；四是本省县级机关职员捐助赈款；五是省赈务会自行创收经费；六是军事部门及职员捐助赈款；七是民间慈善团体捐助赈款；八是地方慈善人士捐助赈款；九是社会团体捐助赈款。赈务经费来源的多元化，在一定程度上增强了贵州省赈务会开展赈务活动的基本能力，为其开展积极的赈务活动提供有力的经费保障。

赈务经费支出项目上，主要包括水、旱、冰雹、火等自然灾害的救济以及灾民粮食的购买、籽种的购置等方面。在近两年的时间内，用于水灾赈济次数达 35 次之多，远远超过其他自然灾害的救济。此外，匪患救济与疫情药物救济，也属其赈务经费支出的重要范畴。

我们来分析 1937 年 5 月 1 日至 1939 年 3 月底止贵州省赈务会收支赈款概况，详见表 3-17 至表 3-28。

表 3-17^①

		收入项下		
款　别			金额	备考
历任结存赈款			五三八六・九三	
中央颁发春赈款			四〇〇〇〇〇・〇〇	
文虎先生捐助赈款			一〇〇〇〇・〇〇	
上海黔灾义赈会会长何敬之先生代募赈款			二一四二七三・〇七	
参谋本部程总长捐助赈款			二〇〇・〇〇	
浙江省府捐助赈款			四九九五・〇〇	
广东省府捐助赈款			一三三二六・六七	
刘总指控恢先生捐助赈款			一〇〇〇〇・〇〇	
陈筱石先生捐助赈款			一〇〇〇・〇〇	

贵州省赈务会二十六年五月一日起至二十八年三月底止　收支赈款报告表

----

① 表内数据均据贵州省档案馆馆藏档案史料：全宗号 M24，案卷号 64。

表 3-18[①]

收入项下		款别	金额		备考
贵州省赈务会二十六年五月一日起至 二十八年三月底止 收支赈款报告表			金	额	考
	张伟卿先生经募无名氏捐助赈款		一五	○○	
	邹殿邦先生捐助赈款		五○○	○○	
	汉口佛教会捐助赈款		一○○	○○	
	厦门中国银行捐助赈款		三○○	○○	
	何部长敬之先生由南京汇来代募赈款		一三四	六一	
	安徽宣城各界游艺会捐助赈款		一二○	○○	
	厦门市政府捐助赈款		四五二	○○	
	广州各界捐助赈款		三○○○	○○	
	杭州市商会捐助赈款		五○○	○○	

① 表内数据均据贵州省档案馆馆藏档案史料：全宗号 M24，案卷号 64。

表 3-19①

贵州省赈务会二十六年五月一日起 至 二十八年三月底止 收支赈款报告表

收入项下 款别	金	额	备考
贵阳邮局捐助赈款	二〇〇	〇〇	
独山新运会捐助赈款	二四	八〇	
陈俊初先生捐助榕江水灾赈款	五〇〇	〇〇	
本省儿童年实施委员会捐助赈款	二六	四七	
本省各机关公务人员捐助赈款	二三〇六七	一二	
贵阳特业公会代募特货捐款	一三〇二二	五〇	
贵州财政厅拨付二十六年份济腊米款	一四〇〇	〇〇	
贵州财政厅拨付二十七年份济腊米款	二二〇〇	〇〇	
贵州保安处代售面巾款	二五二	〇〇	

---

① 表内数据均据贵州省档案馆馆藏档案史料：全宗号 M24，案卷号 64。

表 3-20[1]

贵州省赈务会二十六年五月一日起 至 收支赈款报告表 二十八年三月底止

款　别	金	额	备　考
收入项下			
本会铁局巷房产变价	三六〇〇	〇〇	
贵州灾民收容所代售面巾款	三七	〇〇	
南京黔灾后援会代募赈款	六〇〇〇	〇〇	
汉口赈济委员会榕江等县水灾赈款	二〇〇〇〇	〇〇	
财厅拨来二十六年救灾准备金	四〇〇〇〇	〇〇	
中央银行付铁局巷房租	八〇	〇〇	
贵阳特业公会代募滇帮特货捐款	二五四六	〇〇	
中央农民银行存款利息	七三四三	五八	
枭米余款	一一六九四	七四	
黔西缴回急赈余款	四〇〇	〇〇	
合　计	七九七九〇八	二九	

①　表内数据均据贵州省档案馆馆藏档案史料：全宗号 M24，案卷号 64。

表 3-21①

贵州省赈务会二十六年五月一日起至二十八年三月底止收支赈款报告表

支出项下 款别	金	额	备考
遵义急赈款	三一〇〇〇	〇〇	各县急赈款系由中央特派专员成静生先生莅黔监放并由本会选派各县公正士绅充监放员及查放员遵照发放赈款规程会同各县政府及赈务分会认真散放
威宁急赈款	一八四〇〇	〇〇	
桐梓急赈款	一七五〇〇	〇〇	
安顺急赈款	一七二〇〇	〇〇	
仁怀急赈款	一六八〇〇	〇〇	
正安急赈款	一六六〇〇	〇〇	
毕节急赈款	一六三〇〇	〇〇	
兴义急赈款	一六三〇〇	〇〇	
赤水急赈款	一四五〇〇	〇〇	
盘县急赈款	一三二〇〇	〇〇	
贵阳急赈款	一三〇〇〇	〇〇	

① 表内数据均据贵州省档案馆馆藏档案史料：全宗号 M24，案卷号 64。

表 3-22①

贵州省赈务会二十六年五月一日起至 二十八年三月底止 收支赈款报告表

款别 支出项下	金 额		备 考
思南急赈款	一一四〇〇	〇〇	
凤冈急赈款	一〇八〇〇	〇〇	
习水急赈款	一〇七〇〇	〇〇	
兴仁急赈款	一〇五〇〇	〇〇	
织金急赈款	一〇一〇〇	〇〇	
安南急赈款	一〇〇〇〇	〇〇	
安龙急赈款	九九〇〇	〇〇	
贞丰急赈款	九七〇〇	〇〇	
沿河急赈款	九七〇〇	〇〇	
石阡急赈款	八九〇〇	〇〇	
绥阳急赈款	八九〇〇	〇〇	

① 表内数据均据贵州省档案馆馆藏档案史料：全宗号 M24，案卷号 64。

表 3-23①

贵州省赈务会二十六年五月一日起至收支赈款报告表 二十八年三月底止

支出项下	金	额	备	考
镇宁急赈款	八八〇〇	〇〇		
关岭急赈款	八六〇〇	〇〇		
开阳急赈款	八五〇〇	〇〇		
平坝急赈款	八四〇〇	〇〇		
榕江急赈款	七六〇〇	〇〇		
普定急赈款	七五〇〇	〇〇		
紫云急赈款	七五〇〇	〇〇		
德江急赈款	七四〇〇	〇〇		
郎岱急赈款	七四〇〇	〇〇		
普安急赈款	七四〇〇	〇〇		
册亨急赈款	七四〇〇	〇〇		

① 表内数据均据贵州省档案馆馆藏档案史料：全宗号 M24，案卷号 64。

表 3-24①

贵州省赈务会二十六年五月一日起 至 收支赈款报告表 二十八年三月底止

支出项下 款别	金	额	备考
息烽急赈款	七二〇〇	〇〇	
修文急赈款	六九〇〇	〇〇	
罗甸急赈款	六二〇〇	〇〇	
水城急赈款	六二〇〇	〇〇	
龙里急赈款	五六〇〇	〇〇	
大定急赈款	五〇〇〇	〇〇	
黔西急赈款	五〇〇〇	〇〇	
贵定急赈款	五〇〇〇	〇〇	
大塘急赈款	五〇〇〇	〇〇	
广顺急赈款	五〇〇〇	〇〇	
长寨急赈款	五〇〇〇	〇〇	

① 表内数据均据贵州省档案馆馆藏档案史料：全宗号 M24，案卷号 64。

表 3-25①

贵州省赈务会二十六年五月一日起至 收支赈款报告表 二十八年三月底止

款别（支出项下）	金	额	备考
桐梓蟠龙洞水利工程赈款	一六一六〇	〇〇	由桐梓专员公署具领修理
大定大小兔场匪灾赈款	四〇〇〇	〇〇	
勘测定番安龙安顺农田水利工赈经费	一七一九	〇九	由建厅测量队代为勘测
中央及黔灾义赈会派黔监放赈款委员回沪旅费	四〇〇	〇〇	系仇卢屈三委员旅费
二十六年济腊米款	一三五〇	〇〇	
二十六年济腊米余款缴库	三五	〇〇	
二十七年济腊米款	二二〇〇	〇〇	
二十六年济腊米票	一五	〇〇	
贵州特货赈捐员周大泳津贴	二八八	〇〇	
蟠龙洞大小兔场汇费	一〇二	五四	
盘县匪灾赈款	一〇〇〇	〇〇	

---

① 表内数据均据贵州省档案馆馆藏档案史料：全宗号 M24，案卷号 64。

表 3-26①

贵州省赈务会二十六年五月一日起至 收支赈款报告表 二十八年三月底止

支出项下 款别	金	额	备考
盘县水灾赈款	一〇〇	〇〇	
台拱匪灾赈款	五四〇	〇〇	
麻江水灾赈款	一〇〇〇	〇〇	以下十一县水灾赈款系由会派员会同各县县党部、赈务分会及县政府妥为散放
榕江水灾赈款	五五〇	〇〇	内有五百元系陈俊初先生捐助
都匀水灾赈款	五〇〇〇	〇〇	
八寨水灾赈款	一〇〇	〇〇	
丹江水灾赈款	一〇〇〇	〇〇	
天柱水灾赈款	三〇〇〇	〇〇	
锦屏水灾赈款	五〇〇〇	〇〇	
剑河水灾赈款	一〇〇〇	〇〇	
下江水灾赈款	一〇〇〇	〇〇	

① 表内数据均据贵州省档案馆馆藏档案史料:全宗号 M24，案卷号 64。

表 3-27①

贵州省赈务会二十六年五月一日起 至 二十八年三月底止 收支赈款报告表

款别	金	额	备考
黎平水灾赈款	三〇〇〇	〇〇	
威宁水灾赈款	三〇〇〇	〇〇	
贞丰雹灾赈款	五〇〇	〇〇	
息烽火灾赈款	二〇〇〇	〇〇	
赤水水灾赈款	一〇〇〇	〇〇	
剑河火灾赈款	六〇〇	〇〇	
岑巩火灾赈款	三〇〇	〇〇	
平坝火灾赈款	二〇〇	〇〇	
汇拨上海慈善团体联合救灾会救济难民赈款	五〇〇〇	〇〇	系由省府公务员捐薪助赈款内拨汇
陈俊初先生捐款请奖制量费	五	五〇	
毕节平粜贷款	一〇〇〇〇	〇〇	准省府函拨汇给该县办理平粜贷款

（支出项下）

---

① 表内数据均据贵州省档案馆馆藏档案史料：全宗号 M24，案卷号 64。

表 3-28①

支出项下	款别	金额		备考
贵州省赈务会二十六年五月一日起至二十八年三月底止 收支赈款报告表	合计	五二七九一五	一三	

附记：

查本会自二十六年五月一日起至二十八年三月止，收入综共法币柒拾玖万柒千玖百零捌元贰角九分。共支出法币伍拾贰万柒千玖百壹拾伍元壹角叁分。收支两抵，实结存法币贰拾陆万玖千玖百玖拾叁元壹角陆分。

① 表内数据均据贵州省档案馆馆藏档案史料：全宗号 M24，案卷号 64。

1937 年 5 月 1 日至 1939 年 3 月底贵州省赈务会赈务经费收支情况，相对于前一阶段的收支情况，此阶段赈务经费总收入远远超出前阶段的总数。前一阶段所收入的赈务经费不足二十万法币，后阶段的赈务经费收入则接近八十万法币。赈务经费上的变化，反映出当时贵州灾害之严重。当然，从赈务经费的基本来源以及赈务活动的基本方式来看，一方面，赈款来源十分广泛。贵州省赈务会在开展贵州赈务活动过程中不仅获得了中央与地方政府机关的支持，而且获得了社会团体的大力协助；不仅得到了省内民众的有力支持，而且还得到了省外政府机关和社会团体的支持。正是有了政府与社会的广泛参与与支持，才使得贵州赈务活动得以长期开展。另一方面，在赈务活动的范围上，贵州省赈务会赈务活动涉及水灾救济、旱灾救济、火灾救济、雹灾救济、蝗灾救济、匪灾救济等。救济的方式主要是急赈。此阶段赈务经费拨发的急赈县份主要有：遵义、威宁、桐梓、安顺、仁怀、正安、毕节、兴义、赤水、盘县、贵阳、思南、凤冈、习水、兴仁、织金、安南、安龙、贞丰、沿河、石阡、绥阳、镇宁、关岭、平坝、榕江、普定、紫云、德江、郎岱、普安、册亨、息烽、修文、罗甸、水城、龙里、大定、黔西、贵定、大塘、广顺、长寨等。[①]随着急赈县份的增多，赈务经费的数额相对扩大。因此，这一阶段贵州省赈务会赈务经费的总额尽管有所增加，但相对于贵州本省繁重的灾情而言，上述经费终显数量不足，救灾效果是有限的。

第二节　贵州省赈务会赈务活动的主要程序

我国是一个自然灾害频发的国度。为了应对自然灾害的发生，我们的祖先早就摸索出了一套行之有效的防灾救灾措施。在采取防灾救灾措施过程中，也探索出了一套切实可行的救灾程序。袁世凯统治时期，承清制，于 1915 年 1 月 20 日颁布了《勘报灾歉条例》。该条例的具体内容共分十九条，详细规定了报灾、勘灾、查赈、放赈的具体程序，其中也涉及报灾、勘灾的期限问题，查赈、放赈的标准问题。此后，该条例又经多次修改，南京国民政府于 1934 年 2 月 24 日经行政院修正以后正式公布。修改后的《勘报灾歉条例》（以下简称《条例》）较之北京政府时期颁布的条例内容更为详细、具体，条例分为二十二条。其中，对于勘灾的期限，《条例》第二条规定：

旱虫各灾，由渐而成，应由县局长随时履勘，至迟不得逾十日。风、雹、水灾及他项急灾，应立时履勘，至迟不得逾三日[②]。

---

① 参见贵州省档案馆馆藏档案史料：全宗号 M24，案卷号 64。
② 《勘报灾歉条例》，参见《中华民国法规大全》第 1 册，上海：商务印书馆 1936 年版，第 800-801 页。

对于报灾的日期,《条例》第四条规定:

报灾日期:夏灾限立秋前一日;秋灾限立冬前一日为止。但临时急变因而成灾者,不在此限。气候较迟之区域,亦得酌量展限。①

对于灾情复勘期限,《条例》第八条规定:

复勘限十五日,核定限五日,造册表限十五日,核转限五日,共四十日。②

此外,《条例》对于蠲缓的标准、报灾不及时或隐瞒具体灾情的奖惩等问题也作了相应规定。

贵州历来是一个灾害频发的省份。其赈务活动,在南京国民政府直接派人接管贵州以前,可以看到中央政府影响的痕迹。1935年国民政府的势力直接控制贵州之后,更可以看到南京中央政府对贵州赈务活动所施加的影响。因此,就贵州省赈务会赈务活动的程序而言,自然必须遵循南京国民政府所修改颁布的《勘报灾歉条例》中规定的报灾、勘灾、查赈、放赈等程序来进行。

一、报　灾

报灾是政府实施救灾的第一道程序。对于贵州省赈务会来说,报灾的上级部分主要有两个:一是贵州省政府,一是国民政府中央赈务委员会。当然,在这一过程中,为了募集赈款的需要,有时还向其他单位(包括省民政厅、财政厅、中央财政部)和社会上有影响的个人(包括主要领导人物)报灾。有时还通过省政府向国民政府行政院报灾,或者向国民政府南昌行营、重庆行营报灾。就目前贵州省档案馆馆藏的一千余卷贵州省赈务会档案史料来看,其中有相当一部分档案的内容涉及贵州省赈务会向省政府及国民政府中央赈务委员会报灾请赈。现略举一二说明之。

例一:民国二十五年(1936年)贵州省赈务会向贵州省政府主席顾祝同报告本省灾情的具体内容:

窃查本省本年因久旱成灾,经由会制发旱灾调查表,令饬报灾各县填报,并检呈钧府备查在案。截至现在止,计呈报旱灾请赈者,已有定番、修文、息烽、龙里、贵定、广顺、开阳、安顺、平坝、郎岱、镇宁、织金、关岭、清镇、紫云、普安、贞丰、遵义、仁怀、赤水、桐梓、绥阳、铜仁、德江、石阡、务川、镇远、平越、施秉、余庆、黄平、丹江、八寨、黎平、都匀、思南、瓮安、麻江等三十八县。除经检发旱灾调查表饬令填报以凭统筹办理,并呈请报南京赈务委员会请发赈款赈济外,理合具文呈报钧府备查。

---

① 《勘报灾歉条例》,参见《中华民国法规大全》第1册,上海:商务印书馆1936年版,第800-801页。
② 《勘报灾歉条例》,参见《中华民国法规大全》第1册,上海:商务印书馆1936年版,第800-801页。

谨呈：贵州省政府主席顾（祝同）①

例二：民国二十六年（1937年）贵州省赈务会向贵州省政府主席顾祝同和国民政府赈务委员会委员长朱庆澜报灾请赈内容：

窃查黔本山国，素称贫瘠，土质硗薄，谷产稀少。在收成丰稔之年，已属不能自给。一遇水旱偏灾，辄若无法救济。民国十四年，全省苦旱，粮食缺乏。强者四出抢米，难以制止。弱者吞声饮泣，则以草根树皮等相撷食。甚有争食不得，全家阖门饿毙者。有饿不可支，轻生自尽者。种种惨状，犹在目前。近年，……大军剿办，裹粮逾艰。私挽之功，遍于全省。民生凋敝，杼柚一空。上年旱荒成灾，曾经呈蒙中央钧会拨款赈济，并益以省款采购湘川之米，办理平粜。只以灾区辽阔，灾民众多，交通不便，运输困难，不仅供不应求，仰且缓不济急。饿莩载道，触目惊心，乃天祸全黔。目前之灾情正炽，未来之灾象又呈。连月亢晴不雨，田原尽形龟坼，小春多已枯萎，而河井干涸，饮料亦成问题。有须于十余里外费资数角取水担者。至于米价，是逐日增涨，较诸去春之市价，已增至三四倍有奇。各县报灾文告纷至沓来，春荒现象日臻严重。群情惶恐，不可终日。若不亟筹赈济，十四年之惨状行将复现。且黔省困难情形，较之他省向不相同。他省偶遇偏灾，舟车方便，劝募筹赈尚易为力。黔省则地瘠民贫，筹款惟艰。即有赈款采运，亦至感不便。此次本会派员前赴芷江购运粜米，费日费事，几经周折，耗尽心力，终嫌迟滞。对于此次春荒之赈济，益有及早筹请之必要。再查黔省地位，已列为复兴民族之最后之根据地。年来逐渐建设，粗具端倪。倘任此千万灾黎流离失所，循至社会崩溃，险象环生，贻患何勘设想。近见报载，川省旱灾已蒙中央允拨赈二百万元。今以黔省之贫瘠及年来之灾祸互相比观，则待赈之殷实属更为迫切。上月中央勘灾，杨委员与龄、仇委员襄来黔亲历灾区实地勘察，亦以灾情迫切同抱隐扰。本会负责筹赈，已深感借箸无策。而人民元气大伤，何堪再罹浩劫。是用徬徨，午夜寝馈难安。恫念来日之大难，亟宜绸缪于未雨。此不得不再事呼请者也。所有本省最近灾情，前曾报告由钧府、省政府转电行政院、钧会统筹救济在案，合再具文呈报仰祈钧府、钧会转呈行政院、委员长行营俯念黔省情形特殊，提前赐赈，一次拨发赈款贰百万元，俾得预为计划，妥筹民食。庶几灾区虽广，旱象虽重，不至演成十四年之奇荒，灾黎戴德，宁有涯量。迫切呈明仁催核示谨呈：

贵州省政府主席顾（祝同）

赈务委员会委员长朱（庆澜）②

由上可以看出，在遇有重大灾情发生之际，贵州省赈务会首要事务即在于向上报告本省灾情。这一做法，一方面在于让上级机关与负责赈务的官员及时

---

① 资料均据贵州省档案馆馆藏档案史料：全宗号 M24，案卷号 6。
② 资料均据贵州省档案馆馆藏档案史料：全宗号 M24，案卷号 6。

了解贵州本省的灾情概况；另一方面希望引起上级机关与中央官员对贵州灾情的重视，以期能获得上级机关在财力与物力上给予大力的支持。

与之相适应，各地县级赈务分会救济工作的基本程序遵循贵州省赈务会的直接指导而行。县级赈务分会报灾的上级部门是省政府、省赈务会、省民政厅与省财政厅。以下为各县赈务分会灾情报告表式样：

表3-29①　某县灾情报告表　中华民国　　　年　　月　　日

区乡别					合计
灾别					
被灾时间					
被灾面积					
灾民总数					
因灾死亡人数					
估计财产损失数					
附记					

县长（署名盖章）　　　　　　　察勘员（署名盖章）

注意：附记一摘应将灾况经过及救济方法详细记入。本表如因灾区太广不敷填用，可照式推加。本表各栏所填数目概用阿拉伯字。

该表虽未填写，但从空白表可以看出，其内容涵盖了八个方面。它要求各县县长将本县所发生的自然灾害按区、乡为单位统计上报。说明县长作为各县最高行政长官，在本县灾害发生之际，直接负有向上级机关报告本县具体灾情的责任与义务。报告的内容包括灾害的种类、被灾时间、被灾面积、灾民总数、因灾死亡人数、估计财产损失数以及灾况经过与救济方法等。此表反映贵州省赈务会的辐射范围延伸至县以下区域，其对灾情救助的指导已具相当之规模，既便于了解地方灾情的具体情形，又可按灾情的轻重缓急对难民予以及时有效的救助。

二、勘　灾

报灾之后，接下来的工作就是勘灾。勘灾即地方官吏查勘核实各地受灾程度，确定成灾分数，从而为救灾提供实际的数据。勘灾是救济工作中十分重要的一环。勘灾是否准确无误，直接关系到后面救灾工作的进展。按照国民政府的法令规定，勘灾的机构和程序如下：

各县市灾案，民财两厅据报后，立即会派委员会同县市复勘。将被灾地亩

---

① 资料均据贵州省档案馆馆藏档案史料：全宗号 M24，案卷号 6。

分数电厅转呈省府核定。令饬遵办，并由县市局遵照核定被灾地亩分数，造具区村地亩应行蠲缓数目清册，连同印委勘结及简明表，报由财政厅核明，咨同民政厅会报省政府，分别咨内政财政两部，核转行政院呈请国民政府备案。①

确定被灾分数是勘灾的第二步，它直接关系蠲缓份额。对于灾民而言，救济幅度如何，就看被灾分数的大小。国民政府规定："被灾九成以上者蠲正赋十分之八"；"被灾七分以上者蠲正赋十分之五"；"被灾五分以上者蠲正赋十分之二"。同时，"蠲余之田赋应分年带征"，具体为："一、被灾七分以上者作三年带征。二、被灾五分以上者作二年带征"。②

根据国民政府的法令规定，对于县市局长在勘报灾歉过程中，有下列情形之一者，将仿照公务员惩戒法办理之：

地方遇有灾伤不即履勘或履勘后并不呈报或呈报不实者。

地方报灾后若将所报灾地留待勘报分数不令赶种致误农事者。

初勘复勘逾本条例规定期限者。③

贵州省政府明确规定，身为地方各县赈务分会主席的县长，一旦灾害来临，必须亲自参加勘灾活动。对于"办理赈务异常出力，境内灾民无流离失所者"，④经省民政厅考察属实者，即予以奖励。

以下为各县灾区调查表样式：

表3-30⑤ _____县灾区调查表　民国二十六年　贵州省赈务会制

赈济意见	有无补救方法	现有仓储情形	去年秋季收成	预计小季杂粮可获几成	被灾人口	被灾面积	被旱情形	分类 / 灾区名称

---

① 资料据《中华民国法规大全》第1册，上海：商务印书馆民国二十五年（1936年）版，第800-801页。
② 资料据《中华民国法规大全》第1册，上海：商务印书馆民国二十五年（1936年）版，第800-801页。
③ 资料据《中华民国法规大全》第1册，上海：商务印书馆民国二十五年（1936年）版，第800-801页。
④ 《县长奖励条例》，参见贵州省政府秘书处编印：《贵州省现行条规类编·第3类·民政》，贵阳：贵阳同志印刷局代印民国十九年（1930年）版，第36-37页。
⑤ 资料引自贵州省档案馆馆藏档案史料：全宗号M24，案卷号874。

填表须知：

一、灾区名称栏：应将被灾区域填明，如第一区第二区之类。

二、被旱情形栏：应将本县被旱某区某保某甲情形详为填载。

三、被灾面积栏：应记明被灾面积纵横各若干里，并附载全区面积。

四、被灾人口栏：应记明被灾人口实数，并附全区原有户口人数填报。

五、预计小季杂粮可获几成栏：应估计灾区本年春季杂粮可得几成填明。

六、去秋收成栏：应将灾区去年秋收几成填明。

七、现有仓储栏：着将该县仓储情形及存谷确数填报。

八、有无补救方法栏：被旱后应如何补救，须将方法据实填报（如用人工开塘、开井、筑堰或补种食物等）。

九、赈济意见栏：对于受灾县份，查其情形轻重或应急赈或用农赈工赈，着切实考查，加意见呈核。

附记：表列各栏如不敷填定时可以增加。

从上文填表须知来看，其内容不仅限于灾区面积与受灾人口的调查，而且对如何施行灾后补救的问题也纳入了调查范围。因此，此表不仅在于勘灾，同时对于如何救灾的问题亦有所反映，将勘灾与救灾同时融入一表之内。

三、查　赈

所谓查赈，即核实灾民户口，划分受灾等级，发给赈票，以务赈济。查赈由各县赈务委员会聘请当地操守坚正、心地慈祥、熟悉赈务者担任。查赈分成若干小组，根据被灾情况，每组由查赈员一人或二人组成。查赈先视各户被灾轻重，复审其居处器具之有无存弃，以别受灾等级。若所查门户确合赈济标准，即当门添给赈票，不合标准者，即严加剔除。赈票是领受救济物品的依据，查赈员根据目下所见状况填具不同内容，以别受赈等级。

贵州省赈务会对查赈的程序作了详细规定。《贵州省赈务会查放急赈办法》明确规定：

查放急赈由各县赈务分会主持并由省赈务会委派查放主任委员一人会同办理。

县赈务分会办理查放急赈时，应会同查放主任委员开会讨论，将县内轻灾之区先行剔除，并由县政府通令应赈区内（即重灾之区）各区保长，依次严剔（区剔保，保剔甲，甲剔户），分别造具灾民户口清册送核。该项户口清册均以保为单位。

各区灾民户口清册汇齐后，县赈务分会应会同查放主任委员将灾区分为若干路，派查放员分路按册复查。

查放员复查时，须随时向区保甲长详询所报灾民户口清册有无遗漏或徇情滥报，逐一挨名查询，核实更正，务使不遗不滥。查毕一保，并取具该保长切结（结式另册）。①

同时，对于不能享受赈济的灾区民众也作了具体规定。这些灾区民众是：

一、尚未至绝食者；一、尚能自谋生计者；一、壮年任意游手好闲者；一、吸食鸦片者。

最后，查放员还应将受灾民众按受灾轻重分为甲、乙、丙三个等次进行分类，然后分别发放相应等次的赈票。具体为：

其应赈之户并应分别灾情轻重于灾民户口清册上各加甲乙丙三种符号（每户受灾最重而丁口又多者，为甲等；受灾重而丁口无多或受灾次重而丁口多者，为乙等；受灾较轻而丁口少者为丙等。）以为支配赈款标准。

赈票是领取赈款赈品的重要依据，由省赈务会统一印刷，"按赈款多寡发交县赈务分会编列号码，并钤用县政府印信。填写赈票须按每户一票。按照该户所有应赈人口填明应领赈款数目（数字须用大写）。填写完竣，仍派由查放员分路挨户散放"。②至此，整个查赈工作告竣。

由上可知，查赈工作是一项十分繁琐、细致、耗时的工作。它关系到每一户灾民的切身利益，因此，对查赈员有极高的要求。查赈员不仅应具备必要的责任意识，亦应本着对灾民的同情心搞好本职工作。

四、放　赈

放赈是救济过程中的最后一道程序。这一程序主要涉及两种人员：一是放赈员，一是受灾灾民。放赈员的主要职责在于，如何将手中掌握的钱与物足额发放到灾民的手中；对受灾灾民而言，其主要目的在于，如何根据手中的赈票得到自己本应获得的钱与物。因此，在整个放赈过程中，为避免放赈走过场，出现不该出现的问题，国民政府中央与地方赈务会均制定了相关的奖励与惩戒条例，同时，还针对放赈员的工作提出了一些具体的要求。这样做目的在于，一方面，避免放赈员营私舞弊或粗心大意；另一方面，要防止滥竽充数，冒领赈款、赈品现象的出现。

国民政府先后针对放赈问题颁布的规章条例有：《赈务委员会放赈调查视察人员出差旅费规则》《各省赈务会赈款管理规则》《各省赈务会及县市赈务分会会计规程》《办赈人员惩罚条例》《办理赈务人员奖恤章程》《办理赈务公务

---

① 参见贵州省档案馆馆藏档案史料：全宗号 M24，案卷号 11。
② 参见贵州省档案馆馆藏档案史料：全宗号 M24，案卷号 11。

员奖励条例》《放赈十要》等。规章之多，从一个侧面反映出，国民政府时期赈务之繁重，以及国民政府对赈务工作的重视程度。在这些规章条例中，特别值得一提的是《放赈十要》，该条例是专门针对放赈员制订的。主要内容是，要求放赈员秉公放赈，从思想上高度重视放赈工作，将灾民的事情当作自己的事情来办，该条例即使今天读来依然令人感触深刻。它反映出条例的制定者想灾民之所想，急灾民之所急，办灾民之所办的宗旨。现将《放赈十要》的内容附录于下：

《赈务委员会放赈十要》

（一）要知放赈是人类最重的天职，最大的责任。应将整个心身付给灾民，抱牺牲一切的精神，实心实力负此严重之使命。

（二）要知灾民性命挑在你的肩膀上，灾民生死操在你的手掌中。

（三）要知赈款丝毫为重，侵吞舞弊，罪在不赦，移借挪腾并干国纪。

（四）要知救灾如救火，不可片刻延误，不可一点大意。

（五）要本身刻苦，要立脚清慎，思虑必求详密，办事定须敏捷。

（六）要时时贯彻精神，要处处手眼俱到。尤要平心静气，不惮烦劳。

（七）要切忌以耳代目，尤忌假手于人。查核必须严明，切实散放。必须精细周到，一钱一粟必须亲手交到灾民。

（八）要深入灾民行间里去，务须设身处地为灾民设想。灾民之疾病痛苦要看作自己父老兄弟姊妹的疾病痛苦一样，尽我自己能力尽心设法救济。不要但认为放点银钱粮食便算了事。

（九）每日工作了后，摸摸良心，细细回想，自省自身有无过错，并须将亲身阅历经过贡献出来，为放赈益求完善之研究。

（十）要知一钱足以救命。虚耗一钱，就是我杀一命。倘有不实不尽，更是自丧天良，自斩生命。不啻吮灾民之膏血，亦即陷子孙于万劫。眼前赤子，头上青天，降祥降殃，报施不爽，一念之差，人天共弃如监。[①]

《放赈十要》的制定，一方面，对于提高赈务的社会公信度，动员社会人士参与其间，扩大其影响力可产生显明的效果；另一方面，有利于规范放赈人员的赈务行为，防止放赈人员中饱私囊，做到款不虚靡、实惠于民。此外，还有利于扩大放赈过程的透明度，形成社会监督，杜绝放赈中的舞弊行为。

贵州省赈务会对放赈工作亦有严格的规定。在其所制定的《贵州省赈务会查放急赈办法》中对放赈的基本程序作了具体规定。该办法规定，放赈时，"县政府会衔布告，规定各区放赈地点及日期。并令保长先期二、三日传知灾民，

---

① 引自贵州省档案馆馆藏档案史料：全宗号 M24，案卷号 279。另：据笔者了解，蔡勤禹在其著作《国家社会与弱势群体——民国时期的社会救济》中引用了四川省赈务会制订的《赈务委员会放赈十要》，内容大同小异。

届时持票集合领赈"。同时规定，放赈地点距离灾民住址不得超过二十里。而老弱残废疾病孤寡不能远行者，则可以请人代领。前提是必须在赈票上填明代领人的名字。放赈时，为避免作弊现象，还必须邀请各机关及地方公正士绅到场协助会同监查。由于放赈采取的是集中办理，为防止放赈时发生拥堵、踩踏事件，对放赈场所也做了要求，"放赈场所宜觅广大地点，须有前后二门，一出一入"。不仅如此，还要求现场必须有保安团队、士兵维持秩序。对于办赈有功、成绩卓著者，还规定由省赈务会考核成绩，咨请省政府予以奖励。对于办赈出现问题者，则予以惩罚。[1]

对于受灾灾民来说，在领取赈款、赈品的同时，还必须填具相关的受领表格。对于放赈机关而言，应将办赈的具体情况填具相关表格上报并备案。详见以下附表。

表 3-31[2]

中华民国二十 年 月 日	放赈委员盖章　区长盖章　乡长盖章		合计			户主姓名	贵州省　县　区乡灾民受领赈款表　共　张　第　号
						人口总数	
						实领赈款数	
						户主拇印	

<hr>

① 参见贵州省档案馆馆藏档案史料：全宗号 M24，案卷号 11。
② 资料据贵州省档案馆馆藏档案史料：全宗号 M24，案卷号 6。

说明：

（一）户主姓名栏内应填明户主姓名。

（二）人口总数栏内即填该户人口总数，应连户主计算在内。

（三）实领赈款数栏内应填明该户实领赈款总数。

（四）户主拇印栏内即盖明该户主拇印。

（五）合计栏内应分别合计本表人口及实领赈总数。

（六）受灾人户如只系一人者，即将灾民姓名填于户主姓名栏内并于人口总数栏内填一壹字。

（七）本表数字应书"壹贰叁"等大数字。

（八）本表以乡为单位。如该乡灾户数较多，一张不敷填写时，可用若干张。但须依次列号并本乡共用去若干张即于"共　张"内填明总数。如用去五张，每张均填一五字。

本表拟以三十户为一表。签呈民国二十四年六月二十九日

以上灾民受领赈款表涉及两个层面的关系：一是灾民。不仅要求填具灾民受领赈款的具体数目，而且灾民在受领赈款时必须按捺灾民本人拇印，以作灾民已经受领赈款的凭证。一是地方官员。不仅要求放赈委员盖章，同时也要求各区区长和各乡乡长盖章，以示放赈工作办理完毕。

第三节　贵州省赈务会赈务活动的具体措施

民国时期，贵州省赈务会的赈务活动是在中央赈务委员会的指导下、在贵州省政府的直接领导下、在社会各界的大力支持下开展起来的。灾后救济的具体措施主要有急赈、工赈、农赈、调粟等形式。现就各项措施分析如下。

一、急　赈

所谓急赈，即"直接散发款粮或开设粥厂以救灾民之急"。[①]它是对灾民进行直接救济的一种方式，具有明显的应急性，属于临时处置的救济活动。民国时期，国民政府也时常动用急赈作为其赈济的政策性措施。"九·一八"事变之

---

① 参见《剿匪区内临时赈济办法》(民国二十二年九月六日军事委员会委员长南昌行营公布)，
《中华民国法规大全》第1册，上海：商务印书馆民国25年（1936年）版，第816页。

后，战争所带来的破坏也日趋严重，加之自然灾害的频繁发生，国民政府深感有加强战区社会救济工作之必要。为此，1933年7月21日，国民政府在北平（今北京）成立了华北战区救济委员会。该会分农赈、急赈、财政三组。其中，章元善任农赈组主任；于学忠任急赈组主任；卞白眉任财政组主任。决定先办急赈。由行政院拨赈款100万元，另由河北省政府发行公债400万元以充救济经费。[1]国民政府将急赈摆到优先位置，体现出急赈因其"急"而显得尤为重要。在贵州省赈务会赈务活动中，急赈也是其采用的一种最为常见的赈济措施。

（一）赈　谷

赈谷起源很早，相传春秋时期即已出现。赈谷的最大优势在于，可以立刻缓解饥饿对灾民的威胁。正如古人所说："饥饿濒死，威不能戢，惟惠泽可以已之。而方其饥饿，即金钱犹无以解其急也，必粟乃可。"[2]民以食为天。在灾难降临之后，粮食已成为至关重要的救济物。由此，赈谷自然成为救民的首选方式。

国民政府时期，赈谷是官方最主要的救济方式之一。

首先，南京国民政府十分重视仓储的建设。1930年1月，国民政府内政部颁布了《各地方仓储管理规则》（以下简称《规则》）。《规则》第一条明确规定了各地方建立仓储的目的在于："备荒恤贫。"仓储的种类分为六种：县仓、市仓、区仓、乡仓、镇仓、义仓。从这一划分来看，可谓层层设仓。层层设仓的优势极其明显，有利于赈谷的发放，有利于就地赈济灾民。同时，《规则》第四条强调，各地建仓积谷必须以地方公款办理。如无公款，则以征收和捐募的方式筹建。此外，《规则》对各类仓储的使用范围作了具体说明，要求各仓储在规定的范围之内使用仓谷。[3]

1933年，国民政府内政部又颁行了各地方仓储报告书式，要求各地将本地办理仓储的基本情形由省民政厅汇总以后向内政部报告，直隶行政院各市则由主管局造报。具体格式见以下附各表：

---

① 参见韩信夫、姜克夫主编：《中华民国大事记》第3册第20—26卷，北京：中国文史出版社1997年版，第536页。

② 李文海、夏明方主编：《中国荒政全书》第1辑，北京：北京古籍出版社2003年版，第689页。

③ 以上参见《各地方仓储管理规则》，《中华民国法规大全》第1册，上海：商务印书馆1936年版，第807-809页。

表 3-32[①]　**各地原有仓储状况**

由各县市填送民政厅汇编总表。其直隶行政院各市由主管局造报（本表于次年造报时即可从略）。

地方别	仓别	所数	容量（石数）	积谷 谷别	积谷 石数	谷款数	备注

填表须知：

一、"地方别"以县市为单位。

二、"仓别"栏依照各地仓储管理规则第十一条之规定分县仓或市仓、区仓、乡仓、镇仓、义仓各种。

三、"容量"以各仓所能容纳之总石数为准。

四、积谷石数依照种类分别填写。

五、"谷款数"系指原有之积谷款项而言，应分仓填列元数。如不便分仓填列时，得汇列总数。

六、各地积谷如有挪用或仓廒被占用情事以及各种设施经过，均须详细注明于备注栏内。

七、各仓积谷积存时间在三年以上者，应将其种类及石数一并注明于备注栏内。

[①] 表格样式参见《中华民国法规大全》第 1 册，上海：商务印书馆 1936 年版，第 809-812 页。

八、各地石之容量多不一致，应依照当地情形将每石折合斤数注明于备注栏内。

九、所有款项均以国币银元为单位（每元按库平七钱二分计算）。各地原存谷款，凡以串吊或千计者，均应折合国币银元数填载。

十、表式上下长度依部颁式样为准。其宽度以及横栏内格数得酌量增减。

表 3-33[①]　本年内地仓储进行状况

本表由各县市查填，送由民政厅汇编总表。其直隶行政院各市由主管局造报。

				地方别
				仓别
			所数	新建仓厂
			容量	
			谷别	积谷
			石数	
				积谷方法
				谷款收起数
				谷款利息
				谷息
				备注

---

① 表格样式参见《中华民国法规大全》第 1 册，上海：商务印书馆 1936 年版，第 809-812 页。

填表须知:

一、"新建仓廒"指本年新建筑者而言。

二、"积谷"一栏系指本年内收积仓谷而言,应依照积谷种类分别注明其石数。

三、"积谷方法"一栏应注明以地方公款办理者若干石,派收者若干石,捐募者若干石。

四、"谷款收起数"系指年内收起之款数而言。

五、"谷款利息"系指本年一切积谷所生之利息而言。

六、"谷息"栏系指积谷内因贷与所生之利息而言。

七、其他有关本年积谷事项应注明于备注栏内。

八、本表内其他各项填写方法参照第一表说明办理。

表 3-34① 积谷使用与谷款使用表

本年由各县市查填送由民政厅汇编总表。其直隶行政院各市由主管局造报。

				地方别		
				仓别		
			谷别	平		积
			石数	粜		谷
			价款得粜			使
			谷别	散放		用
			石数			
			谷别	贷		与
			石数			
			户数贷谷			

---

① 表格样式参见《中华民国法规大全》第 1 册,上海:商务印书馆 1936 年版,第 809-812 页。

续表 3-34

				谷款使用
		款额	籴谷	
		数量		
		款额	暂存生息	
		利率		
		备注		

填表须知：

一、"平籴"系指本年内籴出之谷而言。应依照谷之种类籴出总石数及籴得之价款分别填写。

二、"散放"系指因赈济而发放之积谷而言。

三、"贷与"一栏系指贷出积谷而言。应分积谷种类、贷出之总石数以及贷借之户数填写。

四、谷款使用栏内"籴款"一项系指以谷款用于购谷者而言。应分别注明用款总额及购入总石数。

五、"暂存生息"一项系指本年积存之谷款暂时存放生息者而言。应分别注明其总额及利率。

六、各地积谷因水灾火灾或其他特殊原因受有损失时，应将原因及损失总石数注明于备注栏内。

七、本表内其他各项填写方法参照第一表说明办理。

表 3-35^①　各地现在仓储状况

本表由各县市查填送由民政厅汇编总表。其直隶行政院各市由主管局造报。

		地方别
		仓别
		所数

---

① 表格样式参见《中华民国法规大全》第 1 册，上海：商务印书馆 1936 年版，第 809-812 页。

续表 3-35

					容量（石数）	
					谷别石数	积谷
					谷款数	
					备注	

填表须知：

一、本表目的在明了本年年底各县市仓储状况。

二、"所数""容量"两栏内各数，应与第一、第二表中原有及新建仓廒之"所数"及"容量"相加后所得之数相等。

三、"积谷"及"谷款数"两栏内各数，即第一、第二两表中之"积谷""谷款数""谷款利息"及"谷息"相加后减去第三表中"积谷"及"谷款使用之数量及款额"之数目。

四、本表内其他各项填写方法参照第一表说明办理。

表 3-36① 改进仓储计划

								改进仓储计划（由各省市主管厅局拟报）

---

① 表格样式参见《中华民国法规大全》第 1 册，上海：商务印书馆 1936 年版，第 809-812 页。

以上各表说明，国民政府对于如何搞好地方仓储建设进行了整体安排。不仅要求对各地仓储状况进行详细调查摸底，同时要求各地在此基础上拟订出具体的改进仓储的计划，并提供了报表格式，各地必须按统一格式填报。在此基础上，1936 年行政院公布了《各地方建仓积谷办法大纲》，对于各地仓储的种类、保管、经费、考绩作出了具体规定，从而进一步推动了民国时期仓储制度的发展。

从具体实例来看，国民政府在灾难发生之后，动用了相当数量的粮食用于灾民的救济。例如，1931 年特大水灾发生后，国民政府水灾救济委员会向重灾区域连续发放赈粮，计该年 10 月 20 日止向南京、镇江、安庆等地发放面粉十七万三千二百六十包；向九江发放大米一万石。①

仓储是放粮的储备手段之一。古人曰："夫积贮者，天下之大命也。苟粟多而财有余，何为而不成？"②就是在当代，我们通常也说，农业是基础，是一个国家的根本命脉。可见，农业生产，特别是粮食生产，对一个国家发展的重要性。在 20 世纪的 30 年代，当自然灾害与社会灾难交相降临到中华民族之际，粮食问题首先成为全民关注的重要问题。在这种情况之下，储备粮食，已成为当政者不得不认真考量的一个问题。鉴于此，根据国民政府中央的指导，贵州省政府对本省仓储建设问题作了系列规划，颁发了系列相关的规章制度，以增加本省粮食储备量。具体表现为：

第一，制定颁布《贵州省二十五年度整理各县仓储暂行办法》（以简称《办法》）。该办法共有二十二条。《办法》对各县积谷的总量作了具体规定。《办法》第二条规定：

各县积谷数量，暂以比照人口总数于五年内积足一个月食粮为最低标准。本年度未报灾各县积谷数量为全县人口一个月食粮额之五分之一；已报灾各县应办一个月积谷总数为一百四十八万九千一百二十二石。本年报灾及未报灾各县应办总数为二十二万七千五百十八石，尚有一百二十六万一千六百五十四石，分四年办足，以符积足一个月食粮之标准。③

积谷征收的方式采用派收和劝募两种。为此，《办法》规定了各县县仓、区保仓和义仓的积谷收取范围与标准。其中，各县县仓、区保仓的收取范围为：甲、每年收谷二十石之田主；乙、有营业及其他产业上孳息者。此两项具体起集标准为：

如每年收谷二十石以上，不足四十石之田主，收取百分之一；不足七十五石者，百分之一点五；不足一百石者，百分之二；不足一百五十石者，百分之

① 秦孝仪：《"革命"文献》第 71 辑之《抗战前国家建设史料——内政方面》，台北：裕台公司"中华印刷厂"1977 年版，第 124 页。
② 班固著：《汉书》，杭州：浙江古籍出版社 2000 年版，第 431 页。
③ 贵州省档案馆馆藏档案史料：全宗号 M24，案卷号 803。

二点五；不足二百石者，百分之三；不足三百石者，百分之四；不足五百石者，百分之五；不足七百五十石者，百分之六；不足一千石者，百分之七点五；不足一千五百石者，百分之九；一千五百石以上者，百分之十。营业或产业孳息，每年二百元以上，不足三百元者，征取百分之一；不足五百元者，百分之一点五；不足一千元者，百分之二；不足二千元者，百分之三；不足五千元者，百分之五；不足一万元者，百分之七；不足一万五千元者，百分之九；二万元以上者，百分之十。余内推。如地方热心公益人士，于应储仓谷外，能踊跃捐输者，由各县县长呈请褒奖。①

各县义仓积谷的收取范围为：

甲、酌提乡社公款暨香会神社公集款项。乙、酌提公团基金之无适当用途者。丙、地方热心公益人士之捐输。②

以上各项收取之款，"应随时籴谷归仓，呈报备案"。同时，《办法》对办理仓储积谷不力者作出了相应的处理规定："本办法公布后，各县有储不足额或逾限玩忽情事，所有负责经办之县长、区长，由省府从严议处。"③

第二，颁布《贵州省各县储粮登记推进办法》，同时，规定各县应储仓谷最低数量标准。

为进一步推动贵州的仓储建设，摸清贵州地方各县储粮实情，统制贵州全省的粮食为抗战与赈务工作服务，贵州省政府根据国民政府在抗战初期颁布的《统制战时粮食管理条例》④于1937年10月23日颁布了《贵州省各县储粮登记推进办法》（以下简称《办法》）。《办法》第一条指出制定该办法的宗旨在于："统制粮食"。《办法》强调，不论公有储粮，还是私有储粮，均属统制的范围，必须如实通过各行政督察区向省政府汇报。对于办理粮食登记工作有功者，将酌情予以奖励。对于办理不力或"徇情舞弊"者，将予以惩处。⑤

关于各县应储仓谷最低数量标准，兹以民国二十五年（1936年）和民国二十六年（1937年）为例说明之。详见下表：

---

① 贵州省档案馆馆藏档案史料：全宗号 M24，案卷号 803。
② 贵州省档案馆馆藏档案史料：全宗号 M24，案卷号 803。
③ 贵州省档案馆馆藏档案史料：全宗号 M24，案卷号 803。
④ 《统制战时粮食管理条例》（1937年8月18日国民政府公布）。其具体内容为：第一条：战时粮食之管理，依本条例行之，本条例所未规定者，仍适用其他法令。第二条：战时应受管理之粮食，其种类由国民政府以命令定之。第三条：管理战时粮食事宜，设战时粮食管理局，直隶于行政院，必要时得于各省市重要地点设分局，直隶于管理局，其组织规程，由行政院定之。战时粮食管理局关于战时粮食管理事宜得发布必要之办法或规章。第四条：战时粮食管理局管理之事项如左：（一）生产；（二）消费；（三）储藏；（四）价格；（五）运输及贸易；（六）统制及分配。第五条：本条例之施行及停止日期，以命令定之。以上内容引自中央训练团编印：《中华民国法规辑要》第4册之第10编《经济》，重庆：1941年版，第26-27页。
⑤ 参见贵州省政府秘书处法制室编：《贵州省单行法规汇编》第3辑上册，贵阳：贵阳文通书局1938年版，第211-213页。

表 3-37[①]　贵州 1936 年各县应储仓谷最低数量表

县别	人口数	行政院原定积谷最高标准（三个月）		本省暂定积谷标准（一个月）	未报灾县份本年应办最低额	已报灾县份本年应办最低额	备考
		斤数	石数	石数	石数	石数	
贵阳	296 481	26 683 290	152 476	50 825	10 165		
遵义	528 332	47 549 880	271 714	90 571		9 057	
赤水	140 567	12 651 030	72 291	24 097		2 410	
正安	270 625	24 356 250	139 178	46 393	9 279		
桐梓	240 874	21 678 660	123 878	41 293		4 129	
镇远	38 081	3 427 290	19 585	6 528		653	
铜仁	103 881	9 349 290	5 343	17 810		1 780	
黎平	124 810	11 176 200	63 864	21 288		2 129	
松桃	178 868	16 098 120	91 989	30 663	6 133		
榕江	71 450	6 430 500	36 746	12 249	2 450		
思南	199 155	17 923 950	102 423	34 141		3 414	
务川	103 268	9 294 120	53 109	17 703		1 770	
安顺	226 799	20 411 910	116 639	38 880		3 888	
安龙	89 682	871 380	46 123	15 374	3 075		
大定	327 466	29 471 944	168 411	56 137	11 227		
兴义	171 908	15 471 720	88 410	29 470	5 894		
毕节	135 910	12 231 900	69 896	23 299	4 660		
盘县	231 933	20 873 970	119 280	39 760	7 952		
黔西	344 996	31 049 640	177 427	59 152	11 828		
威宁	240 000	21 600 000	123 428	41 143	8 229	2 185	
开阳	127 436	11 469 240	65 529	21 846			
修文	86 632	7 796 880	44 554	14 851		1 485	
仁怀	219 884	19 789 560	113 083	37 694		3 769	
独山	153 865	13 847 850	79 130	26 377	5 275		
定番	139 717	12 574 530	71 854	23 951		2 395	
龙里	72 885	6 559 650	37 484	12 495		1 250	

[①] 表内数据均据贵州省档案馆馆藏档案史料：全宗号 M24，案卷号 803。

续表 3-37

县别	人口数	行政院原定积谷最高标准（三个月）		本省暂定积谷标准（一个月）石 数	未报灾县份本年应办最低额石 数	已报灾县份本年应办最低额石 数	备考
		斤 数	石 数				
瓮安	94 346	8 491 140	48 521	16 174		1 617	
罗甸	60 801	5 472 090	31 269	10 423	2 085		
贵定	86 564	7 790 760	44 519	14 840		1 484	
绥阳	140 537	12 648 330	72 276	24 092		2 409	
平舟	41 972	3 777 480	21 586	7 195	1 439		
湄潭	153 142	13 782 780	78 759	26 253	5 251		
息烽	80 756	7 268 040	41 532	13 844		1 384	
荔波	74 436	6 699 240	38 281	12 760	2 552		
平越	62 547	5 629 430	32 168	10 723		1 072	
都匀	103 156	9 284 040	53 052	17 684		1 768	
施秉	34 951	3 145 590	17 975	5 992		599	
江口	70 349	6 331 410	36 180	12 060	2 412		
锦屏	40 904	3 681 360	21 036	7 012	1 402		
黄平	33 210	2 088 900	63 366	21 122		2 112	
岑巩	63 554	5 719 860	32 685	10 895	2 179		
沿河	124 368	11 193 120	63 960	21 320	4 264		
台拱	39 223	3 530 070	20 172	6 724	1 345		
后坪	29 376	2 643 810	15 108	5 036	1 007		
天柱	111 158	10 004 220	57 168	19 056	3 811		
德江	87 177	7 845 930	44 833	14 944		1 494	
玉屏	35 136	3 162 240	18 070	6 023	1 205		
石阡	109 400	9 846 000	56 262	18 754		1 875	
凤冈	110 472	9 942 480	56 814	18 938	3 788		
镇宁	80 147	7 213 230	41 218	13 739		1 373	
清镇	142 179	12 796 110	73 121	24 374		2 437	
水城	95 830	8 624 700	49 284	16 428	3 286		
关岭	71 191	6 407 190	36 613	12 204		1 220	
紫云	72 321	6 508 890	37 194	12 398		1 239	

续表 3-37

县别	人口数	行政院原定积谷最高标准（三个月）		本省暂定积谷标准（一个月）	未报灾县份本年应办最低额	已报灾县份本年应办最低额	备考
		斤 数	石 数	石 数	石 数	石 数	
平坝	98 410	8 856 900	50 611	16 870		1 687	
贞丰	128 638	11 577 420	66 156	22 052		2 205	
郎岱	85 616	7 705 440	44 031	14 677		1 468	
织金	182 784	16 650 560	95 146	31 715		3 172	
普定	95 917	8 632 530	49 329	16 443		1 644	
广顺	55 103	4 959 270	28 339	9 446		944	
八寨	28 540	2 568 600	14 677	4 892		489	
余庆	59 796	5 381 640	30 750	10 250		1 025	
都江	17 836	1 605 240	9 173	3 058	612		
丹江	19 254	1 732 860	9 912	3 304		330	
三合	43 349	4 081 410	23 322	7 774	1 555		
大塘	38 853	3 491 770	19 980	6 660	1 332		
长寨	28 129	2 531 610	14 466	4 822	964		
麻江	66 503	5 985 270	34 200	11 400		1 140	
习水	139 655	12 568 950	71 823	23 941	4 788	4 788	
炉山	90 270	8 124 300	46 425	15 474	3 095		
印江	157 287	14 155 830	80 890	26 936	5 393		
下江	24 908	2 241 720	12 810	4 270	854		
剑河	45 852	4 126 680	23 581	7 860	1 572		
省溪	35 491	3 194 190	18 253	6 084	1 217		
永从	54 236	4 881 240	27 893	9 298	1 860		
三穗	60 145	5 413 050	30 932	10 311	20 062		
青溪	16 198	1 457 820	8 330	2 777	555		
册亨	59 008	5 310 720	30 347	10 116	20 212		
兴仁	107 906	9 711 540	55 494	18 498	3 700		
普安	50 827	4 514 430	26 140	8 713	1 743		
安南	51 255	4 612 950	8 787	1 757			
合计		4 467 386	1 489 122	157 285	70 273		
总计				227 558			

上表说明：

1. 本表各县人口数系根据保甲册报。

2. 本表标准数系就每人每日平均食粮一公斤计算。

3. 本表"本年应办额数栏"系以石为单位数。

4. 各县斗量大小不一，本表用新秤标准。新秤一公斤合旧秤十三两七钱八分。一百七十五斤为一石。

5. 各县产谷不足，得以杂粮代替。积储杂粮系指包谷、豆类、荞麦、大麦、小麦等净粮而言。

6. 本表规定报灾之遵义等三十八县应办额系为各该县人口总数一个月食粮之十分之一。

表 3-38[①]　贵州 1937 年各县应储仓谷最低数量表

县别	人口数	行政院原定积谷最高标准（三个月）		本省暂定积谷标准（一个月）	本年度应储最低额（五分之一）	备考
		斤　数	石　数	石　数	石　数	
镇远	3 808 1	3 427 290	19 585	6 528	1 306	
遵义	528 332	47 549 880	271 714	90 571	18 114	
开阳	127 436	11 469 240	65 539	21 846	4 370	
瓮安	94 346	8 491 140	48 521	16 174	3 234	
荔波	74 436	6 699 240	38 281	12 760	2 552	
平越	62 547	5 629 430	32 168	10 723	2 144	
平坝	98 410	8 156 900	5 062	16 870	3 374	
八寨	28 540	2 568 600	14 677	4 892	978	
余庆	59 796	5 381 640	30 750	10 250	2 050	
都江	17 836	1 605 240	9 173	3 058	612	
炉山	90 270	8 124 300	46 425	15 474	3 095	
青溪	16 198	1 457 820	8 330	2 777	555	
贵定	86 564	7 790 760	44 519	14 840	2 968	
铜仁	103 881	9 349 290	53 425	17 808	3 562	
仁怀	219 884	19 789 560	113 083	37 694	7 538	
龙里	72 885	6 559 650	37 484	12 495	2 500	

---

① 表内数据均据贵州省档案馆馆藏档案史料：全宗号 M24，案卷号 803。

续表 3-38

县别	人口数	行政院原定积谷最高标准（三个月）		本省暂定积谷标准（一个月）	本年度应储最低额（五分之一）	备考
		斤数	石数	石数	石数	
息烽	80 756	7 268 040	41 532	13 844	2 769	
江口	70 349	6 331 410	36 180	12 060	2 412	
镇宁	80 147	7 213 230	41 218	13 739	2 748	
织金	182 784	16 650 560	95 146	31 715	6 344	
三合	45 349	4 081 410	23 322	7 774	1 555	
大塘	38 853	3 496 770	19 980	6 660	1 332	
三穗	60 145	5 413 050	30 932	10 311	2 062	
独山	153 865	13 847 850	79 130	26 377	5 275	
岑巩	63 554	5 719 860	32 685	10 895	2 179	

上表说明：

一、本表各县人口数系根据二十五年度保甲册报。

二、本表标准数仍照二十五年度所规定每人每日平均食粮一公斤计算。

三、各县斗量大小不一，本表仍照二十五年度所规定用新秤为标准。新秤一公斤合旧秤十三两七钱八分。一百七十五斤为一石。

四、本表"本年应办额数栏"系以石为单位数。

五、贵阳、赤水、正安、桐梓、黎平、松桃、榕江、思南、务川、安顺、安龙、大定、兴义、毕节、盘县、黔西、威宁、修文、定番、罗甸、绥阳、平舟、湄潭、都匀、锦屏、黄平、沿河、台拱、后坪、天柱、德江、玉屏、石阡、凤冈、清镇、水城、关岭、贞丰、郎岱、普定、广顺、丹江、长寨、麻江、习水、印江、下江、剑河、省溪、永从、兴仁、册亨、普安、安南、紫云五十五县积谷数量仍照二十五年度所规定额数筹足具报数量表，不另订。

以上各县应储仓谷最低标准系根据各县人口多寡制定的。人口多之县，积谷数量相应偏多；人口较少之县，积谷数量也随之减少。这一标准的制定，为地方各县储备仓谷提出了具体的要求，反映救灾也应视社会的承受力而定，不可盲目摊派。这一标准，既可促使地方各县充分调动社会力量，整合社会救灾功能，构建完善的救灾机制，应对各种可能发生的公共危机，亦可为各地方开展赈谷工作提供制度保障和参考。

第三，成立地方各级仓储保管委员会，并制定各级积谷保管办法。

根据 1937 年 12 月颁布的《贵州省各级仓储保管委员会组织规程》，保管委员会在县仓，"应称为某县县仓保管委员会"；在区仓，"应称为某县第几区区仓保管委员会"；在乡仓，"应称为某县第几区某乡乡仓或某镇镇仓保管委员会"。各级保管委员会的成立，有利于加强仓谷之存储、保管与使用；有利于加强积谷款项之管理；有利于地方仓廒之修建。而《贵州省各级积谷保管办法》的制定，则为进一步规范各级仓储的管理提供了法律依据。该办法从十六个方面对如何保管仓内积谷提出了具体要求。内容涉及新谷入仓标准、粮仓管理、粮食的用途、新旧县长交替时仓谷移交的基本程序以及对于仓储管理不善者的处理等。该办法对规范各地仓廒管理起导向作用。有利于确保仓廒积谷的安全性，有利于确保赈灾谷物数量的稳定，具有较强的可操作性。[①]

第四，关于仓廒的修建与仓储查验办法的制定。

1940 年，根据贵州省仓储建设发展规模不断扩大的趋势，贵州省政府颁布了《贵州省各县二十九年修建积谷仓廒办法》（以下简称《办法》）。该办法共十一条，对各县如何修建仓廒提出了严格要求。内容涉及原有仓廒的维修问题，新仓廒的设计、选址、建筑结构、建筑费用等。例如，关于新建仓廒的问题：

　　应酌量地方交通、社会各情形，分别办建。仍尽量利用公有寺庙、公有房屋改造，以资节省。县仓应于县政府所在地设立，如因特殊情形，得择辖境内适中地点设立，或分设县分仓、区乡镇仓，以设于区公所、乡公所、镇公所（或联保办公处）所在地为原则，但因特殊情形，得联合其他区或乡镇于适当地点共同设立之。[②]

　　仓廒之修建，应注意下列各点：

（一）基地高燥，交通便利，建筑后尚有余地可供扩充及有翻晒广场者。（二）不与其他房屋相毗连。（三）仓廒上盖厚瓦，梁柱墙壁构造须坚固，仓基以不易沾潮为度。（四）须空气流通并预防雀鼠等耗蚀。[③]

　　仓廒修建完毕之后，应将支用经费详列清单呈请验收。如有偷工减料或其

---

① 参见贵州省档案馆馆藏档案史料：全宗号 M24，案卷号 803。
② 参见贵州省档案馆馆藏档案史料：全宗号 M24，案卷号 803。
③ 参见贵州省档案馆馆藏档案史料：全宗号 M24，案卷号 803。

他作弊情形，"除责令经办人员赔修外，并应惩处"。①

关于仓廒查验的问题，国民政府内政部根据 1936 年颁布的《各地方建仓积谷办法大纲》第八条制定颁发了《全国建仓积谷查验实施办法》（以下简称《办法》）。该办法对如何查验各省仓廒与积谷提出了具体的办法。该办法要求：

> 各省应积谷之数量，统限于每年十二月三十一日以前，一律以本色收齐归仓。②

对归仓之谷必须予以查验，严防作弊现象发生。为此，《办法》详细规定了查验程序及查验过程中所应注意的事项。由于查验积谷属政府行为，中央派员前往地方查验积谷时，地方政府官员应予以配合。具体为：

> 委员查验积谷时，在省会地方由民政厅派员会同前往协助引导，在各县地方由县长会同前往或派员前往协助引导。③

查验完毕，查验委员所做的工作是：

> 应将达到日期、起程、他往日期及查验情形摘要用快邮报部报厅，并于全程查验完毕时，按照本办法第七项所列各款及其他应行报告、建议等项，作成详细报告书呈报备核。各省厅委报告书由民政厅汇编总报告书，并拟具改进计划，咨报内政部查核。④

贵州省政府根据中央颁布的《全国建仓积谷查验实施办法》，结合贵州仓储的实际情况，于民国 1940 年年初制定了《贵州省各县仓储查验办法》。根据查验规定，要求"自各专员公署或直辖区各查验委员奉文之日起，至二十九年七月十五日以前办理完毕"。查验工作具体由省政府和各行政督察区负责。省政府负责直辖区各县；行政督察区负责所属各县。各查验委员前往各县查验仓储时，各县应由县长会同前往，或派员协助引导。查验完毕，"应将各县查验情形，详细填具仓储查验报告表，并检同各该县仓储情形报告表，汇呈核办"。⑤以下为贵州省仓储查验报告表和各县仓储情形报告表样式。

---

① 参见贵州省档案馆馆藏档案史料：全宗号 M24，案卷号 803。
② 中央训练团编印：《中华民国法规辑要》第 4 册第 10 编《经济》，重庆：民国三十年（1941年）版，第 166-169 页。
③ 中央训练团编印：《中华民国法规辑要》第 4 册第 10 编《经济》，重庆：民国三十年（1941年）版，第 166-169 页。
④ 中央训练团编印：《中华民国法规辑要》第 4 册第 10 编《经济》，重庆：民国三十年（1941年）版，第 166-169 页。
⑤ 贵州省档案馆馆藏档案史料：全宗号 M24，案卷号 803。

表 3-39[1]

贵州省　县仓储查验报告表　第　区

行政督察专员（签盖）查验委员（签盖）

二十九年　月　日

查验事项	仓廒所数若干能容纳积谷总数若干	各仓已积存谷石数若干照应办额尚欠若干				各仓存谷是否上色干净有无陈蚀掺杂等弊	检查各仓存谷系实行盘量抑系以求积法估算其容量	积谷使用情形			
		二十五年度	二十六年度	二十七年度	二十八年度			平粜	借贷	散放	其他
查验日期											
备注											

---

① 表内资料均据贵州省档案馆馆藏档案史料：全宗号 M24，案卷号 803。

表 3-40[①]

募集积谷方法是否公平	积谷及谷款有无亏欠侵蚀及挪用或变价存储情事	原有义谷已否遵令改称积谷原有义仓已否更正名称	二十八年度地方概算内列各仓积谷经费入所有赈款旧有谷款平粜价款与其他借用积谷收回之价款已否如数购谷归仓	各仓保管经费已否支用其分配情形如何	各仓修建费已否动用其动用数若干	仓储保管及协助人员之组织是否合法办事是否负责	仓储容量与应办积谷数额是否足敷应用	地方人民对于仓储之观念	查验委员意见	说明：表载各项，有关于数目字者，应将数字填明。不得以尚属相符，核数相符等语含混列入

① 表内资料均据贵州省档案馆馆藏档案史料：全宗号 M24，案卷号 803。

表 3-41①

贵州省　县全县仓储情形报告表　县长（签字盖章）造呈　二十九年　月　日

仓储									
仓廒			积存谷石数				谷款数	各保管人员姓名	备注
所数	所在地	容量	二十五年度所积	二十六年度所积	二十七年度所积	合计			

---

① 表内资料均据贵州省档案馆馆藏档案史料：全宗号 M24，案卷号 803。

从上表的格式可见，贵州省政府在 20 世纪 30 年代期间根据中央政府的要求采取了一系列发展贵州仓储的措施，中心内容无外乎两个方面：一是关于仓廒的修建问题。粮食的储备离不开条件较好的仓廒，否则，即使粮食收集起来了，仓廒不足或管理不到位，本色再好的粮食都将面临损坏的威胁。一是关于各地仓廒积谷的数量问题。有了好的仓廒，没有足够的粮食来存储，再好的仓廒都将形同虚设。因此，确定仓廒积谷的数量标准，查验各地仓廒积谷的基本状况以及谷款的管理情况，事关各地仓储是否真正能够发挥实际作用。从这一角度来看，贵州 20 世纪 30 年代的仓储建设，对贵州本省乃至全国来说，具有十分重要的现实意义。一方面，推动了贵州仓储制度化建设的发展，将贵州仓储建设纳入规范、有序的建设进程。另一方面，贵州仓储事业的发展，为贵州地方各县储备的粮食提供了场所，有利于贵州赈务工作，特别是赈谷工作的开展。

（二）赈银（款）

赈银即赈款、赈钱，是急赈当中所采取的另一种救济方式。邓云特在《中国救荒史》中指出："赈银——以谷赈民，有特不便于流通，遂有赈银之法。"[1]其具体做法即是将钱直接发放到灾民手中，让灾民自己去支配，用领到的赈款购买自己所需要的物品。可以用来购谷米，也可以用来购衣物；可以用来购买其他能够维持生存所需要的杂粮，也可以用来购买棉被和其他必需的生活用品。赈银最大的优势在于，灾民可以自由支配，不受限制。在施用赈银之法时，政府或者将赈款直接拨往灾区，由灾区确定赈款的分配方案；要么将赈款用来组训灾民，或者将赈款用来举办工赈。其最终目的在于救济灾民，让受灾的民众受益。民国时期，国民政府尽管财力并不充裕，但向灾区发放赈款，也是其常用的一种赈济方式。1931 年 7 月，广东发生严重水灾，"难民无家可归者达 3 万余人，粤韶路损失不下 100 万元，民间损失不可胜数"。在这种情况之下，"国民政府训令行政院转饬财政部拨款 10 万元救济广东三江地区水灾"。[2]同年 7 月，国民政府公布《民国二十年四川省善后公债条例》。预定发行川省善后公债总额为 2 000 万元，年息八厘，8 月 1 日发行。[3]1937 年 4 月，四川领导人刘湘电蒋介石，称"川灾严重，要求在 100 万元赈款之外，再续拨 1 500 万元"。[4]1937 年 5 月，"国民政府赈务委员会向甘肃拨救赈款 32 万元。赈务委员会委员

① 邓云特著：《中国救荒史》，北京：商务印书馆 1993 年影印版，第 291 页。
② 韩信夫、姜克夫主编：《中华民国大事记》第 3 册，北京：中国文史出版社 1997 年版，第 214 页。
③ 韩信夫、姜克夫主编：《中华民国大事记》第 3 册，北京：中国文史出版社 1997 年版，第 217 页。
④ 韩信夫、姜克夫主编：《中华民国大事记》第 4 册，北京：中国文史出版社 1997 年版，第 45 页。

长朱庆澜以甘肃灾区辽阔，拟续向京、沪、平、津呼吁大批赈款"。[1] 1937 年 6 月，"朱庆澜访河南省府主席商震，商谈救济豫灾办法。商震允再由豫省筹拨 20 万元急赈；朱庆澜允再请国民政府续拨 10 万元，并允协助豫省向中央请发豫灾公债 500 万元，以工赈方法兴办水利"。[2] 1937 年河南省特大春旱发生之后，国民政府财政部当即给予该省急赈款二十万元，工赈款十二万元，存中央银行豫分行备付。同时指定专门的赈款保管人员，以确保赈款发放时能落实到每一户灾民手中。[3]另据国民政府史料记载：

二十八年（即 1939 年，笔者注）七八月间，冀鲁豫晋等省阴雨连绵，故军乘机决堤滹沱、大清、永定等河，泛滥成灾。三十一年春，豫省遭受空前旱灾，关于灾民之救济，除减免该省征实征购配额外，并拨发急赈款项一万万元，另由中国、农民银行拨农贷一万万元，办理平粜。入陕就食之灾民，则于陇海路沿线办理粥厂施粥，并移民新疆开垦。此外尚有粤省粮荒，鄂皖晋三省之蝗旱，以及其他各省所发生之水灾与霜、雹、牛瘟等灾害，均分别拨款赈济。[4]

国民政府在拨款施救的同时，还颁布相关法律规章，要求加强对赈款的管理，以确保赈款能够真正用于社会救济工作。其中包括：1930 年 2 月公布的《各省赈务会赈款管理规则》、1930 年 7 月公布的《各省赈务会及县市赈务分会会计规程》、1931 年 12 月通过的《赈务委员会收存赈款暂行办法》和《赈务委员会提付赈款暂行办法》等。

1936 年冬天，国民政府给予贵州 10 万元的救灾公债。为确保该赈款在贵州的顺利发放，国民政府特派成静生作为中央监放员，监督该笔赈款在贵州的发放。国民政府中央赈务委员会在发给贵州省赈务会的第 139 号训令中指出：

关于该省因灾请赈一案，前经呈奉行政院核定，饬拨公债票面十万元。由财政部迳交省政府核收，会同中央监放专员，切实查收。经抄发监放赈款办法，令该会知照。[5]

第 139 号训令中提出的"监放赈款办法"含如下内容：

一、中央政府分拨赈款，办理被灾各省市赈务。除由中央直接派员散放者外，其交由各省市政府办理者，得由赈务委员会妥拟人选，会同内政部、财政

---

① 韩信夫、姜克夫主编：《中华民国大事记》第 4 册，北京：中国文史出版社 1997 年版，第 53 页。
② 韩信夫、姜克夫主编：《中华民国大事记》第 4 册，北京：中国文史出版社 1997 年版，第 64 页。
③《救灾准备金》，参见 1937 年 5 月 18 日《申报》第 1 张第 4 版。
④ 秦孝仪主编：《"革命"文献》第 96 辑之《抗战建国史料——社会建设（1）》，台北：裕台公司"中华印刷厂" 1983 年版，第 12 页。
⑤ 资料均据贵州省档案馆馆藏档案史料：全宗号 M24，案卷号 9。

部呈请行政院令派为监放专员，前往切实监放。

二、各省市政府对于中央赈款所拟发放办法，应商取监放专员同意，监放专员认为关系重要时，并应报请赈务委员会核定。

三、前项赈款，应交各该省市内中央银行，或其他代理国库银行存备提款。提款时，须经监放专员会同签印。

四、地方政府及查放人员，如办赈不力，或违背规定办法，或有其他情弊时，监放专员得查明情节轻重，函请省市政府或法院惩处。

五、监放专员于监放完毕后，应将散放情形，造具详细报告书，分报内政部、财政部、赈务委员会查核，并转呈行政院。①

该办法对中央所拨赈款的发放程序作了说明。同时，对于地方政府及查放人员的办赈提出了奖惩的标准。

成专员到达贵州之后，专门为发放贵州赈款一事制定了"监放赈款注意事项"三条，其内容是：

一、施赈县份，每县置监放员一人，由监放专员就近聘请慈善家或公正绅士担任，不支薪津旅费。

二、各县查放人员由省遴派，需要切实保证其费用，由省筹支，不得动用中央所拨赈款，并不得由地方供应。

三、散放情形，除由监放专员报造外，其收支簿册、票证应于散放完毕后一个月内由省赈务会汇报赈务委员会查核。②

抗战之初，国民政府为办理急赈，特制定《发放赈款规程》(以下简称《规程》)。该规程共为十四条，详细规定了赈款的发放程序和发放标准。《规程》规定：

各地遇有灾害发生，应由县市政府督同县市赈务分会，立即派员查勘，按灾情轻重，拨款赈济，并将灾况及拨款情形呈报省政府查核。

遇有非常灾害，如灾情严重，灾区广泛，为县市财力所不能赈济时，县市政府得根据查勘结果，造具被灾区域名称、面积及应报户口清册呈经省政府，督同省级赈务会派员复查属实，在省救灾准备金内拨款补助之。省政府仍应责成县市政府尽财力所及，拨款施赈，一面将灾况及已拨省救灾准备金数目，分报内政部、财政部、赈务委员会，并呈报行政院查核。

一省地方发生灾害，除灾情特别严重，救济刻不容缓者外，其普通灾害，被灾人口达全省三分之一以上，或被灾区域占全省半数以上，省救灾准备金全

① 资料均据贵州省档案馆馆藏档案史料：全宗号 M24，案卷号 9。
② 资料均据贵州省档案馆馆藏档案史料：全宗号 M24，案卷号 9。

146

额不敷补助时，省政府应根据复查结果，拟定方案，尽力筹款救济。如财力尚有不及时，得造具被灾区域名称、面积及应赈户口清册，并将省救灾准备金原存额数补助数目，呈经行政院核准，在中央救灾准备金内拨款补助之。但有必要时，应由赈务委员会会同内政部先行派员复查灾情，再议拨助赈款。①

同时，《规程》对中央所拨赈款的发放程序作了具体规定：

中央所拨赈款，未满五万元者，交由省政府督同省赈务会负责散放。在五万元以上者，得由赈务委员会派员会同省政府督同省赈务会办理散放。其中十万元以上者，应由赈务委员会妥拟人选，会同内政部、财政部，呈请行政院令派监放专员，前往监放。②

此外，《规程》对赈款发放过程中出现问题者强调要"依法惩处"。

上述各种条规和措施的颁布实施，目的是规范从中央到地方赈款的募集、管理与使用，让赈款分配过程中做到有章可循、有据可依，防止赈款分配过程中徇私舞弊行为的发生。

尽管政府制定了相应的规章制度来约束办赈人员的办赈行为，但在赈款的发放过程中，贪污、舞弊和挪用等情弊依然时有发生。这种情况说明，当时放赈规章仍有漏洞，对放赈人员法制与道德良心的规范亦未达实际之功效。这种现象的存在，导致国民政府的赈济活动成效受到或多或少的影响。

贵州省赈务会在开展赈款过程中，经费来自中央与地方多个渠道。对此，前面章节中已作了分析，在此不再重复分析。同时，赈款的基本情况，前面相关表格中也有所提及，对此亦不赘述。在此，笔者主要择其办理赈银的主要事例分列于下，以便梳理办理赈银事务的大致轮廓。

第一，1931年至1933年间向受灾各县划拨赈款一览表。

表 3-42③（单位：元）

县别	赈款	县别	赈款
锦屏	1 000	印江	1 000
下江	1 000	务川	1 000
罗甸	550	黎平	750
桐梓	1 000	镇宁	750

---

① 蔡鸿源主编：《民国法规集成》第51册，合肥：黄山书社1999年版，第301页。
② 蔡鸿源主编：《民国法规集成》第51册，合肥：黄山书社1999年版，第301页。
③ 表内数据均据贵州省档案馆馆藏档案史料：全宗号：M24，综合案卷号905、945、946制作而成。

续表 3-42

县别	赈款	县别	赈款
榕江	750	仁怀	750
贞丰	550	大定	550
毕节	1 000	普安	550
紫云	1 550（其中，大洋 550；中洋 1 000）	威宁	550
镇远	750	湄潭	400

第二，在 1935 年的夏季旱灾各县中，分别对受灾十二县发放了急赈款。具体为：

（一）甲等二县，每县给赈款捌仟元。

遵义县：户口为七万二千九百零五户。

黄平县：户口为一万九千三百八十户。

（二）乙等六县，每县给赈款陆仟元。

仁怀县：户口二万五千零六十二户。

赤水县：户口二万三千四百七十户。

习水县：户口二万零一百三十一户。

桐梓县：户口三万三千四百五十户。

印江县：户口二万三千五百六十户。

沿河县：户口二万三千六百三十八户。

（三）丙等四县，每县给赈款贰仟元。

镇远县：户口五千九百一十三户。

施秉县：户口六千三百二十四户。

玉屏县：户口四千四百八十一户。

青溪县：户口四千三百零七户。①

以上灾情等次系根据各县受灾程度来确定的，受灾程度不一样，所获得的赈款也不同。灾重者，赈款偏多；灾轻者，赈款相应减少。

第三，在 1936 年旱灾各县中部分县份放赈委员委任情况及赈款分配情况。详见下表：

---

① 以上数据均据贵州省档案馆馆藏档案史料：全宗号 M24，案卷号 6。

表 3-43①

石平大毕十八县放赈委员委任录

甲等六县　每县分配赈款叁千柒百元

县名	放赈委员	备　考
黔西	刘介侯	除散放急赈款外，另给购米谷款一千五百元。二十五年三月十八日填委
毕节	葛尚必	除散放急赈款外，另给购米谷款三千元。二十五年四月十五日填委
大定	章鼎三	除散放急赈外，另给购米谷款一千五百元。二十五年三月二十八日填委
平越	罗焜南	二十五年四月十一日填委
瓮安	冯如恒	二十五年四月十一日填委
石阡	滕学渊	二十五年三月二十四日填委

乙等四县　每县分配赈款一千五百元

县名	放赈委员	备　考
玉屏	蔡运藻	二十五年三月十八日填委
江口	梅克实	二十五年四月二日填委
修文	陈镜秋	二十五年四月十一日填委
余庆	张纲举	二十五年四月十一日填委

① 表内数据均据贵州省档案馆馆藏档案史料：全宗号 M24，案卷号 3。

表 3-44①

县名	放赈委员	备考
青溪	李允旃	二十五年三月十八日填委
岑巩	宋锡九	二十五年三月十八日填委
开阳	陈裕阔	二十五年四月六日填委
清镇	李泽生	二十五年三月十八日填委
贵阳	不详	二十五年三月二十四日填委
盘县	彭奠南	二十五年六月填委（后来增加）
省溪	华勋铭	二十五年三月二十四日填委
铜仁	杨玉和	二十五年四月二十四日填委

丙等八县　每县分配赈款壹千元

上表说明，赈款发放之前，由省政府专门委派了各县放赈委员，由放赈委员协助灾区政府承担赈款的分配工作。各县分配的赈款根据受灾程度分为甲、乙、丙三个不同的标准来发放。其中，甲等受灾县份赈款标准为 3 700 元，乙等受灾县份赈款标准为 1 500 元，丙等受灾县份赈款标准为 1 000 元。甲等与丙等之间赈款相差近 3 000 元。如此分类，说明灾情不同，所拨赈款的数量亦有不同。换句话说，赈款的发放亦折射出社会救济是调节和分配社会经济资源的一种手段。社会救济主要是通过经济救助来实现的，经济救助实质上是经济资源的重新分配。该表亦反映出这样的因素之使然。

第四，民国 26 年（1937 年）分发黔北受灾各县籴米款四万五千四百四十八元。详见下表：

---

① 表内数据均据贵州省档案馆馆藏档案史料：全宗号 M24，案卷号 3。

表 3-45①

县别	遵义	桐梓	仁怀	赤水	绥阳	湄潭	务川	合计	说明
灾情等次	甲等	甲等	甲等	甲等	乙等	丙等	丙等	计	右列各县米款除务川一县已令饬来会领取自购米平粜外其余遵桐仁赤绥湄六县同属于第五行政督察区因据刘专员到会列席声请一律发由专署转发以期迅速业已全数发交分别转发各县自行购米平粜
分配粜米数量	六百零八石	六百零八石	六百零八石	六百零八石	四百五十六石	三百零四石	三百零四石	三千四百九十六石	
折合米款	七千九百零四元	七千九百零四元	七千九百零四元	七千九百零四元	五千九百二十八元	三千九百五十二元	三千九百五十二元	四万五千四百四十八元	
备考	经会议决采购川米接济查照在湘购米价值以行营规定新秤折合新斗又折合筑斗计算每石合法币十三元弱计如上数								

上表表明，省赈务会在给受灾各县发放米款时，并不是采取平均主义的办法，同样是根据查赈时所确定的灾情等次来发放的。根据甲、乙、丙三个不同的等次确定各等次的赈款标准。

第五，省赈务会 1937 年办理龙里县中央赈款分配明细表：

表 3-46[①]

贵州省赈务会办理龙里县旱灾急赈查放户口赈款一览表

区别	保数	户数	大口数	小口数		赈款数	附注
第一区	共二十三保	583	1 060	280		1 200	一、本县查放系照规定办法以奉发赈款择优施赈。 二、查本县灾民第一区原有大口一〇六〇人，小口二八〇人；二区大口七〇二人，小口五九六人，三区大口一五二人，小口九〇人，四区大口八三七人，小口七二四人，共大口二七五一人，小口一六九〇人。依大口壹元，小口伍角之原则，应发赈款三五九六元。内因三四两区小口逢单化零为整，共发出赈款三六〇〇元。故三区小口增为九六人，比原有多六人。四区小口增为七二六人，比原有多二人，共增八人，合并声明。
第二区	共二十一保	564	702	596		1 000	
第三区	共六保	70	152	原有	90	200	
				增为	96		
第四区	共十六保	426	837	原有	724	1 200	
				增为	726		
总计	共四区 共六十六保	1 643	2 751	原有	1 690	3 600	
				增为	1 698		

中华民国 年 月 日 龙里县查放主任委员熊炳山

---

① 表内数据均据贵州省档案馆馆藏档案史料：全宗号 M24，案卷号 395。

从龙里县发放赈款明细表中可以看出，1937年贵州省赈务会在发放赈款的过程中，一方面，详细统计了该县受灾户数和总人口（其中包括成年和未成年人的具体人数）；另一方面，在赈款的发放过程中，大小有别，即成年人为每人壹元，未成年人则每人为伍角。此一规定说明，龙里县在赈款的发放过程中已将未成年人列入考虑范围，让未成年人的权益在社会赈济面前得到保证。

第六，办理1937年春荒受灾最重与次重各县赈款分配情况统计：

表 3-47①

贵州省二十六年春荒受灾最重各县分配第一批急赈数目表

县别	遵义	威宁	桐梓	安顺	仁怀	正安	毕节	兴义	赤水	贵阳	思南	凤冈	习水
前支配数	二○○○○	一二七○○	一一七○○	一一九○○	一一六○○	一一五○○	一一三○○	一一三○○	一○○○○	九○○○	七九○○	六二○○	七四○○
现增加数	一一○○○	五七○○	六七○○	五三○○	五二○○	五一○○	五○○○	五○○○	四五○○	四○○○	三五○○	四六○○	三三○○
综计	三一○○○	一八四○○	一八四○○	一七二○○	一六八○○	一六六○○	一六三○○	一六三○○	一四五○○	一三○○○	一一四○○	一○八○○	一○七○○
备考													

---

① 表内数据均据贵州省档案馆馆藏档案史料：全宗号 M24，案卷号 874。

表 3-48[①]

贵州省二十六年春荒受灾最重各县分配第一批急赈数目表

县别	兴仁	安南	安龙	贞丰	沿河	镇宁	关岭	紫云	普安	合计	说明
前支配数	六〇〇〇	六二〇〇	六〇〇〇	六七〇〇	六七〇〇	六一〇〇	五三〇〇	五二〇〇	五一〇〇	二〇〇〇〇〇	本表所列赈款数目系查照各县灾情分别最重、次重并参酌各县人口之多寡以为分配之标准。合并声明。
现增加数	四五〇〇	三八〇〇	三九〇〇	三〇〇〇	三〇〇〇	二七〇〇	三三〇〇	二三〇〇	二三〇〇	一〇〇〇〇〇	
综计	一〇五〇〇	一〇〇〇〇	九九〇〇	九七〇〇	九七〇〇	八八〇〇	八六〇〇	七五〇〇	七四〇〇	三〇〇〇〇〇	
备考											

① 表内数据均据贵州省档案馆馆藏档案史料：全宗号 M24，案卷号 874。

表 3-49[①]

贵州省二十六年春荒受灾次重各县分配第二批急赈数目表

县别	拟配数	决定数	备考
盘县	一三二〇〇		
织金	一〇一〇〇		
石阡	八九〇〇		
绥阳	八九〇〇		
开阳	八五〇〇		
平坝	八四〇〇		
榕江	七六〇〇		
普定	七五〇〇		
德江	七四〇〇		
郎岱	七四〇〇		
息烽	七二〇〇		
修文	六九〇〇		
罗甸	六二〇〇		
水城	六二〇〇		
龙里	五六〇〇		
大塘	五〇〇〇		
长寨	五〇〇〇		
共计	一三〇〇〇〇		

以上各表中，办理受灾最重急赈县份为 22 个，次重急赈县份为 17 个，合计为 39 个。其中，最重县份总计急赈款为 30 万元；次重县份总计急赈款为 13 万元，两者合计为 43 万余元。

（三）赈 粥

赈粥即通过施粥的方式以解民困。这一救济方式的产生可谓源远流长，最早可追溯到战国时代。

民国时期，施粥活动也较为频繁。据邓云特《中国救荒史》所载：

---

① 表内数据均据贵州省档案馆馆藏档案史料：全宗号 M24，案卷号 874。

民国以来，各地每遇灾荒饥歉，仍继续实行施粥。……历次各地救灾，均以粥厂为急赈中之主要工作。如：在放赈期间内，本会（即国民政府救济水灾委员会，笔者注）所成立之粥厂实数，虽无详密统计，其数目当不在少。如芜湖区有大规模粥厂二所，其章程规定，每厂收容灾民不得超过五千人，足见人数之多。又皖北阜阳一县之内，有小粥厂一百十所，每日就食人数，多者达七千一百人，其办法分全县为十一所，每所设粥厂十处，每次就食人数可达二三十人。故统计急赈区之粥厂数目，如以每县各设一厂计算，其数当较为可靠也。又皖北蒙城县所办粥厂，有就厂施放及随地施放两种同时进行。其随地施放办法，厂所可以随时随地迁移，尤为便利。宁属区粥厂一所，系地方团体合力创办，由宁属区专员办事处助结美麦三十八吨，所有开支经费，由地方当局负责筹措。此外，江北区粥厂，由本会急赈处接办者共二十四所。湖南粥厂，由各县政府会同当地慈善人士办理。其成绩佳者，由长沙区专员办事处给予补助。河南粥厂，自二十年十二月至二十一年一月间，共成立十六所，灾民均可持票就食。统计各厂给粥之数，共四百二十五万餐，平均每日就食者达三万四千七百五十人！①

另据秦孝仪所编《革命文献》第 97 辑所载，1942 年，"豫省旱灾空前"。为此，国民政府赈济委员会采取了各种赈济措施，其中就包括粥赈在内。

在陕豫两省陇海路沿线办理粥厂施赈，先拨赈款两百万元，分交省赈济会办理。……本年复加拨急赈二千万元，陇海路粥厂经费六百万元（豫省四百万元、陕省二百万元）。②

贵州省赈务会成立之前，在贵州荒政的历史上，地方各县在灾荒发生时也曾有施粥的成例。贵州省赈务会成立之后，贵州省赈务会及各县赈务分会在发生重大灾荒时期，也曾以粥赈这一救济方式，达到迅速救助灾民的目的。例如，石阡县在 1937 年六七月份当中，就曾施行过粥赈。对此，该县代理县长王念祖在请求贵州省赈务会延长一个月粥赈期限报告中指出：

每日食粥，实有人数，由六月十八日起，至七月二十日，由一百四十三人增至一千三百二十六人，逐日所需粥米，由一斗以连四斗。前请准粥米五十四石，除已施用四石七升五合，合京斗一十八石七斗外，只余三十五石三斗，照每日四大斗算，可延至八月三日。③

为此，该县代理县长请求省赈务会批准继续向当地灾民施粥，由平粜米项下拨款购米，经预算："约需米四十八石，合市价洋叁百元。"④

① 邓云特著《中国救济荒史》，北京：商务印书馆 1993 年影印版，第 329 页。
② 秦孝仪主编：《"革命"文献》第 97 辑之《抗战建国史料——社会建设（2）》，台北：裕台公司"中华印刷厂"1983 年版，第 440 页。
③ 资料均据贵州省档案馆馆藏档案史料：全宗号：M24，案卷号：860。
④ 资料均据贵州省档案馆馆藏档案史料：全宗号：M24，案卷号：860。

贵阳县属于省长公署所在地，灾民偏多。在 1936 年、1937 年连续干旱的灾情出现之后，曾有难民向贵州省政府直接呈请在贵阳开办粥厂救助饥民。省政府转请省赈务会研究解决方案。省赈务会先后征求省救济院和省警察局负责人的意见。为此，省警察局与省救济院负责人先后草拟了《施粥办法》各一份，供省赈务会参考。现将两份《施粥办法》的内容附录于下：

　　附一：贵州省救济院草拟《施粥办法》内容

　　一、暂设粥厂五处：

　　（1）东区文昌阁；（2）南区观音寺；（3）西区三元宫；（4）北区六广门轩辕宫；（5）中区龙王庙。

　　二、组织：

　　每厂设常住办事员一人（有给职由会委用）、施粥员八人（义务职，但须供给早餐，由警察局就各区内推举公正士绅送会函聘）、雇用夫役三人。

　　三、实施：

　　（1）调查统计——省会及各乡贫民由警察局、贵阳县分别查实总数，限期报会分配各粥厂就食。远道来省新增贫民，由警察局随时登记送会汇办。

　　（2）设所收容——远道就食贫民，暂定南门外之兴义会馆及北门之灾民收容所尽量收容。

　　（3）发给牌照——每一贫民给牌照一块（式样另订），按日凭照取粥一次，并由施粥员于照上签盖符号。

　　（4）确定期间——每日自上午七时至十二时，暂定自六月一日以三月为限。

　　四、粥米：

　　每厂所需粥米先由会购储，就各厂分配贫民人数之多寡按日领发应用。

　　五、经费：

　　每厂开办费暂定一百元，购备下列各色用具。至经常费应拟定。

　　（1）牌照；（2）大铁锅四口；（3）大木桶八个；（4）水桶二对；（5）大土碗十副；（6）大木瓢二把；（7）长木瓢十把；（8）修灶四座；（9）行床一间；（10）方桌二张；（11）长板凳十条；（12）标识牌一块；（13）简单文具；（14）其他。[①]

　　附二：贵州省警察局草拟《施粥办法》内容

　　一、省会设粥厂四所，其地点如左：

　　1. 大南门外观音寺；

　　2. 大西门外桂月寺；

　　3. 威清门外报国寺；

　　4. 红边门外三教寺。

----

　　① 资料均据贵州省档案馆馆藏档案史料：全宗号 M24，案卷号 880。

前项粥厂冠用一二三四数字区别之。

二、施粥时间：每日自上午八时起至十一时止，遇人数过多时，得延长之。

三、施粥每日每人给予三大碗，以一次为限。

四、每粥厂应于厂址附近设立登记处，灾民每日领粥，预于登记处报名，由登记处发给牌照，再入厂缴照领粥，牌照样式另定。

五、各厂发给之领粥牌照，限于本厂领粥，其他各厂皆不适用。

六、凡属灾民，皆得在登记处请照领粥，但一经领到，应即退出，以免厂内发生拥挤。

七、粥厂及登记处，由慈善团体派会员分头监视，如发现粥厂或登记处员役有营私舞弊，或不尽职责时，监视员得向贵州省赈务会检举之。

八、每日由贵州省赈务会派员赴各厂各登记处稽查，如发现前条规定事项，监视员不予检举时，应一并检举。

九、盛粥器具应保持清洁，煮粥时不得掺以任何药物，并不得掺以生水。

十、粥厂及登记处员役，有营私舞弊情事时，应严予惩办。[①]

以上两份《施粥办法》就内容来看，大同小异。具体来看，贵州省救济院院长起草的《施粥办法》相对来说较为完备。省救济院起草的《施粥办法》，内容不仅涉及粥厂的地点、施粥的时间，更主要的在于，对粥厂的工作人员、粥厂的经费问题、粥厂的内部设施等，均作出了详细规定。因此，操作起来更具可行性。

后来，省赈务会经广泛征求意见，开会研讨，判定在贵阳开设粥厂的利弊得失之后，没有开设粥厂，而是直接发放粥米到省会警察区域所属的灾民手中，由灾民自己自由处理。对此，贵州省赈务会在民国1937年6月份的工作报告中作了说明：

省城内外，灾民为数甚多。原拟设厂施粥，因同以前发粥，多无良好结果。不如改发粥米，公私两便。乃令省会警察局调查灾民，造册具报，再由本会派员管查，以期不滥不遗。[②]

对于以米代粥之法的积极作用，《荒政辑要》之《米代粥》一文早就指出：

若救土著之饥民，煮粥丛弊，不若分地挨户，给以粥米。既可活人，又不丛聚。[③]

上述办法确定后，贵州省赈务会随即加以推行，在省会贵阳张贴了大量发放粥米的布告。布告内容如下：

---

① 资料均据贵州省档案馆馆藏档案史料：全宗号 M24，案卷号 880。

② 资料均据贵州省档案馆馆藏档案史料：全宗号 M24，案卷号 63。

③ 李文海、夏明方主编：《中国荒政全书》第 2 辑第 2 卷，北京：北京古籍出版社 2004 年版，第 635 页。

查贵阳市（即省会警察区域）人烟稠密，灾民众多，饥馑载途，深堪悯恻！经本会开会议决，特由采购平粜米内提出一部，散放粥米，业经令饬省会警察局，挨户调查，并经本会派员复查完毕，兹定于日内发放。其发放地点即依照警察区域，划为五处，凡第一分局所辖灾户，应赴第一发米处领米；第二三四照此类推，不得紊乱。计每户发放米票一张，由本会按照核户所有大小人口核算，大口发米十四斤，小口发米七斤（照行营规定新秤每斤合十三两七钱八分）。每户应领粥米若干，即于票内明白填注。先期派员挨户散放，并定于一次发完。除令饬省会警察局照办外，合行布告：仰本市各灾民人等，遵照，一俟领到米票后，查明后开发米日期及地点，依期持往领取。但须依照规定秩序，不许拥挤滋事。领得之米，不得以之售卖，是为至要！切切此布。

附：发米时间及地点：

1. 发米时间：

定于二十六年七月十四五日。

2. 发米地点：

第一发米处：报国寺　警察第一分局所管灾民即赴此处领米。

第二发米处：省救济院　警察第二分局所管灾民即赴此处领米。

第三发米处：慈母园　警察第三分局所管灾民即赴此处领米。

第四发米处：黔明寺　警察第四分局所管灾民即赴此处领米。

第五发米处：观音寺　警察第五分局所管灾民即赴此处领米。

中华民国二十六年七月

主席：薛（岳）[1]

据查，此次省会贵阳发放粥米过程中，计被灾者二千二百八十户，大小口共六千七百四十七人。计发出粥米七万七千四百六十二市斤，合行营新斗四百四十二石六斗四升。散放时，由省会警察局主持负责，由省赈务会派员监视，并承贵阳县党部及救济院共同监放，故秩序尚好，达到了预期施赈的目的。[2]

在施行赈粥过程中，以发放粥米的方式施赈，有多方面的优势：一方面，饥民不用每天赶往粥厂受赈，可以节省受赈的时间与往来奔波的体力；另一方面，灾民领到粥米之后可以自行安排自己的生活，吃多少，何时吃，数量自定，可以避免因一时不能受用而产生的赈米浪费现象。此外，在一定程度上还可以防止因人员增多而造成传染性疾病的流行。因此，此举可谓一举多得。

当然，从长远角度考虑，施粥并非最佳赈济方式。同时也不能从根本上解决灾民所面临的困境，只是为挽救灾民生命的权宜之计。

① 资料引自贵州省档案馆馆藏档案史料：全宗号 M24，案卷号 879。

② 参见贵州省档案馆馆藏档案史料：全宗号 M24，案卷号 63。

二、工　赈

所谓"工赈",是指发生灾荒后,组织灾民参加工程建设,灾民获得钱款(也可以是粮食、衣服、工业品或其他物品),以度过灾荒。工赈最大的特点在于,救济与建设的统一。它是救济对象通过参加必要的社会公共工程建设而获得赈济物或资金的一种救济方式。

在国民政府时期,一旦遇有重大灾难的发生,实施工赈,也是其常用的一种救济方式。1931年江淮大水。国民政府特设救济水灾委员会办理灾区救济事宜,对于工赈之法推行甚力。该会成立之初,即规定:

除江淮运各大段工程归工赈处设计外,各灾县不能离家壮丁堪任工作者,于查户计口时酌量剔除,另就本乡令其修复圩堤,开沟筑路,实行以工代赈,不许其坐耗赈米。①

同时,根据当年灾情概况以及国民政府的财力,确定工赈范围为七处。

扬子江:自三江营上至沙市两岸及赣江土堤之修补。湘沅:自城陵矶上至湘阴、常德两岸土堤之修补。运河:自邵伯至宝应两岸土堤之修补。颖洪:河南颖河、洪河一带防灾工作。汉江:自汉口至沙阳两岸土堤之修补。淮河:皖北河流及其主要支流土堤之修补。裏下河:归海五港之疏浚。②

据水灾委员会总结报告称:救济水灾委员会在修理整治扬子江与淮河堤坝时,"所有工役悉用灾民充,隐寓以工代赈之意,俾堤圩坚固,从前每岁溃决之患可除"。③1933年国民政府军事委员会委员长南昌行营公布所谓的《剿匪区临时赈济办法》中提出工赈办法是:"选定灾民中壮丁服役于指定之地方,担任建设或自卫之各项工程(如筑堤、筑路、筑碉堡等),任何时期皆可施行。"④从这里可以看出,国民政府甚至将工赈用于反共的军事需要。1937年国民政府公布的《各省灾荒根本救济办法》规定:

凡已兴办或拟办之铁路、公路、水利以及其他土木工程,能利用灾民施工者,应尽量容纳灾民作工,采用以工代赈办法。⑤

由此可见,工赈在国民政府时期成为一种重要的赈济活动。

贵州省赈务会在其赈务活动中,也时常动用工赈来进行社会救济。在1931年贵州省赈务会的施赈计划概要中,对于施赈的方法问题,就规定必须采用工

---

① 秦孝仪主编:《"革命"文献》第71辑之《抗战前国家建设史料——内政方面》,台北:裕台公司"中华印刷厂"1977年版,第125-126页。

② 秦孝仪主编:《"革命"文献》第71辑之《抗战前国家建设史料——内政方面》,台北:裕台公司"中华印刷厂"1977年版,第125-126页。

③ 参见邓云特:《中国救荒史》,北京:商务印书馆1993年影印版,第295-296页。

④ 《中华民国法规大全》第1册,上海:商务印书馆1936年版,第816页。

⑤ 贵州省档案馆馆藏档案史料:全宗号M24,案卷号11。

赈。其中包括：针对灾民四处流动的状况，筹办灾民习艺所，让灾民在实用技能培训过程中学到谋生的本领。1930 年至 1931 年间，贵州地方许多县份发生严重水旱灾害。随着灾情的加重，灾民四处流动的状况也日趋严重，特别是到贵阳的灾民更多。在这种情况下，"来省灾民虽设有收容所收纳，其中然徒供坐食，亦非善法"。因此，筹设灾民习艺所，即为安顿灾民的途径之一。方法是"择其壮健者入所学习简易工艺，如织履、织席、织布、木工、雕工等"，使灾民不致养成怠惰的习性。即使将来迁移到其他地方，也可学到一些谋生的本领。此外，直接组织灾民参与各类工程建设、农业垦荒、社会劳动等，让灾民在各类社会劳动中获取一定的酬金或生存所需要的物资，从而达到救济灾民的目的。例如，在工程建设方面，组织灾工队。"本省修筑马路，现正积极进行。附近马路各县，应择灾民中强壮者组织灾工队，派员率往各工段工作，以资补助，庶马路得以早日修成，灾民亦得藉以赈救，一举而两善俱备。"在农业垦植方面，组织垦荒队。"本省地瘠民稀，未垦荒地所在皆有。应饬各县购备应用器具，择灾民之力强者组织垦荒队，由建设局采定宜垦地亩，派员率往开垦，栽种粮食。一面可以赈救灾黎，一面得以补助民食。"在其他社会劳动方面，实施以运代赈。"本省各县因上年干旱，多成灾歉。现时米价腾贵，平粜势不容缓。将来采办米粮所需运夫，即择灾民之壮健者充当以代赈济"。①在这里，所谓"以运代赈"，实际上也是以工代赈，只不过灾民劳动的方式是"运"而已。

在贵州地方各县中，也有将省赈务会所拨救灾款项转为工赈的情况存在。例如，在1931年省赈务会所划拨的救灾款项中，贞丰县所领具的 550 元救灾款并没有直接发放到灾民手中，而是将该款用于工赈。对此，贞丰县政府县长兼县赈务分会会长朱梅麓在呈送给省赈务会主席毛光翔的报告中作了说明：

灾民于受灾后，大都流亡逃散。时过境迁，实难获其真确。如勉强发散，必有非灾民而受赈济者，甚非钧会泽惠灾黎之旨。因思职县马路现奉各上峰令饬兴修，限于本年（即1931年，笔者注）四月底完成，职已将分局组织成立，并令各区区长征集民工，定于本月内一律动工。惟应由省款项下置备之一切工具，毫无的款购置，兼以民工以内大都赤贫如洗。与其款济非灾，曷若以工代赈，公私兼利，莫善于此。②

在获得省赈务会的许可后，贞丰县专门就此次工赈过程中，将经费使用情况向省赈务会作了汇报。在 550 元赈款中，用于购买修路工具的款项就超过了省赈务会所拨赈款，其余民工的酬金还得由县赈务分会另行筹备支付。

---

① 以上均参见《贵州省赈务会二十年施赈计划概要》，贵州省档案馆馆藏档案史料：全宗号 M24，案卷号 62。
② 贵州省档案馆馆藏档案史料：全宗号 M24，案卷号 946。

附：贞丰县赈款修筑马路用费清单

一、置晃锤四十个（每个重八斤），计重三百二十斤，共去大洋捌拾玖元陆角。

二、置大撬四十把（每把重五斤），计重二百斤，共去大洋伍拾陆元正。

三、置手锤四百八十个（每个重二斤），计重九百六十斤，共去大洋贰佰陆拾捌元捌角。

四、置鹰嘴锄二百五十把（每把重十二两），计重四百三十七斤半，共去大洋壹百贰拾贰元伍角。

五、置协子二十四个（每个重二斤），计重四十八斤，共去大洋壹拾叁元肆角肆仙。

以上五柱共去大洋伍百伍拾元零叁角肆仙。

实存项下：不敷大洋叁角肆仙。

说明：查开除项下所置铁器连加钢在内，每斤系去大洋贰角捌仙，计算至实存项下不敷之大洋叁角肆仙，系由民众所缴之特工费内扣付，合并声明。[①]

1936 年年末，贵州省民政厅在与省赈务会商讨制定《贵州省二十五年旱灾赈济计划》草案时明确要求实施工赈计划，采取以工代赈的方式修筑"赤水至遵义"公路。后来，这一意见被贵州省政府所采纳。省政府专门制定《贵州省政府修筑赤水至遵义公路之工赈计划》，并"呈请中央拨发赈款，以工代赈修筑本省灾害严重区域之公路，使赈济事业与开发交通同时并举"。具体修筑办法为：

1、各县成立筑路委员会，负召集灾民及管理民工之责。2、由省府建、财两厅派工程会计人员成立每区工程处，负监督指导工程及散发民工赈款之责。3、土方路面及软石等由灾民民工修筑。石方桥涵，包工办理。[②]

1937 年 5 月 1 日，贵州省政府以本省灾情惨重、赈务繁剧为由，将省赈务会进行扩大改组。改组后的省赈务会由原来的三组，增加为五组。其中，特别增加了工赈组作为省赈务会领导机构的重要组成部分，从而进一步提高了工赈在所有赈济方法中的地位。同年 6 月 16 日，省赈务会在省政府举行第八次常会，议决工赈三原则。第二项规定："由工赈组就东西南北四路中，选择农田多、成功速而收效最大者，在十四万元以内办理农田水利工程。"要求工赈组遵照这一原则执行。同时，"令饬建设厅调派技术人员分赴各行政区，会同专员洽商进行，择定适当县份作初步查勘。一面电知各区督察专署遵照在案"。后据各区专署及

---

① 贵州省档案馆馆藏档案史料：全宗号 M24，案卷号 946。
② 贵州省档案馆馆藏档案史料：全宗号 M24，案卷号 59。

所派人员呈报：第一区①择定定番县之鱼梁屯、小龙、三都三处；第二区择定安顺县所属之羊昌坝；第三区择定安龙县之波塘海子及兴仁县之附城农田；第四区择定毕节县之火烧铺、威宁县之草海；第五区择定桐梓之盘龙洞、遵义县之布政坝；第六区择定石阡县之上坪地及江内乡两处；第八区择定都匀县附城农田一处。统计应需工程费约伍拾伍万余元。其中，第七区尚未据报，将来需要赈款数目总数为陆拾余万元。②

为了将工赈项目落到实处，贵州省赈务会还要求省建设厅技术员与各区专署共同草拟详细勘察报告，然后汇总到省赈务会审查。勘察报告的内容包括：水利所在地名称、所在行政区别、县别、距县里程、水源情形、阻碍状况、工程计划、受益田亩、工料估计等。现将当时所确定的十三个工赈项目建设过程中所需要的工料及建成后受益田亩数列表如下：

表 3-50③　贵州省赈务会农田水利工赈案初步查勘报告总表

行政区别	县别	水利所在地	距县里程	受益田亩（亩）	工料估计（元）
第 1 区	定番	鱼梁屯	13 华里	22 800	20 000
同上	定番	小龙	15 华里	10 000	10 000
同上	定番	三都	15 华里	4 000	3 000
第 2 区	安顺	羊昌坝	30 华里	4 000	8 000
第 3 区	安龙	波塘海子	2 华里	20 000	40 000
同上	兴仁	附城农田	附城	公路两旁田亩	10 000
第 4 区	毕节	火烧铺	80 华里	不详	34 530.74
同上	威宁	草海	附城	112 500	214 012
第 5 区	桐梓	盘龙洞	10 华里	25 000	150 000
同上	遵义	布政坝	不详	2 000	40 000
第 6 区	石阡	上坪地	15 华里	6 300	60
同上	石阡	江内乡	35 华里	800	500
第 8 区	都匀	第一区	附城	30 000	30 000

① 关于贵州省各区行政督察专员公署沿革：1935 年 4 月，国民政府中央军在"追剿"中国工农红军第一方面军进入贵州后，取代了军阀统治，改组了贵州省政府。为配合省、县两级权力机构的交接更替，从 1935 年 5 月开始，在贵州全省设立行政督察专员区，将贵州划分为 11 个区，各区设行政督察专员公署。1936 年 3 月，又以"划分未尽适当"，重新合并为 8 个区。1937 年 11 月，再次改为 5 个区。至此，贵州全省各专员公署的建置基本就绪。行政督察专员公署为省政府的辅助机关。1936 年 3 月至 1937 年 11 月，贵州 8 个行政督察区分别管辖的县份数为：第一区驻定番（今惠水县），辖 11 县；第二区驻安顺，辖 9 县；第三区驻兴仁，辖 8 县；第四区驻毕节，辖 5 县；第五区驻桐梓，辖 8 县；第六区驻铜仁，辖 13 县；第七区驻镇远，辖 13 县；第八区驻独山，辖 14 县；共计为 81 个县。

② 参见贵州省档案馆馆藏档案史料：全宗号 M24，案卷号 261。

③ 此表均据贵州省档案馆馆藏档案史料：全宗号 M24，综合案卷号 1076 中《贵州省赈务会农田水利工赈案初步查勘报告总表》整理而成。

贵州省赈务会在社会赈济活动中，倡导实施工赈，这无疑是贵州赈济制度的一大进步。这一制度的实施，于官于民均大受其益。对地方官员来说，可以缓解因灾民的增加所带来的赈济压力。灾民通过参与社会建设，使之基本生活有所保障，从而可避免社会治安出现混乱的状况。因此，这一制度在一定程度上成为社会的稳定剂。对于灾民来说，灾难发生之后，在生活无着落的情况之下，能找到维持生存的工作，当然值得庆幸。当然，我们在肯定工赈所产生的积极作用的同时，也应看它的局限性。具体表现为：一是工赈所需要的工程管理人员和设计人员比较缺乏，从而影响工程的质量和进展。二是工赈需要的是年轻健壮劳动力，一般家庭中如果没有这样劳动力的话，自然得不到工赈的救助。因此，能够享受这一救济待遇的毕竟只是少数灾民。三是有时灾工待遇偏低，灾工的价值不能完全得到体现。加之管理上存在的问题，甚至有的管理者借"工"济私，导致纠纷时常发生，影响工赈的实际效果。同时，任何工赈都只能是短期行为，项目完成，民工就要另谋出路。这些情况说明，要真正提高赈济的效益，仅仅依靠工赈是不够的，还必须制定切实可行的政策与措施，从根本上解决灾民出路问题。

三、农　赈

传统意义上的"农赈"，即古代的"农贷"，是指灾后政府向灾民提供有偿救济的行为。这一行为，最早可以追溯到周朝。

国民政府增办农赈，始于 1931 年江淮流域发生的特大水灾。此次水灾在近代中国的历史上给人们留下了令人难以忘记的创痛。就是此次大水灾，催生了国民政府的农赈之法：

国民政府因农民受灾之后，元气丧尽，为扶助农民恢复生产起见，乃于急赈、工赈之外，又增办农赈。增办农赈之初，本拟先就受灾省份每省设一农赈局，更设一农赈委员会，以监督襄助之。由农赈局就各县受灾情况，分别轻重，于每县或数县设一农赈办事处，更设一县农赈委员会，以监督襄助之。再由办事处就所辖各区设立农村互助社，为农赈工作实施之基本团体。①

1931 年 8 月 14 日，国民政府筹设救济水灾委员会（以下简称"国水委"），派宋子文、许世英、刘尚清、孔祥熙、朱庆澜为委员，以宋子文为委员长。16日，水灾救济委员会在上海成立，并决议聘中外知名人物为该会额外委员帮助募集赈款。《国民政府救济水灾委员会章程》（以下简称《章程》）的第一条即规定了成立"国水委"的宗旨在于："办理救济水灾区域内难民及灾区善后事宜。""国水委"的委员构成情况是："由国民政府特派委员五人并指定一人为委员长，

---

① 邓云特著：《中国救荒史》，北京：商务印书馆 1993 年影印版，第 400 页。

另设委员若干人，由政府特派委员聘请之，并由委员会指定一人为副委员长。"同时，《章程》规定，"国水委"在"散放急赈外并注重工赈农赈"。①"国水委"在制定农赈方案时，规定农赈工作的内容包括三项：接济农事资金；指导农业方法；推行农村合作。同时，"国水委"还确定农赈基金总数为一千万元。具体办法是：农赈处为节省现金之使用，及便利灾农之购买起见，暂不以现金直接贷与灾农，而以赊放粮食、农具、耕牛、种子、肥料等必需品代之。但无论贷放现金，或赊放赈款，均应根据放款原则慎重办理，并得酌收利息，以保障基金之安全。②

在确定农赈的具体办法与指导思想之后，"国水委"先后办理的农赈事例有：皖赣之农赈、湖南之农赈、湖北之农赈、江苏之农赈。而黄河水灾之农赈、安徽旱灾之农赈、湖南旱灾之农赈则责成华洋义赈会③负责办理。

为了推动农村经济的振兴与发展，国民政府于 1933 年 5 月在南京成立了农村复兴委员会，由行政院院长兼该会委员长，同时修改颁布了《农村复兴委员会章程》，规定："国民政府行政院为计划复兴农村方法，筹集复兴款项，并补助复兴事业之进行起见，设农村复兴委员会。"④农村复兴委员会的成立，对农赈工作的进一步开展创造了有利的政治条件。

在农业复兴的过程中，除了人的因素、技术的因素之外，资金是关键因素。有了资金，可以购买种子、耕牛、农具等农业生产所急需的物品。因此，1937年夏，国民政府在颁布的《各省灾荒根本救济办法》中进一步强调要办理农贷。该办法指出：

各被灾省份，灾患迭乘，农村凋敝，民鲜盖藏。所有耕牛、农具、种子等项，极感缺乏。农民为求自力更生起见，需要贷款，自极迫切。应由实业部令农本局、财政部令中国农民银行，参酌实况，分别拟具农贷办法，筹拨的款，会同地方政府，切实办理。并由农本局与各被灾省份省政府商洽，于适当地点设立合作金库，办理农业贷款。⑤

从上面的情况来看，国民政府时期的"农赈"与传统荒政中的"农贷"已有很大区别。传统"农贷"中，受惠的主体是个别农民，而国民政府时期的农

---

① 《国民政府救济水灾委员会章程》（民国二十年十一月二十四日国府修正公布），参见《中华民国法规大全》第 1 册，上海：商务印书馆 1936 年版，第 309-310 页。

② 以上参见邓云特著：《中国救荒史》，北京：商务印书馆 1993 年影印版，第 401 页。

③ 华洋义赈会：1921 年 11 月 16 日成立于上海。1949 年 7 月解散。先后有五任总干事，分别为：第一任总干事艾德敷、第二任总干事梅乐、第三任总干事章元善、第四任总干事贝克、第五任总干事章元善。参见蔡勤禹著：《民间组织与灾荒救治——民国华洋义赈会研究》，北京：商务印书馆 2005 年版。

④ 《农村复兴委员会章程》（民国二十二年四月十八日行政院第 97 次会议通过，同年五月九日行政院第 100 次会议修正，二十二年八月八日行政院修正），参见《中华民国法规大全》第 1 册，上海：商务印书馆 1936 年版，第 309 页。

⑤ 贵州省档案馆馆藏档案史料：全宗号 M24，案卷号 11。

赈则以经济互利为目的，注重从整体上进行赈济。国民政府的"农赈"工作，不仅要贷谷、贷款、贷农具、贷耕牛给农民，还要从耕种方法上给予农民以实际指导，同时要加强垦荒、植树造林等方面的工作。因此，国民政府时期的"农赈"活动已超出传统意义上的"农贷"活动范畴，将农赈作为系统工程来进行。

在国民政府的影响与带动下，贵州省的农赈活动亦十分频繁。其中，最显著表现在于，贵州省政府制定颁布了一系列为推动本省农业发展的规章条例。现择其要者说明之。

（一）《贵州省强制垦种暂行办法》

该办法于民国二十五年（1936年）9月4日由贵州省政府委员会第261次会议修正通过。该办法强调：

凡贵州省境内荒地，除属于省有者，应由建设厅另行规划，呈候核定垦种外，无论县有民有（公有及私有），均应遵照本办法办理。[①]

垦种的最后期限定为1938年6月份以前（特殊情况例外）。具体垦种的面积是：

自二十五年度起，第一年度不得少于六分之一；第二年度不得少于六分之二；第三年度不得少于六分之三。[②]

为了确保垦种面积的顺利完成，各县必须填具垦种计划呈省建设厅备查。

（二）《贵州省各县农村合作事业促进会组织通则》

该通则于民国二十五年（1936年）9月18日由省政府委员会第265次会议通过。《通则》强调，成立贵州农村合作事业促进会（以下简称"促进会"）的目的在于促进本省农村的合作事业。"促进会"的任务包括：拟定本县合作计划事项；筹集各级合作社联合会基金；推广合作教育及农业改良；倡导设立全县农村合作金融机关；倡导设立大规模之利用供给运销等合作设备等方面。"促进会"开会时由县长担任主席。[③]

（三）《贵州省政府建设厅特约农田规程》

该规程于民国二十六年（1937年）6月15日由贵州省政府委员会第339次会议通过。本规程所提及的"特约农田"是针对贵州省建设厅所属各农田而言。制定本规程的目的在于："为谋改进本省农业，推广优良种子。"为达此目的，由省建设厅主持，为各特约农田提供农业生产上的指导，同时，如认为必

---

① 张肖梅编著：《贵州经济》之第17章，第103-104页。
② 张肖梅编著：《贵州经济》之第17章，第103-104页。
③ 参见张肖梅编著：《贵州经济》之第17章，第113-114页。

要时，"赠予或介绍农民以相当之种籽肥料"。此外，《规程》还规定了各特约农田所应种植的农作物为六种，分别是稻、麦、玉蜀黍、高粱、荞麦、棉。特约农田所生产出来的产品，应采集一部分送省建设厅考核。①

（四）《贵州省合作贷款通则》

该通则于民国二十七年（1938年）6月17日由省政府委员会第443次会议通过。通则规定："凡经贵州省农村合作委员会（以下简称"合委会"）核准登记之合作社（包括联合社，下同），如需要资金，向贷款机关借款时，悉依本通则之规定办理之。"该通则第三章第十条规定了各农村合作委员会的具体贷款标准。现将该条的内容附录于下：

第十条　合作社第一年度借款最高限度，按其经营业务，分别规定，其标准如左：

甲、经营信用业务而借之款，其数额以人数为标准，每人最高借款额可达五十元。每社社员，平均借款额，以三十元为限。

乙、经营生产业务，为设备或垦荒而借之款，以设备总值或生产资金总值百分之七十为准；为制造而借之款，以其所需原料总值百分之八十为准。

丙、经营公用业务而借之款，其数额以设备总值百分之六十为准。

丁、经营供给业务而借之款，以其全社员所需供给量总值百分之七十为准。

戊、经营消费业务而借之款，其数额以全社会社员三个月所需数量总值为准，但平均每社员不得超过二十元。

己、经营运销业务，为预支代价而借之款，其数额以运销产品市场价百分之七十为准；为农产储押而借之款，以收某产品总值百分之七十为准；为设备而借之款，以设备总值百分之七十为准；为青苗抵押而借之款，以去年或估计每亩收获量百分之三十为准。

前列各项贷款最高标准，得按各社社务业务之成绩及成立年限，为差别之规定；如贷款机关认为必要时，得令借款人提供担保品或保证人。②

至于贷款的用途与期限问题，《通则》规定：

甲、经营信用业务，为耕植费用（包括购置籽种、肥料、食粮、饲料、家畜、小农具及支付地租工资等）及储金存款之周转而借之款，得于一年内还清；为教育婚丧而借之款，得于二年内还清；为备买耕畜，置备较大农具，修盖房屋而借之款，得于三年内还清；为垦荒、掘井、水利建设及整理旧债而借之款，得于五年内还清。

① 参见张肖梅编著：《贵州经济》之第17章，第106页。
② 参见张肖梅编著：《贵州经济》之第17章，第118-119页。

乙、经营生产业务，为共同设备或共同垦荒而借之款，得于五年内还清；为改造而借之款，得于三年内还清。

丙、经营公用业务而借之款，得于三年内还清。

丁、经营供给业务而借之款，得于二年内还清。

戊、经营消费业务而借之款，得于一年内还清。

己、经营运销业务为预支代价或农产储押而借之款，得于一年内还清（以产品销售后十日以内还清为准）；为运销设备而借之款，得于三年内还清；为青苗抵押而借之款，得于一年内还清（以产品收获后一个月内还清为准）。前项各种贷款，得依契约规定，分期清偿。①

至于贷款利息问题，《通则》规定：

以月利八厘为准，但得依其贷款用途数额及期限增减之。

如到期不还，并未经申请展期者，其过期利息，以照原利率增加四厘计算；其已申请展期未经核准者（但贷款机关接到合作社展期还款书后，应于三天内答复），其过期利息，照原利率增加二厘计算；如申请展期，业经核准者，其过期利率，仍照原订利率计算。②

从《贷款通则》规定还款的期限来看，因垦荒而借用的款项，其还款期限长达五年，此一规定反映出贵州省政府在开展农业借贷时对从事垦植业的重视。

在采取贷款办法的同时，还有一种更为直接的方式就是贷谷。贵州省政府根据二十五年（1936年）度整理各县仓储暂行办法第十六条规定制定了《贵州省各县县区保仓贷谷办法》。该办法明确规定：

各县、区、保仓谷，每年于青黄不接时，准贷予贫农。③

县长或区长根据每户人口之多寡，分配每户贷谷数量，并酌定贷谷日期。每户贷谷数量，由五斗起至三石止。关于谷息问题，该办法规定：

各户承借仓谷，于旧历九月内还仓者，每石加息谷伍升；腊月内还仓者，每石加壹斗；次年三月内还仓者，每石加壹斗伍升；六月内还仓者，每石加贰斗；如贷户有逃亡拖欠，无从追还情事，保人应负偿还之责。④

贷谷办法的出台，为保障农民的正常生产生活创造了条件。

在贵州农赈活动中，除了制定相关的规章制度，采取给灾民贷款、贷谷、贷种籽、贷农具、鼓励垦荒等具体措施之外，贵州省政府在国民政府经济部的

---

① 参见张肖梅编著：《贵州经济》之第17章，第118-119页。
② 参见张肖梅编著：《贵州经济》之第17章，第118-119页。
③《贵州省各县县区保仓贷谷办法》，贵州省档案馆馆藏档案史料：全宗号M24，案卷号803。
④《贵州省各县县区保仓贷谷办法》，贵州省档案馆馆藏档案史料：全宗号M24，案卷号803。

协助下，于1938年4月1日组织成立了贵州农业改进所。该所成立的目的在于：革新贵州全省农业，繁荣农村经济，以适应抗战爆发后对农业生产的需要。贵州省农业改进所成立后，为贵州农业的发展做了一些实事。例如，在农业生产技术的改进、农具的改良、农产品的试验与推广、农作物病虫害的防治等方面均取得了较大成绩，对贵州农业的发展做出了贡献。①

综上所述，民国时期，贵州省的农赈活动处于一个十分活跃的时期，这与贵州省政府的努力是分不开的。在这一大的历史背景下，贵州省赈务会在贵州省政府的直接领导下，在贵州农赈活动中着重抓了以下几个方面的工作：

第一，强化农赈工作的组织建设。为确保农赈工作的顺利开展，省赈务会特别注重各县赈务分会的组织建设。在1936年11月的工作报告中，明确要求尚未成立县赈务分会的县份必须限期成立。报告指出："查各县赈务分会之成立，不仅在受灾后之救济，尤贵在未灾前之筹防。黔中本年苦旱，秋收既已歉薄，小春复难下种，是各县赈务分会亟有应速成立之必要。"此举明显带有灾前防范的意识，即各县应预先成立赈务分会，并不是要到发生灾难时才建立。即使没有发生灾难，同样有必要建立赈务分会，其目的在于防患于未然，为农赈工作提供组织保障。

第二，对发生火灾各县农户直接发放赈款，让受灾农户尽快振作起来。1936年11月，呈报发生火灾的县份先后有息烽、锦屏、石阡、清镇、思南、瓮安、织金、安龙、平坝、麻江、安顺、修文、独山等县。经省赈务会第69次常会和第74次常会议决，每户给赈11元，共需赈款柒仟捌佰伍拾元。其中，省财政厅拨来救灾准备金柒仟元用作支付外，不足之数则由省赈务会存款中补足。②

第三，直接向灾民发放耕牛、种籽、农具、赈款或办理平粜。在省赈务会1936年9月的工作报告中，其中有一项特别提到"筹办灾区急赈农赈"事务。报告指出：

查本省年来……水旱天灾，受灾区域几遍全省。省赈务会虽曾举办急赈二次，终因灾重款绌，难于普及，仅能择优散放待赈者。……查本省各县受灾轻重不等，地方亦有不同，赈济方法不能一致，且受灾极重，无力谋生者，固应散放赈款，以济其目前之急。而一般农民因灾尽丧其耕牛、农具者，亦应设法救济。省赈务会特遵照行营颁布剿匪区内赈济办法之规定，参酌地方情形，拟定赈济办法两种：（一）急赈：散放赈款赈品。（二）农赈：发给灾民以耕牛、籽种、农具或于农忙及米价腾贵时，发给必需款项粮食暨办理平粜。③

---

① 参见韩义义、杨占贤主编：《贵州社会组织概览》（1911—1949），贵州人民出版社1996年版，第175-176页。

② 参见贵州省档案馆馆藏档案史料：全宗号M24，案卷号56。

③ 参见贵州省档案馆馆藏档案史料：全宗号M24，案卷号56。

据此，一方面反映出，贵州省赈务会在灾情十分严重的情形之下，其赈务活动只能坚持“有所为，有所不为”的原则，择优办理。另一方面亦说明，灾情发生后，赈济的方式可以不拘一格，其中包括农赈在内，即向灾民发放耕牛、种籽、农具或钱粮等。

第四，在鼓励受灾各县抓紧补种的同时，向受灾各县直接发放籽种费。在1936年上半年，针对受灾严重的黔西、大定、毕节、威宁、水城、正安等县，专门发放籽种款共壹万柒仟元交由各该县府采购籽种，救济农民，以免贻误春耕。另外，针对黔西县火灾——“焚及全城之米”，额外发放赈款贰仟元。[①]在1936年下半年，贵州各县发生重大旱灾之后，省赈务会在该年12月份的工作报告中总结了鼓励受灾各县抓紧补种与向受灾各县发放籽种费的基本情况。报告指出：

查本省旱灾区域辽阔，秋收歉薄，小春多难下种，民食堪虞。刻以补种冬荞、春荞、洋芋、番薯为宜。特呈请省府令饬各县审度气候土宜，广为栽种，以资救济。如有特殊状况，准其呈明，以便核发籽种价值。奉省府函，刻已通令各县遵照刻拚仁怀、桐梓、遵义等县请发籽种费。前来经提交79次常会议决，大县给籽种费六百元，中县五百元，小县四百元。[②]

第五，1936年冬，配合贵州省农村合作委员会[③]办理黔西、大定、毕节、水城、威宁、盘县、修文、清镇八县三十万元救济贷款。[④]

第六，加强地方仓储建设。在1936年冬贵州省民政厅同省赈务会讨论制定《贵州省二十五年旱灾赈济计划》时，将地方仓储建设的问题列入议题。该计划认为，建筑农仓的目的在于：

使农民不致因资金缺乏忍痛高利借贷。至属良法，惟应充实积谷，以作放贷之用。至此项积谷或一次购足或分几期购存，所需谷价款，拟请由建厅估计，一并列入建仓经费项内，并拟定借贷办法。[⑤]

通过仓储建设，将廉价的积谷贷给农民，给农民以切实帮助，减轻农民因灾带来的生活压力。

---

① 《贵州省二十五年赈务报告》，贵州省档案馆馆藏档案史料：全宗号M24，案卷号388。

② 参见贵州省档案馆馆藏档案史料：全宗号M24，案卷号56。

③ 贵州省农村合作委员会：1936年7月1日，该会成立，为全省农村合作事业主管机关，受国民政府军事委员会委员长行营重庆行营暨贵州省政府指挥监督。职掌为计划全省合作行政方针、审核合作社登记、设计合作事业、指导合作技术、监督指导合作社社务、推进合作教育、调剂及筹措合作资金、监督指导各县政府办理合作行政、代办合作社及合作社联合社供运业务等。1939年11月该委员会改组为贵州省合作委员会。

④ 《贵州省政府公函：农合会字第003号》，贵州省档案馆馆藏档案史料：全宗号24，案卷号258。

⑤ 贵州省档案馆馆藏档案史料：全宗号M24，案卷号59。

第七，1937年春，核发遵义、桐梓两县籽粮款各陆佰元；仁怀县籽粮款伍佰元；发放凤冈县籽种款捌佰元。[1]1937年7月，配合贵州省农村合作委员会办理国民政府中央农业银行贵阳分行给予贵州受灾各县伍拾万元的贷款分配。放款办法：援用《修正剿匪区内各省农村金融紧急救济条例及放款规则》办理。具体分配数额为：桐梓、仁怀、绥阳、开阳、普安、普定、安南、镇宁、关岭、兴仁、独山、平越、镇远、施秉十四县受灾甚重，每县拟各贷二万八千元；湄潭、黄平、炉山、麻江、三合、瓮安六县受灾较轻，每县拟各贷款一万八千元。总计为伍拾万元。[2]

四、调 粟

当灾害来临之后，在灾民生活无着的情况下，实施调粟政策，是我国传统荒政中的重要手段。调粟有三种形式：移民就粟、移粟就民和平粜。现拟分别说明之。

（一）移民就粟

移民就粟，即将灾民转移到无灾之地谋生。民国时期，一旦出现重大灾荒，往往会出现大量难民。对此，在《中国近代流民史》中池子华认为，所谓流民，其含义或者说来源，主要包括四个方面：

丧失土地而无所依归的农民；因饥荒年岁或兵灾而流亡他乡的农民；四出求乞的农民；因自然经济解体的推力和城市近代化的吸力而流入都市谋生的农民，尽管他们有的可能还保有小块土地。[3]

根据池子华的定义，难民与流民在很多方面应该是相通的。中国是一个农业大国，也是一个自然灾害频发的国度，因此，也是一个流民特多的国度。特别是到了近代，流民更是一个极其严重的社会问题。据1920年9月15日《申报》报道：

今年（指1920年，笔者注）则收获无着之地，蔓延豫直鲁奉四省，据目前调查，不止十万方里，饥民约三四千万人[4]。

巨大的饥民数字，给社会带来了极其巨大的压力。饥民在向外谋生的过程

---

① 参见《贵州省赈务会第87次常务委员会会议纪录》，贵州省档案馆馆藏档案史料：全宗号M24，案卷号869。

②《贵州省政府公函：农合会字第003号》，贵州省档案馆馆藏档案史料：全宗号24，案卷号258。

③ 池子华著：《中国流民史》（近代卷），合肥：安徽人民出版社2001年版，第2页。

④《筹议救荒之各面观》，资料据1920年9月15日之《申报》第2张第7版。

中成为难民。乞讨，打工，流浪，都是他们谋生的一种手段。难民向外迁徙过程中，往往形成一股难民潮。难民向外迁徙的过程，即为"移民就粟"的过程。难民潮的出现，有政府行为，也有民间自发的行为。所谓政府行为，即由政府组织难民迁移就粟；所谓民间自发行为，即难民自发的背井离乡，前往生活条件比较好的地方谋生，此为一种无序的"移民就粟"方式。在难民安置的问题上，国民政府不仅颁布了专门的救济难民的条例，还成立了相关的救济机构。例如，1937 年河南旱灾发生之后，国民政府就曾有计划有组织地将河南省一些地方的灾民迁往生活条件较好的江西省谋生。据《申报》1937 年 5 月 18 日援引国民政府中央社消息报道：

> 豫西灾民移赣事，进行极顺利。第一步先移三千人，共需十余万元，由豫赣两省平均担任。俟赣省府将移民地址勘定，即可实行，而创中国人员移动史上一新页。①

就贵州省赈务会而言，也曾为救济难民付出了艰辛的努力。对此问题，笔者将在下面一节中专门分析。

（二）移粟就民

移粟就民是与移民就粟相辅而行的一种救济方式，即将外地多余的粮食运往受灾地方赈济灾民。在国民政府时期，移粟就民的救济方式也常被采用。例如，在 1931 年的江淮水灾中，国民政府除发行水灾公债一千万元之外，"另购美麦七百五十六万石"②以补国内救济之不足。再如，在 1930 年春陕西发生的重大旱灾中，国民政府赈务委员会常务委员朱庆澜为此心急如焚，多方筹集救济物资。为了从周边省份运送粮食到陕西救济灾民，甚至动用了陕西全省仅有的 20 辆汽车和另外三位军政高官的专列。对此，《中华民国史实纪要》作了详尽记载：

> 陕西全省连年荒旱，饥民遍野。近来，且有二万饥民待赈至急，朱庆澜、李晋前曾押粮赴陕放赈，然以粮运迟滞，青黄不接，非放急赈不足以救死亡。③

为了解决粮食运送问题：

> 刻已议定将陕西所有汽车共二十辆拨作运粮之用。惟无汽油，故余等再度

① 《救灾准备金》，资料据 1937 年 5 月 18 日《申报》第 1 张第 4 版。
② 郭廷以编著：《中华民国史事日志》，台湾"中央研究院"近代史研究所 1984 年版，第 69-70 页。
③ 朱汇森主编：《中华民国史事纪要》（1930 年 1 至 6 月份），台湾"国史馆"1987 年版，第 573-574 页。

赴陕时，除带款、粮之外并载汽油，以便由灵宝运赈粮赴西安等处。因黄河舟运近极迟慢，不堪等待也。至赈务列车刻有三列：阎总司令拨一列，石总司令友三、万主席各拨一列，万主席所拨之车将专为运豫境赈粮之用。①

可见在陕西灾情十分严重的情况下，当时出于急赈的需要，不仅动用汽车运粮，而且还动用火车运粮，这对加快解决陕西灾民缺粮问题起到非常重要作用。

就贵州省来说，移粟就民的具体事例为 1937 年春夏之交的湘米采购与川米采购。其中，主要是从湖南省的沅州府（即今芷江县）采购大米十万三千零七十四石八斗，此次湘米采购是在经过充分市场调查的基础上才付诸行动的。对此，贵州省赈务会主席周恭寿在呈奉给省政府的请赈报告中作了具体说明。周主席报告称：

鉴事案查：本省上年旱灾奇重，民食恐慌，经经议决，以中央前发之春赈款统一公债票面二十三万变价之法币一十三万六千八百余元，向湘西一带采购大批粮食运黔救济。业经签奉钧府，校准并呈奉：赈务委员会核准在案。现查：湘西芷江米价较廉，运输亦较便，经属会迭次议决，已签请钧府委派开阳县县长冯光模、贵阳商会主席陈职民二员为赴湘采办赈米委员。②

当时湘米的价格：

据开阳县长冯光模由晃县电称，芷江米每石八元左右，重一百四十手，照贵阳斗二十斤计算，约折合七斗，每斗约合时价一元一角余。又据商会陈主席职民单称沅州（即芷江）谷每石重一百斤，市价二元五角，可碾米四十五斤，约合贵阳斗二斗二升，每斗价一元一角余。是该员等所称芷江现时米价大致尚属相合，综计芷江米万石只约合贵阳斗七千石左右。若购贵阳斗壹万石，则应扣合为芷江斗量壹万伍千石之谱。③

至于采购开支与经费到位情况，周恭寿在报告中称：

是项米价，即照所呈购订，已该法币壹拾贰万余元。至于运费，陆运费重，即以舟运，照冯光模电呈，约共需三万余元。照陈职民单呈，则费加倍。此项运费尚须切实查询，方能准确。前经本会呈请南京赈务委员会，准将续发之赈款公债票面拾万一并折现，购运粜米，尚未奉复。又前呈钧府，行知财政厅向

① 朱汇森主编：《中华民国史事纪要》（1930 年 1 至 6 月份），台湾"国史馆"1987 年版，第 573-574 页。
② 资料均据贵州省档案馆馆藏档案史料：全宗号 M24，案卷号 868。
③ 资料均据贵州省档案馆馆藏档案史料：全宗号 M24，案卷号 868。

银行拨借伍拾万元，以便继续订购巢米，俾资接济。①

最后，周恭寿在报告中指出了当时贵州地方各县粮食缺口情况：

窃查各县所报二十五年丁口粮食调查表，仅以受灾各县报到之表统计，而所报亏数共计六，五三三，五九九石。又查民厅交来各县粮食产消盈亏表，盈亏两抵，亏二，〇六一，八四八石。②

从上面周恭寿的请赈报告可以看出，之所以要移湘米救黔灾，原因大致有三：

第一，采购湘米的内部原因是：贵州受灾各县粮食严重不足，可能出现粮食恐慌。

第二，采购湘米的外部原因是：同周边各省粮价比较，由于湖南 1936 年粮食丰收，粮食价格相对便宜。这对赈务经费紧张的贵州财政来说是可以接受的。

第三，芷江县属湖南省怀化地区管辖，距离贵州近，可以节省运费上的开支。

除了上面三点之外，还有一点需要指出的是，当贵州出现严重旱灾时，粮食即出现紧张状况，还应归结为另外三个方面的因素：一是贵州本身仓储不够，粮食储备不足。二是资金与农业生产技术方面的原因。对此，当时黔省主政者吴鼎昌作了深刻总结：

贵州地广人稀，在 26 000 多万亩的土地中，已耕者不过 3 100 万亩，所以如此的原因，除人口稀少、人力不足外，耕种技术的陈旧与耕种资金的缺乏，都是重要原因。③

三是与贵州本身农产品结构有一定的关系。据《贵州近代经济史资料选辑》所载：

水稻为贵州之主要作物，在全省二千三百余万亩之耕地总面积中，水稻之种植，占一千一百九十余万亩，超过二分之一。其分布，几遍于全省。中部如贵筑、清镇、平越、平坝、修文、息烽、开阳；西部如黔西、织金、水城、安顺；南部如都匀、丹江、都江、独山、榕江、荔波、大塘；北部如绥阳、思南、沿河、遵义、湄潭；东部如镇远、施秉、铜仁、石阡、锦屏、松桃、清溪诸地，皆贵州之水稻主要产区。④

---

① 资料均据贵州省档案馆馆藏档案史料：全宗号 M24，案卷号 868。

② 资料均据贵州省档案馆馆藏档案史料：全宗号 M24，案卷号 868。

③ 吴鼎昌：《四年来之贵州政治建设》（1940 年 12 月 21 日），《贵州档案史料》1998 年第 1 期，第 13 页。

④ 蒋德学编：《贵州近代经济史资料选辑》（上）第 1 卷，成都：四川社会科学院出版社 1987 年版，第 126-127 页。

众所周知，相对其他农作物而言，水稻的生长尤其需要有足够的水源，否则，将直接影响产量的高低。因此，一旦遇到特大干旱，水稻的正常生长无法保证，黔省人民所赖以维生的粮食亦随之减产或绝收。这或许是 1936 年至 1937 年间黔省出现大面积干旱情况下大规模采购湘米救济黔省灾民的根本原因。

此次贵州因"移粟就民"所耗费的总资金如下：

计行营斗一万四千零七十四石八斗，付去法币拾贰万贰仟零伍拾余元。其他由湘采至镇远，以及由湘运米至贵阳，暨由镇远运输粜米至贵阳车费舟费，共支用法币三万二千五百六十余元（按：此项运费，本不止此数，除上项外，悉由省款筹拨），至于黔北遵义仁怀等七县，共支发购米法币四万五千四百四十八元，综计支付法币二十万零七十余元。[1]

除了采购湘米之外，在临近黔北的四川各县采购川米。对于川米的采购工作，主要是由省赈务会将配赈款发放给各县，由各县自行采购。对此，省赈务会在 1937 年 7 月份的工作报告中作了说明：

黔北各县偏在一方，由湘采购之米，虽无运往，前系配发米款自行就近采购川米。近据遵义、桐梓、仁怀、赤水、绥阳、湄潭、务川等县先后呈报，均经购获川米，于此青黄不接之际办理平粜，裨益灾民，良非浅鲜。[2]

（三）平　粜

平粜是政府通过低价办法向灾民开仓售粮，借以打击囤积居奇、谋取暴利的不法行为，达到平抑粮价、减轻灾民粮荒的目的的一种救济方式。平粜之法最早可以追溯到周朝。此后，在我国封建社会时期，平粜之法亦被广为运用。

在国民政府统治时期，为了规范各省县平粜行为，行政院于 1934 年 12 月颁布了《各省市举办平粜办法大纲》十四条。明确规定：

凡被灾区域粮价过高或于青黄不接时，应就原有仓储积谷开办平粜。其未设仓储地方，亦应筹集资金举办。[3]

这说明，在被灾区域举办平粜，已成为国民政府的基本国策。对此，中央赈务委员会特意制作了"平粜报告表"，要求各地将平粜的基本情况按月向上级

① 《贵州省赈务会一般赈济报告》，贵州省档案馆馆藏档案史料：全宗号 M24，案卷号 64。
② 《贵州省赈务会二十六年七月份工作报告》，贵州省档案馆馆藏档案史料：全宗号 M24，案卷号 63。
③ 《中华民国法规大全》第 1 册，上海：商务印书馆 1936 年版，第 813 页。

赈务机关和主管机关报告。该表格包括购运与平粜的粮食种类、数量、价值、运费等内容。要求填具购运人、购运与运往地点、购运日期、平粜机关、平粜人、平粜日期。制作该表的目的：一是了解粮食的购运与平粜量，一是杜绝粮食购运与平粜过程中出现作弊情事。

贵州省赈务会在施行平粜过程中，遵照国民政府的有关规定，建立了一整套严格的管理规程，先后制定颁布了《贵州省赈务会平粜办法》十一条①和《贵州省赈务会平粜仓暂行管理办法》十六条②。前者的主要内容包括：粜米来源、粜米的分配标准、粜米的价格、成立平粜的组织机构、平粜地点、发放粜米的程序等。其中，关于粜米的来源问题，规定应从贵州邻近省份采购。关于平粜地点，强调不能只限于城市，还应考虑乡村。至于粜米的发放问题，规定城市每天发放一次，乡村三天发放一次。后者的主要内容是针对平粜仓③的管理问题作出了具体规定。强调：

赈米经收入仓后，应由专员公署、县政府、各当地党部及赈务分会，随时监督管理员，严加封锁，妥为保存，并应注意水、火、盗贼、鼠食、雀耗、上漏、下湿。④

同时规定：

平粜管理员役，如有舞弊营私及不尽职责事情，一经本会查实，从严分别究办。⑤

对于县政府及赈务分会而言：

如监督或保护不力，不依照本办法办理者，由本会分别呈请省政府议处。⑥

现将 1936 年和 1937 年间贵州省赈务会在全省发放粜米的基本情况附录于下。

---

① 《贵州省赈务会平粜办法》，参见贵州省档案馆馆藏档案史料：全宗号 M24，案卷号 12。
② 《贵州省赈务会平粜仓暂行管理办法》，参见贵州省档案馆馆藏档案史料：全宗号 M24，案卷号 12。
③ 当时贵州全省所设立的平粜仓共为四处，分别为：贵阳、黄平、镇远和下司。
④ 《贵州省赈务会平粜仓暂行管理办法》，参见贵州省档案馆馆藏档案史料：全宗号 M24，案卷号 12。
⑤ 《贵州省赈务会平粜仓暂行管理办法》，参见贵州省档案馆馆藏档案史料：全宗号 M24，案卷号 12。
⑥ 《贵州省赈务会平粜仓暂行管理办法》，参见贵州省档案馆馆藏档案史料：全宗号 M24，案卷号 12。

1. 贵州省赈务会配发贵州二十五年（1936年）度旱灾各县籼米数量表：

表 3-51①

等别	甲	乙	丙	丁	共计	配发二十五年旱灾各县籼米数量表
暂定配米数	六〇八石	四五六	三〇四	一五二		
县数	四	四	一三	五	二六	
合计配米数	二，四三二石	一，八二四石	三，九五二石	七六〇石	八，九六八石	
备考	除遵桐仁赤四县配款外配米之县系贵阳息烽安顺思南四县	除绥阳一县配款外配米之县系凤冈郎岱镇宁平坝四具	除务川湄潭二县配款外配米之县系贵定龙里平越施秉清镇定番开阳织金关岭普定石阡麻江镇远十三县	系修文广顺德江瓮安八寨五县		

① 表内数据均据贵州省档案馆馆藏档案史料：全宗号 M1，案卷号 4389。

2. 1937年贵州省赈务会配发黔北各县（共7县）粜米数量表：

表 3-52①

贵州省赈务会配发黔北受灾各县粜米款数目表

县别	遵义	桐梓	仁怀	赤水	绥阳	湄潭	务川	合计	说明
灾情等次	甲等	甲等	甲等	甲等	乙等	丙等	丙等	合计	
分配粜米数量	六百零八石	六百零八石	六百零八石	六百零八石	四百五十六石	三百零四石	三百零四石	三千四百九十六石	右列各县米款除务川一县已令饬来会领取自购米平粜外其余遵桐仁赤绥湄六县同属于第五行政督察区因据刘专员到会列席声请一律发由专署转发以期迅速业已全数发交分别转发各县自行购米平粜
折合米款	七千九百零四元	七千九百零四元	七千九百零四元	七千九百零四元	五千九百二十八元	三千九百五十二元	三千九百五十二元	四万五千四百四十八元	
备考	经全会议决采购川米接济按照在湘购米价值以行营规定新秤折合新斗又折合筑斗计算每石合法币十三元弱计如上数								

---

① 表内数据均据贵州省档案馆馆藏档案史料：全宗号 M24，案卷号 12。

3. 1937 年春夏之交湘米平粜概况：

表 3-53①

县名	灾情等次	配发筑斗数量	合行营斗数量	实发斗量及斤数	备考
贵阳	甲等	六百零八石	八百零六石又一百四十	八百零七石计重一四二二五斤	
安顺	甲等	同右	同右	同右	
息烽	甲等	同右	同右	同右	
思南	甲等	同右	同右	同右	
凤冈	乙等	四百五十六石	六百零四石又一百五十五斤	六百零五石计重一零五八七五斤	
郎岱	乙等	同右	同右	同右	
镇宁	乙等	同右	同右	同右	
平坝	乙等	同右	同右	同右	
贵定	丙等	三百零四石	四百零三石又七十斤	四百零四石计重七万零七百斤	
龙里	丙等	同右	同右	同右	
平越	丙等	同右	同右	同右	
施秉	丙等	同右	同右	同右	
清镇	丙等	同右	同右	同右	

贵州省赈务会配发受灾各县湘粜米数量表

---

① 表内数据均据贵州省档案馆馆藏档案史料：全宗号 M24，案卷号 12。

表 3-54①

贵州省赈务会配发受灾各县湘桌米数量表

县名	灾情等次	配发筑斗数量	合行营斗数量	实发斗量及斤数	备考
定番	丙等	同右	同右	同右	
开阳	丙等	同右	同右	同右	
织金	丙等	同右	同右	同右	
关岭	丙等	同右	同右	同右	
普定	丙等	同右	同右	同右	
石阡	丙等	同右	同右	同右	
麻江	丙等	同右	同右	同右	
镇远	丙等	同右	同右	同右	
炉山	丙等	同右	同右	同右	
修文	丁等	一百五十二石	二百零一石又一百二十斤	二百零二石计重三五三五〇斤	

① 表内数据均据贵州省档案馆馆藏档案史料：全宗号 M24，案卷号 12。

表 3-55①

贵州省赈务会配发受灾各县湘粜米数量表

县名	广顺	德江	瓮安	八寨	台拱	合计	说明
灾情等次	丁等	丁等	丁等	丁等	丁等	八千九百六十八石	一、本表实发系以行营斗折合筑斗为求整数计，故折合数均升至石位比较略有增加。 一、行营斗每石合筑斗七斗五升强。 一、行营斗每石重一百七十五斤每斤合一二三两七钱八分
配发筑斗数量	同右	同右	同右	同右		一万二千八百九十九石又十五斤	
合行营斗数量	同右	同右	同右	同右		一万一千九百一十石，计重二〇八四二五〇斤	
实发斗量及斤数	同右	同右	同右	同右	七十九石八斗		
备考					该县报灾较迟，系以剩余之米发给。		

① 表内数据均据贵州省档案馆馆藏档案史料：全宗号 M24，案卷号 12。

以上为湘米在贵州平粜的基本情况。除分配上述 28 个县外，剩余之米，悉数配发贵阳市区灾民暨省立救济院、华洋义赈会、尚节堂等处。[①]

上述仅以贵州省赈务会四种赈务措施急赈、工赈、农赈、调粟进行了分析。在这里应当指出的是，除了以上所提及的四种赈济措施之外，贵州省赈务会还采取了其他一些赈济措施，如蠲缓、节约等。由于篇幅所限，在此就不一一分析。

---

① 《贵州省赈务会一般赈济报告》，贵州省档案馆馆藏档案史料：全宗号 M24，案卷号 64。

第四章　国民政府迁渝后贵州省赈济会的
难民救济活动

前面章节内容笔者主要是分析贵州省赈务会所从事的自然灾害救济，本章内容主要分析贵州省赈务会于1939年4月被改组为贵州省赈济会之后所从事的难民救济活动。在这里有必要指出，贵州省赈济会除继续承办贵州省赈务会原有事务之外，开展难民救济成为其重要工作内容。本章主要对国民政府迁渝后贵州省赈济会的难民救济活动作一定的分析。

第一节　贵州省赈济会难民救济活动概况

开展难民救济，是赈务机构义不容辞的工作职能。因此，不管是贵州省赈务会也好，还是贵州省赈济会也好，虽然名称有所变化，但一个"赈"字，已完全说明了其机构属性，只不过在具体办事规程上有所侧重而已。难民救济的问题，贵州省先后成立了多种救济机构，这一事务全部由贵州省赈济会统管。

一、关于"难民"一词的界定

在前面内容中，笔者已经谈到，根据池子华对"流民"一词的界定，"流民"与"难民"的概念既有相同之处，又有相异之点，两者不能画等号。池子华界定的"流民"问题，主要是针对农民。然而"难民"则不仅仅指农民，其他阶层的社会民众在遭遇各种困境、丧失原有生活条件的情况下也应属于难民的范畴。对此，孙彦魁在《抗战时期难民群体初探》一文中作了具体解释："难民是由于天灾、战祸、种族压迫、宗教迫害、政治迫害，以及其他种种社会个体无法抗拒的因素的影响，被迫离开家园、流落他乡的人。"同时，孙彦魁还认为，产生难民的原因很多，"其中最主要的是战争和天灾"。[1]本章所提及的难民问题，主要是针对抗日战争时期丧失原有生活条件、被迫迁往他乡、需要社会给予一定救助的落难人员。

---

① 孙彦魁：《抗战时期难民群体初探》，《民国档案》1991年第2期，第102页。

二、全面抗战爆发后贵州在难民救济工作中战略地位的提升

20 世纪 30 年代日本发动的侵华战争，对于整个中华民族来说，无异于一场深重的灾难。这次战争，不仅给中国人民造成了巨大的财产损失，也造成了巨大的人员伤亡。在整个战争过程中，迫于战争的压力，为了生存的需要，成千上万的人口从华北和东部战争区域迁移到西部乃至西南内陆地区，由此形成了巨大的难民潮，成为抗日战争时期中国社会的特有现象。目前，各机构与学术界关于迁移难民的数量有各种不同的估测，有的说有三千万以上，有的说超过八千万。作为政府机构来讲，据国民政府行政院赈济委员会统计：从 1938 年 4 月到 1944 年 12 月底止，各救济区救济难民人数为 8 847 208 人；各省市赈济会救济难民人数为 10 716 154 人；各慈善机构救济难民人数为 30 151 531 人；三项总计为 49 014 892 人。①这虽然也只能是一个大概数字，但它却反映出国民政府与各地慈善机构救济难民的基本概况。

国民政府为解决难民问题，从组织机构的设立到具体措施落实的过程，都将贵州列入全国难民救济的重要区域。具体表现为两个方面：

第一，国民政府首先调整了救济难民的机构。1938 年 4 月，在行政院赈务委员会和 1937 年 9 月成立的非常时期难民救济委员会的基础上，成立了隶属行政院的赈济委员会，作为抗战时期中国政府救济难民的最高领导机构。赈济委员会成立后，主要分三个系统对难民进行救济：各省市赈济会、各救济区和各运送配置难民总站。其中各省市赈济会是赈济委员会的下属常设机构，而救济区则是为了弥补各省市赈济会力量不足而成立的跨省区的临时机构。1938 年 5 月首先成立了六个救济区，后又设立 34 个运送配置难民总站，其中包括贵阳运送配置难民总站。②

第二，国民政府还于 1938 年 7 月制定了难民转移的具体方案：

通令湘鄂陕黔甘各省府在……汉中至天水各公路与湘黔公路沿途筹设难民临时寄宿舍。每隔三十里设一小站，五六十里设一大站，并备办宿具与饮食。凡难民经过，有护照者，准予宿食。其经费则由各该省与中央共同分担，饬令从速负责办理。并在陕南、陇南与湘西、鄂西、黔东等处设计难民收容生产计划，切实办理并代电行政院知照在案。兹现规定疏散办法如下：长江以北各地难民，在陕南一带收容，以汉中为集散地点；长江以南各地难民，在贵州各县

---

① 秦孝仪主编：《"革命"文献》第 96 辑之《抗战建国史料——社会建设（2）》，台北：裕台公司"中华印刷厂"1983 年版，第 9-10 页。

② 秦孝仪主编：《"革命"文献》第 96 辑之《抗战建国史料——社会建设（2）》，台北：裕台公司"中华印刷厂"1983 年版，第 442-449 页。

收容，以贵阳为集散地点。其留滞武汉者，并应迅分二路疏散：一循鄂北公路至汉中；一沿武长公路或经沙市沿洛韶干线转赴湘西至贵阳。如交通工具缺乏，即督饬步行，并由各省政府督饬沿途各县对于经过难民之食宿、茶水、安全等项切实供给与保护。至省与省间遣送难民之联系办法，应由该会负责设计商同各该省政府实施①。

从国民政府所制定的难民转移方案中可以看出，国民政府明确规定长江以南各地难民应集中在贵州各县收容。如此一来，局势的发展使贵州成为难民救济的重点区域，贵州在难民救济中的战略地位从而得以凸现。

三、贵州省政府对难民问题的因应举措

为响应中央政府的号召，搞好贵州的难民救济工作，贵州省政府采取了两个举措：

一是在拟定 1939 年度行政工作计划时，明确将难民救济工作列入其中，并拟定收容、疏散、安置三项计划。

在难民收容的问题上：

指定铜仁、玉屏、青溪、三穗、镇远、施秉、黄平、天柱八县收容由湘入黔之难民；独山、都匀两县收容由桂入黔之难民；清镇、平坝两县收容业经直接到达省会之难民。②

在难民疏散环节上，规定：

各县收容之难民逾量时，分别疏散至锦屏、江口、省溪、印江、思南、石阡、德江、沿河、松桃、岑巩、炉山、平越、瓮安、余庆、湄潭、凤冈、绥阳、黎平、剑河、台拱、永从、麻江、荔波、平舟、三合、八寨、丹江、榕江、大塘、罗甸、安顺、镇宁、织金、黔西、大定等县。③

在难民的安置问题上，规定：

难民中之工农分子，拟编插于各保，使作雇工雇农。如有学识及技术上专长者，则分别介绍于相当机关团体服务。其余孤单、老弱、妇孺，则分交各保寄养。并在各县选定适当荒地，设立农场，将难民中之有耕作能力者送往开垦。现已觅得平坝县属乾溪地方附近荒地一段，适合农场之用，拟先就此处着手办理。④

① 贵州省档案馆馆藏档案史料：全宗名称·贵州省救济难民事务处（以下引自该处资料不再加注全宗名称），全宗号 M26，案卷号 70。
② 贵州省档案馆馆藏档案史料：全宗号 M24，案卷号 58。
③ 贵州省档案馆馆藏档案史料：全宗号 M24，案卷号 58。
④ 贵州省档案馆馆藏档案史料：全宗号 M24，案卷号 58。

二是成立相关的难民救济机构。全面抗战爆发以后，随着难民数量的激增，难民救济事务的繁重，贵州省政府根据国民政府的统一安排，先后成立了各种难民救济机构，以负责办理贵州省的难民救济事务。具体情况是：

（一）非常时期难民救济委员会贵州分会的成立与裁撤

在贵州省赈务会改组成立之前，贵州省的难民救济工作是由非常时期难民救济委员会贵州分会专门负责办理。该会成立于 1937 年 10 月，根据国民政府颁布的《非常时期难民救济办法大纲》，要求"于省及院辖市设立分会，于各县市设立支会"。①其目的在于办理各地方的难民救济事宜。根据国民政府的要求，贵州省于同年 10 月成立了非常时期难民救济委员会贵州省分会，负责办理全省非常时期救济难民事务。分会主任委员由省民政厅厅长孙希文兼任。该分会设委员 11 人，由民政厅厅长、保安处处长、省会警察局局长、省救济院院长、华洋义赈分会副会长、红十字分会会长及财政厅、教育厅、建设厅、秘书处、省赈务会各派职员一人担任。委员会内分设第一、二、三、四股，分别掌理难民收容、运输、给养、保卫、救护、管理、配置等事项。1938 年 1 月，该分会裁撤。

（二）贵州救济难民委员会的成立与撤销

1938 年 7 月，贵州省成立贵州救济难民委员会，负责办理非常时期救济难民事务。委员会主任按组织规程规定由省民政厅厅长兼任，副主任由省财政厅厅长兼任。1939 年 4 月省赈济会成立后被撤销。

（三）贵州省救济难民事务处的成立与撤销

1938 年 10 月，贵州省救济难民事务处成立，隶属于贵州省难民救济委员会。1939 年 5 月，贵州省赈济会改组成立后，撤销了贵州省救济难民委员会，贵州省救济难民事务处归省赈济会管理直至 1941 年 3 月该事务处撤销。

（四）贵州省赈济会的成立与撤销

贵州省赈济会在改组贵州省赈务会的基础上于 1939 年 4 月成立。该会成立的宗旨在于：办理赈济事宜。该会共设五组：总务组、财务组、筹募组、救济组、查核组。其中，救济组承担的事务为：计划施赈、调查灾况、查放急赈、赈品采购运输、筹办农赈工赈、管理粜赈、救济灾难机关及团体之指导监督以及其他救济事项。从组织机构与办事规程来看，基本上沿袭了贵州省赈务会所承办的相关事务。虽然没有专门提及难民救济的问题，但贵州省赈济会负有对

---

① 《非常时期难民救济办法大纲》，资料据贵州省档案馆馆藏档案史料：全宗号 M24，案卷号 262。

救济灾难机关及团体之指导监督的义务。1943 年 2 月，贵州省赈济会的工作业务被贵州省社会处所接管，原贵州省赈济会亦随之撤销。

国民党中央驻黔救济难民的机构是：赈济委员会运送配置难民贵阳总站。该总站成立于 1938 年 11 月 1 日，其职掌是难民食宿管理、难民治疗防疫救护、药品征集与配发、难民保护、难民技术登记与职业介绍、难民统计及其他有关难民运送配置事项。该总站与贵州省赈济会所属的贵州省救济难民事务处有很好的合作关系。1941 年 2 月，该总站撤销以后，其业务移交贵州省赈济委员会办理。

从上面贵州省难民救济机构成立与演变的情况来看，不管其机构如何变化，最终全面承担贵州省难民救济工作的机构依然是贵州省赈济会。因此，可以肯定地说，贵州省政府在抗战时期虽然成立了各类难民救济领导机构，但最终起主导作用的机构当属贵州省赈济会。

四、贵州省赈济会难民救济活动基本概况

对于贵州省赈济会难民救济活动的基本概况，笔者主要从以下几方面进行分析。

（一）难民救济的目的

关于难民救济的目的，国民党在 1938 年 4 月 1 日临时全国代表大会上通过的《抗战建国纲领决议案》中明确指出：

救济战区难民及失业民众，施以组织及训练，以加强抗战力量。[1]

加强抗战力量，以打败日本帝国主义的侵略，这是实施难民救济的根本目的所在。正如当时有识之士所言：

多救济一个难民，即为民族多充实一分力量；能减少敌人蹂躏一分同胞，即为建国多保持一分元气。[2]

将难民救济与抗战事业联系起来，说明在国破家亡的时刻，国民政府已经不再把难民问题视为一般的社会问题，而是将其视为能否争取抗战胜利的重大政治问题。[3]这是贵州省赈济会难民救济活动所应遵循的根本的政治目的。当然，除应服从国民政府所规定的政治目的外，解决难民食宿问题同样是贵州省赈济会难民救济活动中所应达到的基本目的。此两重目的具有不可分性。其中，

---

① 《抗战建国纲领决议案》，《中国国民党历次代表大会及中央全会资料》（下），光明日报出版社 1985 年版，第 487 页。

② 转引自孙彦魁：《抗战时期难民群体初探》，《民国档案》1991 年第 2 期，第 106 页。

③ 参见蔡勤禹：《国民政府救难机制研究——以抗战时期为例》，《零陵学院学报》2003 年第 4 期，第 146 页。

解决难民食宿问题是保存抗战力量的基础与前提，而保存抗战力量则是解决难民食宿问题的最终目的。

（二）难民救济的组织保障

抗战期间，省赈济会作为领导贵州全省救济难民事务处及各县分处工作的机构，其功能亦不可小视。就省救济难民事务处而言，"本处职员以调派各厅处职员兼充为原则，但有必要情形得由处长遴员呈请贵州省赈济会委派专任"。遇有紧急文件时，得"签请省政府核示遵办并分报贵州省赈济会"。就各县救济难民事务分处而言，"各县分处请领办公费应于每月五日以前造具支付预算书二份，连同请款凭单呈请贵州省救济难民事务处转请贵州省赈济会核发，并须于下月五日以前造具支出计算书二份连同单据粘存簿一并呈送贵州省救济难民事务处核转贵州省赈济会查核"。①

（三）难民救济的经费来源

难民救济的经费来源主要为三个渠道：

一是中央赈济委员会拨款。1938 年 7 月，国民政府为了筹集赈济难民款项，特公布《民国二十七年赈济公债条例》（以下简称《条例》）。该《条例》共有十个方面的内容。其中，第一条指出，发行赈济公债的目的在于"赈济难民，扩充生产事业"。公债发行的总额为一万万元，分期发行。②国民政府公债的发放，在积累基金的同时，可为地方提供必要的赈济费用。例如，1938 年 9 月，中央赈济委员会曾拨给贵州难民救济款 10 万元。③又如，贵州省赈济会鉴于本会难民救济经费匮乏，特于 1940 年年初向重庆中央赈济委员会拍发电报，请求再一次划拨十万元的救济经费。电文指出："重庆赈济委员会钧鉴：黔与战区拉近，办理难民救济事宜。前于二十七年（1938 年，笔者注）九月曾报蒙钧会拨发十万元，并由本省自筹十万元，妥慎安插，具报在案。现在难民日增，上款行将用罄，本省财力贫乏，筹措困难，拟请续发十万元，以资救济而惠及灾黎。临电迫切，祈赐覆为祷！"④再如，我们从 1942 年贵州省赈济会呈报给中央赈济委员会关于 1941 年度所用中央赈济款项表中可知，1941 年贵州省赈济会获得中央赈济委员会划拨的经费数额为：1 月 972.00 元；2 月 4 210.00 元；3 月无；4 月 9 122.90 元；5 月 7 482.80 元；6 月 20 792.00 元；7 月 4 448.40 元；8 月无；9 月 1 596.00 元；10 月 1 156.00 元；11 月 396.00 元；12 月 920.00 元。贵州省

---

① 《修正贵州省救济难民事务处组织规程及各县分处组织规程》，贵州省档案馆馆藏档案史料：全宗号：M26，·案卷号 24。

② 《民国二十七年赈济公债条例》（民国二十七年 7 月 1 日国民政府公布），参见《中华民国法规辑要》第 3 册之《财政》部分，重庆："中央训练团"编印 1941 年版，第 456-457 页。

③ 参见贵州省档案馆馆藏档案史料：全宗号 M24，案卷号 389。

④ 参见贵州省档案馆馆藏档案史料：全宗号 M24，案卷号 931。

赈济会全年从中央赈济委员会所获经费共计为 51 096.10 元。①

二是本省政府拨付的救济难民准备金。据《贵州省赈济会组织规程》明文规定，本会经费由省政府直接核发，不得在赈款内开支，以确保赈款专款专用，防止挪用赈款现象的发生。②例如，1939 年冬，平舟县在受领救济难民准备金之后，在经费的使用过程中，由于经费大有节余，为此，该县政府受命将节余救济难民准备金缴回贵州省金库。对于此一情形，贵州省救济难民事务处曾专文向省赈济会报告。报告称："案查本处（指贵州省救济难民事务处，笔者注）前因配置由桂入黔难民，曾发给平舟县政府准备金二千元，令饬具领备用。近以该路入境难民为数不多，该县一时尚配置不到，因饬将上项准备金缴回，以重专款，兹据呈报。"当时该县在经费的开销上，仅花费 50 元用作修理难民住所，尚余 1 950 元，所余款额全数解缴"贵州省金库"。③由此可见，省救济难民准备金在使用的过程中强调专款专用的基本原则，以防无谓的浪费。

三是由社会各界所捐赠的款项。此一款项亦成为贵州省赈济会赈务经费的重要来源。例如，1939 年 2 月 4 日，日军轰炸贵阳城区的事件发生后，贵阳的灾情获得全国各地同胞的关注。其中，成都贵州旅蓉同乡会向贵州省赈济会捐款 1500 元法币用于此次空袭救济。④

（四）难民救济方式

根据中央赈济委员会所制定颁布的有关规定，贵州省赈济会在开展难民救济的过程中所采用的方式主要有：

第一，办理难民登记。难民进入到贵州境内后，首先必须办理难民登记手续。在贵阳难民总站和贵州救济难民事务处裁撤之前，由这两个机构负责办理。前者向中央赈济委员会呈报，后者向贵州省赈济委员会呈报。这两个机构裁撤后，则由各县赈济分会承担，要求按月向省赈济会呈报难民具体数字。其中，玉屏县为湖南入口县，独山为广西入口县，盘县为云南入口县，毕节、桐梓为四川入口县。难民登记的内容包括：姓名、性别、年龄、籍贯、来自何地、健康状况、教育程度、职业技能、原来每月收支概数、现在经济状况、随行家庭总数、原任工作、运送情形、运送工具、收容年月日、配置地点、自行出所的原因与时间等。办理难民登记的目的在于，掌握难民基本情况，加强对难民的组织管理，防止冒充难民或所谓的不良人士混入，即"防奸杜弊"，⑤以便更好地开展对难民的施救工作。

① 数据资料均据贵州省档案馆馆藏档案史料：全宗号 M24，案卷号 1027。
② 参见贵州省档案馆馆藏档案史料：全宗号 M24，案卷号 290。
③ 参见贵州省档案馆馆藏档案史料：全宗号 M24，案卷号 930。
④ 参见贵州省档案馆馆藏档案史料：全宗号 M24，案卷号 929。
⑤ 参见贵州省档案馆馆藏档案史料：全宗号 M24，案卷号 20。

第二，注重同中央赈济委员会运送配置难民贵阳总站的合作。具体为：成立中央赈济委员会运送配置难民贵阳总站与贵州省救济难民事务处联合办事处，并制定组织简则。两机构在靠近湖南、广西两省的铜仁、玉屏、锦屏、独山等县设置联合办事处，其名称为贵州省某地救济难民联合办事处，以便难民到达时办理运配一切事宜。其职责包括：难民登记、编配、组织事项；难民之疾病防疫救治事项；难民临时食宿及其照料事项；难民咨询及其他委托事项；沿途车轿民船牲畜力资高抬价目、勒索酒资、欺压难民之取缔事项等。①

第三，组织难民服役。省难民救济事务处针对要求服役的难民可组织其服役。具体要求按照行政院颁布的《非常时期难民服役计划纲要》，依从难民本人志愿为原则，但如认为必要时，得由政府统制支配之。难民服役分兵役与工役两种。其中，工役又分筑路（铁道公路及军用路）、治水、垦荒、军事工作（运输掩埋等）、自卫工程及其他适用难民诸事项。②

第四，实施收容难民日报制和发放难民给养逐日登记汇报制。要求各县救济难民事务分处按日将收容难民情况和逐日发放难民给养情况如实向省赈济会呈报。其中，难民按日领取给养时必须盖章或捺指印，以示领取凭证。

第五，建立难民农场与难民工厂。例如，《独山县筹设农场工厂配置难民初步计划草案》中就规定："本县为救济难民，使其各有职业从事生产起见，拟筹设农场工厂配置之。"③其中，农场经营的事务包括：荒山荒地之开垦；已荒田土之耕作整理；各种农作物之栽培；一般农业上需用之籽种及器具之供给；各种林木之栽培；农产物之制造；副业之经营；农产物及其制造品之运输分配及销售。工厂经营之事务包括：染织、造纸、斗笠、制革等。通过难民农场与难民工厂的建立，一方面，可以安置难民，让难民有事可做；另一方面，可以创造产值，既增加难民的收入，也增加地方政府的收入，可谓一举多得。例如，青溪难民工厂，1939年秋，为配置难民而组成青溪难民工业互助社。1940年秋因各户资本亏蚀净尽，经中央赈济委员会批准，组织合作社，向县金库借贷维持各户生活，后又改为教场坝织布生产合作社。1941年元月，因地址狭小，乃将工厂迁移到东门外两湖馆，易名为青浪镇东门街织布产销社。④

第六，规范难民救济费的发放。难民救济费的发放依据中央规定的标准统一发放。发放的对象必须是现住原地而按月领取生活补助费者为法定领款人。

---

① 参见《中央赈济委员会运送配置难民总站贵州省救济事务处联合办事处组织简则》，贵州省档案馆馆藏档案史料：全宗号：M26，案卷号28。

② 参见《非常时期难民服役计划纲要》（民国二十七年四月二十三日行政院通过），秦孝仪主编：《"革命"文献》第96辑之《抗战建国史料——社会建设（1）》，台北：裕台公司"中华印刷厂"1983年版，第460页。

③ 资料据贵州档案馆馆藏档案史料：全宗号M26，案卷号37。

④ 镇远县难民工厂调查表》（民国三十一年二月十日），贵州省档案馆馆藏档案史料：全宗号M24，案卷号754。

对于已经死亡者、冒名顶替者、没有固定工作而迁徙他处者，则予以停发。发放赈款时，除各县点放委员、临场办理员必须到场外，还可邀请地方熟悉难民情形者及难民领袖到场参观。一旦发现不符难民资格者，当场停发其难民补助费。①

第七，实施难民组训。难民组训，是国民政府中央的既定政策。贵州省赈济会根据中央的要求，于1942年制定颁布了《贵州省赈济会组训难民计划大纲》（以下简称《大纲》），其目的在于"组织训练本省难民"。为此，特设立贵州省难民组训委员会，配置难民各县则设立难民组训办事处，办理各该地居留难民之组训事宜。省难民组训委员会由省赈济会、省党部、省政府民政厅、省政府教育厅、绥靖公署、全省保安司令政治部或特党部、市政府共同组织之。《大纲》规定："凡新入境之难民，一经配置后，即由省赈济会通知组训委员会，并饬新难民至组训会报到，组训会即分别予以编入小组。"每难民小组人数，由七人起至十五人止。例如，贵阳的情况，由于难民在全省最多，因此，依据难民的职业分为：摊贩组（20组）、负贩组（10组）、制皮革组（20组）、擦皮鞋组（13组）、理发组（10组），其他如店员、厨师、工友等组（15组）。难民训练以精神训练、知识训练和卫生训练三项为主。《大纲》同时规定各项训练的基本内容和教材。②此外还制定了《贵州省难民组训委员会组织规程》十六条。③

第八，推广难民贷款。中央赈济委员会1939年10月颁布了《赈济委员会小本贷款规则》。该规则规定：申请小本贷款者，"应由当地政府机关或社会团体或保甲长或殷实商店或有正当职业之邻居二人以上"为之证明。"但申请贷款超过一百元时，必须取得当地政府机关或社会团体之证明。"该规则根据不同经营规模，规定了所贷金额：甲以负贩为业者十元至二十元；乙摆摊或开设小商店者十元至一百元；丙经营小工艺者三十元至五百元。④

贵州省救济难民事务处针对难民小本贸易或手工业制定了《贵州省救济难民贷款办法》。该办法规定："凡经本处所属各县分处登记收容之难民年满二十岁以上因经营小本贸易或手工业，不分男女，均得向各该收容之分处申请贷款。"难民最高可以贷20元，携有家属者，每位家属一人可以多贷5元。难民贷款免取利息。同时规定，难民所贷款项必须在一年之内还清，如需要延期偿还者得各该县分处声明理由。⑤从贵州各县难民小本贷款的情况来看，难民年龄20到55岁不等。难民主要来自湖南、湖北、河南、安徽、山东、江苏、广东、浙江

---

① 参见贵州省档案馆馆藏档案史料：全宗号M24，案卷号754。

② 《贵州省赈济会组训难民计划大纲》，贵州省档案馆馆藏档案史料：全宗号M24，案卷号752。

③ 《贵州省难民组训委员会组织规程》，贵州省档案馆馆藏档案史料：全宗号M24，案卷号752。

④ 《赈济委员会小本贷款规则》（二十八年十月二十一日修正公布），贵州省档案馆馆藏档案史料：全宗号M26，案卷号13。

⑤ 《贵州省救济难民贷款办法》，贵州省档案馆馆藏档案史料：全宗号M26，案卷号4。

等省。其中以湖南省难民居多。①这种情况，应因湖南与贵州相邻有很大关系。

1942年，省赈济会根据物价上涨的情况，确定略为增加小本贷款额。同时，择定交通便利之大县，如遵义、桐梓、安顺、毕节、镇远、铜仁、独山、榕江等县，设置小本贷款所，责成该县政府会同县赈济会兼办借贷，以此节省人力，推广小本贷款。

第九，成立难民职业介绍所。1941年中央赈济委员会明确要求，凡已成立难民职业介绍所者，应充实其机构，加强其工作；其未成立者，应于文到一月内成立，并将成立情形具报。同时要求，每月每所介绍人数不得低于所在地难民总数百分之五。以此作为工作竞赛的成绩之一。根据中央的要求，贵州省赈济会在1942年的行政工作计划中明确将成立难民职业介绍列为本年度的工作计划之一。计划指出：

> 难民职业介绍所，在三十年度时，本会亦曾办理，惟未专设部门，成效甚少。而职业介绍，又属积极救济之一，不容忽视。本年拟由总务、救济两组，指定人员负责登记、调查、考核，暨与各机关团体接洽介绍，同时并责成难民入口县区之独山、盘县、镇远、毕节等县赈济会遵照办理，按月呈报。②

第十，办理难民贫民之免费治疗。根据贵州省赈济会三十一年度行政计划纲要的要求，由于药价奇昂，一般患病之难民贫民，实无力医治。"本年度拟由会同各卫生机关、各医院、各国药号，切实接洽，商订办法，凡患病之难民贫民，经本会证明者，请予免费诊治，至各县赈济会，亦须同时遵办此项业务，以宏救济。如遇特殊特疫，由会报请钧会核办。"③

由上可见，抗战爆发后，随着贵州成为全国难民汇聚的重要区域，省赈济会遵循中央政府的基本要求，亦积极行动起来，采取了多方面切实可行的措施，为难民们办了一些事实。

第二节　贵州省赈济会难民救济活动所取得的成效及评价

自然灾害属于天灾，因战争所造成的难民潮的出现属于人祸。不管是天灾，或人祸，都属于社会救济的范畴。对于贵州省赈济会在抗战时期从事难民救济活动过程中所取得的成效及评价应予客观认识。

---

① 参见贵州省档案馆馆藏档案史料：全宗号M26，案卷号13。
② 《贵州省赈济会三十一年度行政计划纲要》，贵州省档案馆馆藏档案史料：全宗号M24，案卷号757。
③ 《贵州省赈济会三十一年度行政计划纲要》，贵州省档案馆馆藏档案史料：全宗号M24，案卷号757。

一、难民救济活动所取得的成效

抗战时期，作为全国抗战的大后方，大量难民涌入贵州。在此情况下，贵州省赈济会同国民政府中央驻黔难民运送配置机构及本省其他难民救济机构协调配合，勇挑重担，承担起全省的难民救济工作，取得了相当大的成效。据不完全统计，抗战时期，贵州省救济过境难民超过十万。仅 1938 年 4 月至 9 月通过公路系统接运后撤伤兵即超过一万人。同时，还运送千余孤儿至昆明。对于当时贵州省难民救济的情况，我们可通过以下数字说明之。

第一，抗战时救济过境难民。

表 4-1[①]

年　别	共　计		给养救济者		疏散运送者		介绍工作者（人）
	人数	金额（元）	人数	金额（元）	人数	金额（元）	
二十六年	74	370	43	215	31	155	……
二十七年	68	408	36	216	32	192	……
二十八年	104	4 320	78	4 112	26	208	……
二十九年	3 000	7 800	384	1 152	2 216	6 648	400
三十年	1 327	1 734	436	1 389	115	345	749
三十一年	1 107	75 835	1 084	75 776	23	……	……
三十二年	623	15 780	623	15 780	……	……	……
三十三年	110 530	149 557 447	27 683	84 347 842	81 061	65 209 605	1 786
三十四年	5 970	2 115 000	5 726	305 000	244	1 810 000	1 810 000

材料来源：根据本省社会处造送资料编制

从上表我们可以看出，贵州战时救济过境难民最多的年份是 1940 年和 1944 年。其中，尤其是 1944 年，救济过境贵州难民人数超过十万人，给养救济经费超过八千万元。就贵州省赈济会而言，其组织虽然成立于 1939 年，当时在贵阳开展难民救济活动的组织，除贵州省赈济会直管的贵州省救济难民事务处以外，还包括中央赈济委员会运送难民贵阳总站。两大难民救济机构之间曾有过良好的合作关系。就 1939 年、1940 年、1941 年这三年来说，救济过境贵州的难民总人数为 4 431 人，支出经费为 13 854 元；给养救济难民人数为 898 人，支出经费为 7 551 元；疏散运送者 2 357 人，支出经费为 7 201 元。三项经费总计支出 28 606 元。

---

① 资料据《贵州档案史料》1987 年第 2 期，第 113 页。

第二，抗战后贵阳市难民疏送数量（1946 年 4 月至 12 月）。

表 4-2[①]

疏送终点	人数	车辆
总　计	14 940	470
长　沙	12 909	401
衡　阳	486	16
柳　州	148	5
梧　州	44	1
贵　县	422	15
广　州	170	7
缅　甸	442	15
马来亚等地	419	10

材料来源：根据善后救济总署贵阳难民疏送站造送资料编制

上表表明，战时贵阳市疏送难民 14 940 人，动用车辆 470 辆，此一数字还不包括贵州其他地区本省难民疏送人数在内。在疏送的难民中，以湖南人为最多，还涉及海外难民 861 人。

第三，战后贵阳市难民疏送费用（津贴实放额　1946 年 4 月至 12 月）。

表 4-3[②]　（单位：元）

疏送终点	共计	伙食津贴	车费津贴
总　计	516 450 242	45 248 000	471 202 242
长　沙	470 120 600	41 400 000	428 720 600
衡　阳	16 230 912	1 540 000	14 690 912
柳　州	4 082 580	328 500	3 754 080
梧　州	2 481 925	197 500	2 284 425
贵　县	10 150 605	888 000	9 262 605
广　州	13 383 620	894 000	12 489 620

材料来源：根据善后救济总署贵阳难民疏送站造送资料编制。
说明：元以下数未列。

---

① 资料据《贵州档案史料》1987 年第 2 期，第 116 页。
② 资料据《贵州档案史料》1987 年第 2 期，第 118 页。

上表表明，贵阳市难民疏送所耗费的经费包括难民伙食津贴和车费津贴在内，两者相加，共花去 5 亿 1 千多万元。

除上面所提贵阳市在抗战中外省难民疏送的基本情况之外，还有本省待疏送难民 42 008 人，涉及全省 12 个地区，共需预算经费近 30 亿元。

以上所提省内外难民疏送的情况反映出，在抗战期间滞留在贵州尤其是在贵阳的难民基本概况。当时到底有多少难民滞留在贵州，我们很难给出一个准确的数字。我们就以当时滞留在贵州省三穗县难民概况为例。三穗县位于贵州的东部，地处黔东南苗族侗族自治州东北部，东北与湖南省新晃侗族自治县毗邻，是湖南进入贵州的重要通道，为黔东交通枢纽。从 1938 年起，几乎每天都有人数不等的难民涌来。局势紧张时，如"长沙大火"，桂林、柳州失陷之后，每天入境难民有二百余人。难民在三穗滞留定居的只占一小部分，大多数由镇远方向往贵阳流去。据档案资料记载，停留在三穗城关地区的难民人数：1939 年 925 人，1940 年 1 870 人，1941 年 2 128 人，1942 年 1 358 人，1943 年 684 人，1944 年 933 人，1945 年 1 087 人。抗战期间，由于难民、伤兵和驻军云集，使三穗人口激增。1937 年为 60 869 人，1941 年增加到 69 317 人，4 年间增加 8 450 人。这还未包括该县大量征兵外出的人口数字，再加上当时流荡于乡间的难民及短期驻军无法统计者，实有人口当超过 72 000 人。[1]成千上万的难民涌入贵州，势必增加贵州人口的压力和经济上的负担，也增加了贵州省赈济会等难民救济机关工作的负担。大量难民的涌入，既是压力，也是动力。从某种程度来说，难民的涌入，特别是难民中高层次人才的到来，给贵州带来了前所未有的发展机遇。

二、对贵州省赈济会开展难民救济活动的评价

吴捷在《全面抗战时期国民政府的难民救济工作》中对国民政府在抗战时期的难民救济工作从客观上给予了肯定性的评价。该文指出：

在日本帝国主义的大举进攻下，国民政府在抗战时期对难民救济工作顺应了历史潮流，认识到了其在抗战中的所属重要地位，对难民采取一系列的衣食住行、工作和教育等救济与安置措施还是极为有效的。尽管这些救济与安置很不完善，行动上也拖沓；但客观上还是发展了生产，稳定了后方，支援了抗战的，较为积极地抵御了日本帝国主义的侵略，维护了国家和民族的尊严，最终取得了抗战胜利使中国不至于沦陷，实在是功不可没。[2]

---

① 龙荣森：《抗战时期沦陷区难民在三穗》，《贵州档案史料》2000 年第 5 期，第 70 页。
② 吴捷：《全面抗战时期国民政府的难民救济工作》，《历史教学》2005 年第 5 期，第 28 页。

那么，对于贵州省赈济会而言，其所开展的难民救济活动是贵州境内各种难民救济机构的重要组成部分。贵州是国民政府实施难民救济的重要区域之一，贵州省赈济会所开展的难民救济活动，在人力、物力、财力上相较其他机构而言，其贡献亦不容忽视。综其所从事的救助活动，不论是对贵州，还是对全国，均有积极影响。具体来讲，可从两个方面来分析：

首先，贵州省赈济会的难民救济活动配合了中央政府对难民救济工作的整体要求。1937年全国全面抗战爆发后，中央政府在统一设置全国难民救济机构的同时，明确要求将贵州作为西南地区难民转移的重要基地，在贵阳设置难民转运总站。在此背景之下，贵州省赈济会所开展的难民救济活动有力地配合了中央政府对难民救济工作的整体要求。

其次，贵州省赈济会所开展的难民救济活动，无论是对难民、对贵州本省，还是对整个国家社会所产生的影响应是多方面的。

对难民而言，它为难民们创造了必要的生存条件，增强了难民们的生存能力。譬如：难民通过小额贷款，可获得经济上的支持，增加生存的活力。难民通过参加难民工厂或农业垦殖，既创造一定的产值，亦获得一定的酬金，从而维持自身的生存需要。

对贵州本省来讲，难民们在贵州所从事的生产、生活与文化教育活动，给落后的贵州地区创造了前所未有的发展机遇。此间，特别是大量高校内迁贵州，一些科学家、教育家来到贵州，这无疑为贵州在战时的发展创造了极其宝贵的人文社会资源。当时，先后迁入贵州的高等院校主要有：唐山工程学院、浙江大学、之江大学工学院、广西大学、桂林师范学院、大夏大学、湘雅医学院等。在这些内迁贵州的高校中，浙江大学校长是我国著名科学家、地理学家和气象学家竺可桢："广西大学在（贵州）榕江期间，经常开展文化、体育活动，除每星期举行一次各种球类比赛外，还开运动会，演话剧，举办音乐会及画展。农学院曾帮助县农推所，成功地培育、试种了若干个品种的良种番茄。"[①]大夏大学内迁贵阳后，由于（副校长）欧元怀先生兼任贵州省教育厅厅长，因之，贵州省的中小学校校长、县教育局长，几乎都是大夏的校友。又因大夏大学训导长傅启学是国民党贵州省党部主任委员，贵州各县的国民党县党部书记长也几乎全是大夏的校友。总之，"大夏大学内迁后，对贵州省的政治、经济、教育、文化各方面的影响是大的"。[②]又如，交通大学唐山工程学院南迁贵州平越（今

① 参见中国人民政治协商会议西南地区文史资料协作会议编：《抗战时期内迁西南的高等院校》，贵阳：贵州民族出版社1988年版，第134页。
② 参见中国人民政治协商会议西南地区文史资料协作会议编：《抗战时期内迁西南的高等院校》，贵阳：贵州民族出版社1988年版，第141-142页。

196

福泉县）期间，"不仅给山城（指平越县，笔者注）带来了革命火种，推动了山城的抗日救亡运动，而且还积极支持了地方发展文化教育事业"。①而湘雅医学院内迁贵阳后，对带动贵阳地方的医疗卫生事业的发展发挥了积极作用。当时该校有 14 名教授、5 名副教授以及 20 余名讲师和助教。院长张孝骞不辞劳苦，坚持步行 30 里到花溪给地方卫校讲课。②对于高校内迁所产生的影响，胡瑛在《抗战时期的高校内迁及其意义》一文中作出了深刻总结。该文指出：

抗日战争时期的战区高校大内迁，保存了我国科技文化精华、高等教育之国脉，改变了中国高等教育分布不合理的格局。内迁高校在极其困难的条件下为坚持抗战，弘扬民主，发展学术，造福地方做出了许多具有历史意义的贡献，有效地保证了我国高等教育的现代化进程不至于因为战争而中断。他们将先进的思想、技术、文化带给了相对落后的西部地区，堪称民族危亡关头我国先进的科学技术、文化思想在极宏阔的时间、空间上的成功大转移和大传承③。

对整个国家社会来说，在民族危机日趋严重的情况下，贵州省赈济会积极开展各类难民救济活动，对稳定社会、稳定人心、缓和各类矛盾、保存抗战力量、增强民众抗战的信心等方面，均起着十分重要的作用。

总之，贵州省赈济会的难民救济活动，其所产生的影响是多方面的。在救济难民的同时，赈济会也获得了发展。正如谚语所云：种下一棵树，收获一片绿阴；献出一份爱心，托起一份希望。历史发展到今天，我们依然应肯定其在难民救济活动中的积极作用。

---

① 参见中国人民政治协商会议西南地区文史资料协作会议编：《抗战时期内迁西南的高等院校》，贵阳：贵州民族出版社 1988 年版，第 168 页。
② 参见中国人民政治协商会议西南地区文史资料协作会议编：《抗战时期内迁西南的高等院校》，贵阳：贵州民族出版社 1988 年版，第 183-184 页。
③ 胡瑛：《抗战时期的高校内迁及其意义》，《文史杂志》2005 年第 4 期，第 15-16 页。

第五章　贵州省赈务会及其赈务活动评说

贵州省赈务会，是近代贵州灾荒日趋严重的产物。自成立、演变到撤销，它存在了近十四年的时间。在这近十四年的时光里，贵州省赈务会作为贵州专司荒政的组织，其对贵州的灾荒与社会救济作出了相当之贡献。当然，作为一个由官方成立的救济机构，在开展具体的赈务活动过程中，同现代成立的其他救荒机构一样，不可能做到所有活动都尽人如意。贵州省赈务会及其赈务活动同样存在这样或那样的问题。对此，我们不应该对其有所苛求。更何况当时的国民政府在治国方略上，本身也存在诸多问题。因此，处在这样一个特殊背景之下成立的贵州省赈务会，难免存在一些问题。因此，我们在评价其组织机构、管理模式、具体活动时，当辩证地看待。既要看到贵州省赈务会所取得的成绩与产生的社会影响，也应看到其存在的问题与不足。

第一节　贵州省赈务会赈务活动的制度依据与特点

制度是活动的保证。贵州省赈务会组织机构的存在及其赈务活动的开展均以一定的制度为依据，在一定的制度范围之内组建赈务领导机构，开展相关的赈务活动。与此同时，在其赈务活动中，又独具特色，形成自身的特点。对此，可从以下两个方面来分析。

一、关于制度依据的问题

中央与地方各项规章制度的制定，为贵州省赈务会各类赈务活动的开展提供了有力的制度保障。

在研究贵州省赈务会及其赈务活动的过程中，通过民国时期大量档案材料的查阅，给笔者印象最深的莫过于有关赈务的规章制度。这些规章制度有国民党中央政府及其相关部门（包括中央赈务会、赈济会、行政院、内政部在内）制定的，也有贵州省政府及其相关部门（包括贵州省赈务会、赈济会）制定的，同时还有贵州地方各县政府与赈务分会、赈济分会所制定的相关规章制度。赈务规章制度的制定与施行，出发点在于规范赈务工作的运行，推动赈务工作的开展。现择其重要者介绍如下。

（一）国民政府及其相关部门（包括中央赈务委员会在内）所颁赈务法规

国民政府自 1927 年 4 月在南京成立之后，在其统治期间，既面临着因自然灾害所带来的灾害救济，也面临着因战争而产生的难民救济。为了适应赈济工作的需要，同时也是为了指导全国赈济工作的需要，国民政府在其统治的二十余年间，先后颁布了系列有关赈济事务的法规规章。其中主要有：

1.《国民政府赈务处组织条例》（民国十七年七月二十七日国民政府公布）。

2.《赈务委员会组织条例》（民国十九年一月二十五日国民政府公布）。

3.《各省赈务会组织章程》（民国十九年五月赈务会修正公布）。

4.《赈务委员会职员请假规则》（民国十九年三月赈务委员会公布）。

5.《赈务委员会处务规程》（民国二十二年三月一日赈务委员会公布）。

6.《赈务委员会放赈调查视察人员出差旅费规则》（民国二十年四月赈务委员会公布）。

7.《各省赈务会赈款管理规则》（民国十九年二月二十六日赈务委员会公布）。

8.《各省赈务会及县市赈务分会会计规程》（民国十九年七月赈务委员会公布）。

9.《内政部发给办赈护照办法》（民国十八年八月二十七日内政部公布）。

10.《勘报灾歉条例》（民国二十三年二月二十四日行政院修正公布）。

11.《办赈人员惩罚条例》（民国二十年十月二十七日国民政府公布）。

12.《办理赈务人员奖恤章程》（民国十九年五月十五日行政院公布）。

13.《赈款给奖章程》（民国十七年十一月二十一日赈务委员会公布）。

14.《公务员捐俸助赈办法》（民国二十三年十一月九日国府公布）。

15.《办理赈务公务员奖励条例》（民国二十年十月二十七日国民政府公布）。

16.《办赈团体及在事人员奖励条例》（民国二十年十月二十七日国民政府公布）。

17.《处置难民过境办法》（民国二十三年二月一日内政部公布）。

18.《救灾准备金法》（民国十九年十月十八日国民政府公布）。

19.《救灾准备金保管委员会组织条例》（民国二十四年六月八日国民政府公布）。

20.《实施救灾准备金暂行办法》（民国二十四年六月八日国民政府公布）。

21.《各地方仓储管理规则》（民国十九年一月十五日内政部公布）。

22.《各省市举办平粜暂行办法大纲》（民国二十三年十二月八日行政院公布）。

23.《各地方救济院规则》（民国十七年五月二十三日内政部公布）。

24.《剿匪区内临时救济办法》（民国二十二年九月六日军事委员会委员长南昌行营公布）。

25.《临时散兵游勇收容习艺所训育大纲》（民国二十二年一月十七日国民政府军事委员会委员长南昌行营修正公布）。

26.《传染病预防之清洁及消毒方法》（民国十七年十月内政部公布）。

27.《捐资举办救济事业褒章奖条》（民国十八年四月二十二日国民政府公布）。

28.《赈灾委员会捐助赈款给奖章程》（民国十八年五月十一日国民政府公布）。

29.《国民政府救灾附加税征收条例》（民国二十年十一月二十九日国民政府公布）。

30.《赈灾物品免税章程》（民国十八年三月二十二日财政部公布）。

31.《赈务电报免费章程》（民国十六年七月六日交通部公布）。

32.《赈济委员会组织法》（民国二十七年二月二十四日公布）。

33.《各地方建仓积谷办法大纲》（民国二十五年行政院公布）。

34.《统制粮食管理条例》（民国二十六年八月十八日国民政府公布）。

35.《非常时期粮食调节办法》（民国二十七年六月二十九日国民政府公布）。

36.《各战区粮食管理办法大纲》（民国二十七年四月军事委员会公布）。

37.《非常时期简易农仓暂行办法》（民国二十七年九月二十日经济部公布）。

38.《全国建仓积谷查验实施办法》（内政部颁布）。

39.《赈济委员会非常时期难民救济委员会组织规程》（民国二十七年五月十二日行政院核准施行）。

40.《非常时期救济难民办法大纲》（民国二十六年九月七日行政院颁布）。

41.《非常时期难民服役计划纲要》（民国二十七年四月二十三日行政院通过）。

42.《办理难民职业介绍办法》（民国二十七年十二月九日赈济委员会公布施行）。

43.《非常时期难民移垦条例》（民国二十八年五月六日国民政府公布施行）。

44.《难民组训计划大纲》（民国二十八年六月二十六日军事委员会党政委员会颁行）。

45.《难童救济实施办法大纲》（民国二十七年六月二十七日赈济委员会公布施行）。

46.《发放赈款规程》（民国二十六年八月十四日行政院公布施行）。

47.《战区土地租税减免及耕地荒废救济暂行办法》（民国二十八年九月二十六日行政院公布）。

48.《中央补助各省难民移垦经费办法》（民国二十八年五月六日行政院公布）。

以上所列，仅为国民政府及其相关部门颁布的有关赈务法规条例当中的一部分。其中心内容涉及：赈务的组织机构、办赈程序、办赈奖惩、赈款赈品的募集管理与使用、仓储管理、粮食救济、难民救济与组训、土地垦殖等各个方面。所有这些赈务法规，对贵州省赈务会（含赈济会）及其赈务活动起重要指导作用。

（二）贵州省政府与贵州省赈务会所颁赈务规章条例

贵州省政府在本省灾情频繁发生的情况之下，为了解决本省救灾的需要，同时，也是为了适应中央政府办赈工作的要求，自 1929 年 12 月 21 日省赈务会成立之后，先后同省赈务会及其他相关部门颁发了一系列的赈务条规。主要有：

1.《贵州省赈务会组织章程》（民国二十四年六月二日省政府公布施行并呈委员长行营及行政院备案）。

2.《贵州省赈务会办事规程》（民国二十四年七月二十四日省政府公布施行）。

3.《贵州省赈务会各组办事细则》（民国二十四年七月二十四日省政府公布实行）。

4.《贵州省赈务会订定各县赈务分会组织章程》（民国二十四年七月二十四日省政府公布施行）。

5.《贵州省赈务会临时急赈办法》（民国二十四年七月九日省政府公布施行）。

6.《贵州省民政厅拟定各县安抚流亡办法》（民国二十四年七月十七日省政府核准备案）。

7.《贵州省各县预防水旱灾实施办法大纲》（民国二十四年八月三日省政府核准备案）。

8.《贵州省赈务会临时组织章程》（民国二十六年省赈务会扩大改组时期由赈务委员会核准备案）。

9.《修正贵州省赈务会组织章程》（民国二十七年二月十一日赈务委员会核准备案）。

10.《修正贵州省赈务会办事规程》（民国二十七年二月十一日赈务委员会核准备案）。

11.《贵州省赈务会办事细则》（民国二十七年二月十一日赈务委员会核准备案）。

12.《修正贵州省救济难民事务处组织规程》（民国二十七年十一月二十八日省政府核准施行）。

13.《贵州省救济难民事务处各县分处组织规程》（民国二十七年十一月二十八日由省政府公布施行）。

14.《贵州省强制垦种暂行办法》（民国二十五年九月四日省政府委员会修正通过）。

15.《贵州省农田水利贷款办法大纲》（民国二十七年五月三日省政府委员会通过）。

16.《贵州省合作贷款通则》（民国二十七年六月十七日省政府委员会通过）。

17.《贵州省政府建设厅合作农田规程》（民国二十六年四月十三日省政府委员会通过）。

18.《贵州省农村合作社兼营农仓办法》（民国二十六年九月二十一日省政府公布）。

19.《贵州省各级仓储保管委员会组织规程》（民国二十六年十二月十日省政府委员会通过）。

20.《贵州省各县储粮登记推进办法》（民国二十六年十月二十三日省政府委员会通过）。

21.《贵州省各级积谷仓保管办法》（民国二十六年十二月十日省政府委员会通过）。

22.《贵州省非常时期推广农仓暂行办法》（民国二十七年十月二十一日省政府委员会通过）。

23.《贵州省赈济会组织规程》（民国二十八年四月省政府公布）。

24.《贵州省赈济会办事细则》（民国二十八年四月省政府公布施行）。

25.《贵州省各县赈济分会组织规程》（民国二十八年六月省政府公布施行）。

26.《贵州省赈务会查放急赈办法》（民国二十六年省赈务会公布施行）。

27.《贵州省各县仓储查验办法》（民国二十九年省政府公布施行）。

28.《贵州省各县仓谷平粜办法》（民国二十五年省政府公布施行）。

29.《贵州省各县县区保仓贷谷办法》（民国二十五年省政府公布施行）。

30.《贵州省赈务会值日规则》（民国二十五年省赈务会公布实施）。

以上所列，仅为贵州省政府与贵州省赈务会所颁布的系列有关赈务规章条例当中的一部分。其内容涉及省赈务会（赈济会）及县赈务（赈济）分会组织机构的设置、办事规程与办事细则、赈务查放办法、赈款赈品的募集管理与使用、农田建设、农业贷款、仓储管理、粜米的发放等方面。在这里，特别值得一提的是关于赈务经费募集、管理、发放以及赈品的采购与发放问题。赈款与赈品在整个赈务工作中居于核心地位。这两个问题处置得当，可以增强赈务会的影响力与凝聚力，提高赈济成效，赢得灾民的信赖与拥护。处理不当，将直接损害省赈务会的声誉，降低赈济所应有的成效。在贵州省赈务会成立初期，就规定，各县赈务分会由执行股管理赈款与赈品事务，包括：关于奉令劝募赈款事项；关于调查灾区及赈务状况事项；关于发放赈款及赈品事项；关于采买及运输赈品事项；关于农赈工赈事项等。为了监督执行股所经办事务，省赈务会设置了监察股，监察股的职责就是直接对执行股所经办事务进行监督与审计。1935 年开始，随着新的《贵州省赈务会组织章程》的制定，相应设置筹赈组，由筹赈组负责赈款赈品的管理与发放工作。筹赈组的工作由专门设置的审核组负责审核与监督。在办赈审核的问题上，一个典型事例就是：1937 年春夏之交，贵州省办赈员前往湖南省芷江县采购大米过程中的赈款开支问题。此次赈款开支近 20 万元，数目巨大，办赈员陈职民与冯光模办赈务完毕之后，必须接受审核组的审核。从所列账目清单来看，大到所有赈米开支，小到每一个役工的具体开销，均被一一单列出来接受审核。审核组在审核的过程中，要求每一笔赈款开销不仅要说明缘由，而且还必须有经办的原始单据，否则，将不予列入报销范围。

1939 年省赈济会改组成立之后，在其组织机构的设置中，专门设立与审计有关的职能部门——查核组，该组负责对赈款赈品的使用情况进行查核。另外，对于赈务会（赈济会）工作职员也有严格的规定。上班时间不得迟到、早退，不得接见与工作无关的客人。同时还得轮流值日，以确保赈务工作的持续性。对于工作当中表现良好的职员，将予以奖励。对于表现欠佳职员，将视其情节轻重，予以惩罚。

此外，一些关于农业发展的规章制度，以及仓储制度的建立，实际上是为赈务工作的开展提供物资上的保障。农业不发展，仓储不建立，赈务工作势必无从开展。

由上可知，贵州省政府与贵州省赈务会在中央政府及赈务会所颁有关赈务方面规章条例的推动下，根据本省赈务实际情形，相应制定了本省赈务方面的规章条例，从而为贵州省赈务会及其赈务活动提供制度依据。

二、贵州省赈务会赈务活动的特点

历时近十四年的贵州省赈务会（含贵州省赈济会）在贵州赈务史上呈现出前所未有的活力，为贵州的赈务事业作出了一定的贡献，在一定程度上推动了贵州经济社会的稳定与发展。在其开展的诸多赈务活动中，在继承传统赈务方式的基础上展现出一些新的特点。

（一）赈务类型的多样化

贵州省赈务会（赈济会）在其存在的近十四年当中，其中心工作即为赈灾。

在这一历程中，以南京国民政府与重庆国民政府为界，贵州省赈务会前一阶段的赈务工作，主要是赈济受自然灾害的灾民；后一阶段的赈务工作，主要是赈济战争中的难民。当然，这只是一个相对意义上的划分。实际上，在具体的赈务活动中，并没有一个绝对的界限。有时往往是几种赈务活动同时开展，相互交织。例如，就以南京国民政府时期的贵州赈务活动为例，虽然其赈务活动是以受自然灾害的灾民救济为主，但此一时期同样存在着战争救济的问题、匪患救济的问题、落伍伤兵救济的问题、地方疫情救济和火灾救济的问题。就战争救济来说，在国民党势力控制贵州地区之前，贵州本地军阀之间的混战所带来的破坏。就匪患救济来说，贵州本地山高路险，时常有土匪出没，为害一方。就落伍伤兵救济来说，国民党军队因"追剿"工农红军在贵州境内部分士兵受伤落伍之后，生活困窘。就地方疫情来讲，1937年夏，贵州的一些地方，如盘县、大定县等县出现黑疹痢疾瘰疬等传染病疫情，医药缺乏，无法防治。就火灾来说，贵州由于气候、房屋结构等多方面的原因，属于一个火灾多发省份。据历史记载，清朝时期，贵州发生重大火灾达75次。民国时期，发生火灾就更甚。1928年至1945年间，所发生的火灾达200余次。火灾的频发，给贵州人民的生命财产造成巨大的损害。以上所列种种，均属赈济的范围之内。有的需要钱币赈济，有的需要实物赈济，有的需要医药赈济。重庆国民政府时期，虽然贵州省赈济会赈务活动主要是赈济战争难民，但此一阶段的赈务活动也并不局限于难民救济。一方面，在难民救济的问题上，主要由贵州救济难民事务处承担；另一方面，在开展难民救济的同时，并没有放弃自然灾害的救济。在此一阶段，贵州省赈济会还积极参加贵阳"二四空袭"①救济，要求遭受日军空袭各县成立"空袭紧急救济联合办事处"，以应对因日军空袭所带来的灾难救济。

由此看来，民国时期贵州省赈务会的赈务活动分为六大类：一是因水、旱、冰雹、蝗虫等引起的灾害救济；一是火灾救济；一是因战争破坏引起的伤兵救济和难民救济；一是因日军空袭引起的紧急救济；一是因传染病的扩散引起的疫情救济；一是因土匪为害一方而引起的匪患救济。

（二）赈务手段的近代化

在贵州省赈务会赈务活动的方式中，除继承传统赈灾的方式之外，还引入了近代化的赈灾方法。具体表现为：

1. 舟车并用，水陆同行。

传统救灾方式多为移民就粟。移民就粟，规模大，难度也大。其中，对灾

---

① 所谓"二四空袭"是指：1939年2月4日，日军18架飞机偷袭不设防的贵阳，投弹百余枚。这次空袭灾害，贵阳的直接财产损失在2 500万元以上。为此，省政府于当晚即成立了省会灾民救济处，积极办理救济事宜。贵州省赈务会也积极参加了此次空难救济。

民的组织管理至关重要。组织得法，灾民可以得到妥善安置。否则，灾民也许得不到救济，甚至还危及到生命。相对来说，移粟就民可以减少灾民在辗转过程中所受的痛苦，在没有改变居住地的情况下获得救济。然而，移粟就民也有不足之处，即运输上的困难。在中国古代，采用移粟就民方式赈灾的话，由于条件所限，在运输赈粮时，往往采用肩挑、马拉、驴驮或船运的方式进行。这样存在的问题在于，运输的数量偏小，效率不高。到了近代，随着汽车这一现代化的交通工具在中国的出现，大大方便了人们的衣食住行，特别是在货物的运输上，更是大显其威力。

贵州交通的近代化始于周西成主政时期。周西成不仅主持全省公路的修建，而且还派人从香港购置一辆美国小轿车，由此开启了贵州人使用汽车之先河。此后，贵州先后从国外购置了部分汽车，同时还成立了各种私营汽车公司从事汽车运输业。尤其是在抗战时期，由于战事吃紧，贵州的交通运输处于空前繁忙时期。商车运输业的繁荣与发展，为贵州赈务活动的开展提供了便利。

在贵州赈务史上，大量动用商车运输赈米的典型事例当推1937年的湘米采购。贵州省赈务会在1937年赴湘采购赈米时，采用的是舟车并用，水陆同行的方式来运输赈米。此次贵州赴湘采购赈米总数为一万四千多石。按当时重量标准，一石相当于140斤，那么，赈米的总重量超过一百万斤。如此巨大的赈米重量，如果仅仅依靠传统的运输方式，不但费时费力，而且对于急于需要赈济的灾民来说也是难以承受的。在此次湘米采购中，镇远为湘米入黔转运中心。采用的运输工具，一为船只，一为近代交通工具……汽车。其中，芷江到镇远段，主要通过水路运输。水路运输所需船只主要从镇远附近各县征集。例如，1937年6月1日，办赈员陈职民从湖南芷江县向省赈务会主席顾祝同发来请求调用船只运输的电报指出：

贵阳省赈会主席顾钧鉴：前奉寒（指14日，笔者注）电饬镇远等县代雇船只，迄今仅玉屏雇来十一只载米三百余石。青溪虽来船二十只，均属满载，运输重货，无法起卸，不能载米。祈电迅催各县速雇空船来芷，由芷津贴伙食，俾归实当，以免输运久延。①

可见水路运输需要动用大量的船只。镇远到贵阳段，主要通过陆路运输。运输的工具为汽车。汽车的运用，大大提高了运输的效率。在所用汽车中，除省建设厅车务段派车运送之外，还动用民间商务车辆协助运输。为此，贵州省政府特制定颁发《贵州省政府临时特许商车运输平粜米暂行办法》（以下简称《办法》）。该办法对商车运输赈米注意事项提出了具体要求。《办法》规定，商车在贵州、湖南之间运输平粜米者，"酌给汽油费"。承运湘省粜米者，先需向省赈务会办理相关手续。具体为：

---

① 贵州省档案馆馆藏档案史料：全宗号 M24，案卷号 872。

平粜米在湘省芷江或本省镇远或其他地点起运，运到贵阳为止。其起运地点由本省赈务会指定。商车雇运平粜米者，须先向赈务会申报，由会签发运米通知单（三联分存根、备查、通知单三种，由赈务会订定），载明车主与司机姓名、住址、车号牌、载量及指定起运与运到地点等。存根一联，留会以两联截交该商车携带。

商车回程运米，除酌给汽油费，并由赈务会派员办理装卸手续外，不得要索任何费用。在运输中，如平粜米有损失或浸湿等情，应由车主负相当赔偿责任，不得藉词推诿。如行车出险，应由车主自负清理责任。至粜米损失，应否赔偿，由赈务会查核办理。[①]

正是由于汽车的采用，从而大大缩短了湘米运输的时间。一万余石湘米，仅用三个月时间就完成了所有运输装卸工作。

舟车轮船不仅广泛用于赈米运输上，在难民输送时也同样广泛运用。对此，国民政府在1935年6月由交通部、内政部、铁道部联合公布了《修正铁路轮船运送难民章程》。该章程就如何动用铁路轮船运送难民的问题作了明确规定。其内容涉及对办理运送的程序与手续问题、难民沿途给养的问题、轮船与车辆的使用问题、难民沿途携带物品的问题等均作出了相应规定。[②]当时贵州尽管没有开通铁路运输，但汽车运输还是有一定条件的。

2. 利用免费赈务电报、长途电话传递赈务信息。

在传统的赈灾中，"饥民之命方悬旦夕之间，而必俟奏报得请而后发仓拯救，即文移往返之间，远辄数月之间，近亦非一二月不遂，自县申府，府必驳查，自府中司申院司，院又必驳查，上下驳查而半月犹为速矣，之后题奏边境之乡，又非两月内外不能行县，偿若偏远之途，部更查勘，即非三月内不能得命。夫三月则百日也，民之饥，非大水则大旱，曾可待之百日乎"？[③]清末电报的使用以及民初电话的出现，大大方便了赈务工作，缩短了"报灾—审灾—赈灾"的时间。贵州电报、电话的广泛使用，其基础主要是在周西成主政贵州时期奠定的。在周西成主政贵州时期（1926—1929年），专门成立了贵州省电话局，安装了国民政府交通部拨给贵州省的话机设备，扩大开通了贵州省内主要县城和省内一些大城市的电话，还开通了贵阳与南京、广州、桂林等地的电报通讯。

周西成对贵州通讯技术建设上的贡献，为贵州赈务事业的发展也提供了便利。在民国时期的贵州赈务活动中，当笔者翻阅贵州省赈务会的档案材料时，发现赈务材料有一个明显的特点，即赈务电报的使用率比较高。在有关赈务的

---

① 贵州省档案馆馆藏档案史料：全宗号 M24，案卷号 872。
② 《修正铁路轮船运送难民章程》，参见贵州省档案馆馆藏档案史料：全宗号 M24，案卷号 910。
③ 邵力子：《荒政考》，1934 年陕西通志馆印。

文件材料中包括向中央赈务委员会发送的请赈材料、汇报材料、各种统计材料，以及地方各县赈务分会向贵州省赈务会发送的有关赈务的材料，大多采用电报的方式传送。有时还采用急电、加急字样的方式发送。电报这一近代化通讯方式的运用，不仅加快了赈务信息传播的速度，同时更具安全性、可靠性、保密性。

在1937年黔省赴湘采购赈米时，办赈员还拥有拍发免费电报的权利。所谓免费电报，在国民政府时期针对急赈力求快速的特点，曾于1927年7月由交通部颁发了《赈务电报免费章程》。该章程明确指出：赈务电报是"专指办赈各项临时特别急所发电报而言"。对于平常赈务或办理地方慈善事业者，不在此限，但前提是必须经国民政府或省政务委员会立案许可，然后国民政府交通部批准并发给赈务免费执照后才可享受此项优惠条件。对此，交通部在发给贵州省赈务会的电报中称：

贵州赈务会鉴：鱼（即六日，笔者注）电悉兹填发赈字第二十二号赈务电报免费执照壹张，即请查收应用。[①]

此即为贵州赴湘办赈人员在办赈过程中可以动用免费赈务电报的许可。

此外，交通部贵州电政管理局还给予贵州省赈务会赴湘办赈人员使用免费长途电话的权利。与此同时，在湖南方面也批准芷江县有关方面给予贵州办赈人员享受免费使用长途电话的权利。

免费赈务电报、长途电话的使用，节省了费用，节省了时间，简化了手续，方便了赈务，提高了效率。这是贵州赈务迈向近代化的重要标志。

（三）赈务活动的社会化

中国传统的赈务活动主要是政府主导的一种救济活动。只是到了近代，创办救济事业的主体结构才发生明显的分化，有向民间转移的趋势，但政府的影响依然存在。

在民国时期，贵州已不局限于官赈，民间的赈务活动也已相当活跃。当时活跃在贵州的民间赈济组织主要有：

（1）中国华洋义赈救灾总会贵州省分会。中国华洋义赈救灾总会成立于1921年。它是由中外人士联合组成的慈善团体，办理赈灾、防灾、兴修水利、复员救济和推进合作事业。1922年，时任贵州省省长袁祖铭组织了"贵州华洋义赈会"。1925年春改为中国华洋义赈救灾总会贵州分会。该会成立后，为贵州的慈善事业作出了一定的贡献。

（2）中国红十字会贵阳分会。中国红十字会成立于1904年。1917年，中国红十字会贵阳分会成立。其主要任务是：战时协助医疗队救护伤病者，救济

---

① 贵州省档案馆馆藏档案史料：全宗号M24，案卷号849。

战地居民脱险；平时募捐，设立医院及医学校，造就医学人才，预备救灾防疫及其他慈善事业。

（3）上海筹募黔灾义赈会。该会成立于1937年夏，由旅外黔人在上海组织而成。同年7月，该会专门在黔设立救济组贵阳办事处，其宗旨在于救济黔省灾民。

除了以上民间救济团体之外，还有贵州社会事业协会、贵州劳工福利会、贵州儿童福利会、贵州国际协济会、慈善协济会、民众协济会、中华基督教会、中华圣公会、贵阳天主堂（南堂、北堂）信义会、同仁医院内地会、行道会西南布道会等。①

以上慈善团体在贵州的成立，无疑给贵州的赈灾事业增添了巨大的力量。对于贵州省赈务会来说，尽管其属于贵州官方主导下的赈济机构，但其在开展赈务活动的过程中并不局限于官方，与贵州民间慈善团体之间有着良好的合作关系与业务往来。例如，互通灾害信息、互通赈济信息、互通赈务文件等。最为明显的例子是，1937年贵州特大旱灾出现之后，引起了省外黔籍人士的关注。在这种情况下，上海筹募灾义赈会组织成立。成立后的上海筹募黔灾义赈会在其急赈实施办法中明确规定：

贵州省政府与省党部公团慈善团体地方公正士绅所组织之省赈务会，受本会委托，保管本会所拨赈款，按照本会查赈人员所发赈票，负责给赈灾民。②

在1937年的贵州旱灾中，上海筹募灾义赈会给予贵州15万元的赈款，为缓解贵州灾情做出了贡献。

贵州省赈务会在开展赈务活动时，不仅注重加强同省内民间慈善救济团体的联系，同时还注重加强同省外机关团体的联系，特别是省外赈务机构的联系，例如四川省赈务会、湖南省赈务会、广西省赈务会、河南省赈务会、陕西省赈务会、江苏省赈务会、浙江省赈务会、江西省赈务会等都成为其业务联系的主要机构。联系的内容涉及：赈款的募集、灾情的通报、赈务资料的相互往来等方面。

贵州省赈务会在开展赈务活动的过程中，注重加强同省内外赈务机构与团体的联系与合作，反映其赈务活动的社会化程度日益增强，这对推动贵州省赈务活动起到十分重要的作用。

（四）赈务资金来源的多样化

我们通常说经济是基础，赈务活动的开展也不例外。有了一定的赈务资金来源，才能确保赈务活动的正常开展。贵州省赈务会其赈务资金的来源，主要

---

① 参见韩义义、杨占贤主编：《贵州社会组织概览》（1911—1949），贵州人民出版社·1996年版。
② 参见贵州省档案馆馆藏档案史料：全宗号 M24，案卷号 395。

为三个渠道：一是中央政府所划拨的赈灾经费；一是贵州省政府所划拨的赈灾经费；一是贵州省赈务会向国内外所募集的赈灾经费。对于这一问题，前面章节中已有详细的贵州省赈务经费收支概况表，在此就不再重复分析。

（五）赈务组织机构的近代化

所谓赈务机构的近代化，是指赈务机构的组织结构及其运作模式而言。贵州省赈务会（赈济会）的成立，是贵州赈务机构走向近代化的重要标志。其缘由在于：

第一，组织机构完整。从勘灾、审灾到救灾都有相关部门具体负责。在这一过程中，各部门的职责、运行程序都有严格的规定。

第二，对组织机构内部经办赈务的职员提出了具体要求。办赈得力者，有奖；办赈不力者，必须罚。奖惩制度的建立，是赈务管理走向近代化的重要标志。

第三，赈务组织机构在运行的过程中，强调公开、有序，避免主观、随意。

例如，赈务会议的召开，实行定期召开制度。有重要事情的情况下，则应召开临时会议。会议召开的过程中必须符合法定人数，否则，只能作为谈话性的会议，不能列入正式会议。同时，召开会议之前，应确定会议的主要议题，具体由赈务会主席安排。会议召开之后，必须有会议记录，以存档备查。

再如，赈济事务的安排，必须制定年度赈务计划。在此基础上，还应制定月份赈务计划。计划的实施结果，还应撰写赈务报告书。目的在于避免赈务工作的无序与混乱，从而更好地安排每一年度、每一季度、每一月份的赈务工作，从而确保赈务工作有计划、按步骤进行。

在涉及赈款问题上，规定每一笔赈款的收支与使用情况，必须有准确的财务记录，有原始的单据。

在涉及赈务会内部的经费收支与固定资产方面，每一任赈务会主席离任时必须接受清查，交具详细的移交清单，做到明明白白做人，清清白白做事。

从贵州省赈务会运行的程序与规章制度的制定情况来看，其完全是按照近代行政管理模式来运行的。特别是在办赈人员的管理上，强调以明确的规章制度来约束人，以赈务的具体实效来考核人，从而避免赈务过程中的盲目性与主观随意性。这是近代行政管理的基本要求。

第二节　贵州省赈务会赈务活动中存在的不足

贵州省赈务会作为国民政府统治时期贵州省的一个省级赈务组织机构，在其开展赈务活动的过程中，积极开展对灾民与难民的施救活动，所产生的社会影响，即使以今人的眼光来审视，也应当肯定。当然，由于受当时的社会经济条件、办赈人员自身的素质、政府的组织程度、交通条件、技术条件等多种因素的制约，在开展赈务活动的过程中也存在不足，对此亦应予以指出。

一、赈务经费严重短缺

赈务资金问题，始终是困扰国民政府的一个严重问题。同时，也是困扰贵州省赈务会的一个严重问题。

就国民政府来说，为了募集足够的救灾经费，可谓费尽了心机。其中，一个直接的方式就是发行公债。[①]据笔者统计，国民政府在 1927 年至 1937 年十年间所发行的 59 笔国内公债中，用于赈灾的公债仅为四次，而四次总额不足 1 亿，这相对于国民政府用于其他项目发行的公债数额来讲微不足道。这一局面的存在，加剧了国民政府救灾资金的紧张程度。

就贵州的情况而言，从贵州省赈务会到贵州省赈济会，从自然灾害救济到抗战时期的难民救济，从省赈务会（赈济会）所拟具的相关请赈报告中，笔者一个最大的感受就是赈务资金短缺的问题。每次向中央呈送请赈报告，虽然能在中央引起一定的震动，但相对周边省份而言，中央政府所能给予贵州省的赈务经费始终是杯水车薪。当然，灾情等次固然是问题的一个方面。但撇开灾情等次，笔者感觉到，当时的中央政府对贵州本省的灾情确实存在关注不够的问题。就中央政府所划拨的几笔大型的赈务经费来看，1936 年，中央政府财政部与中央赈务委员会拨给贵州的救灾公债为 33 万元；1937 年，国民政府财政部先后分三次拨给贵州赈灾款 40 万元；1938 年，中央政府拨给贵州难民救济款 10 万元。这三项加起来也不足 100 万元。其他中央政府划拨给贵州的救灾款只是零星的，从 2 万到 5 万不等。这些数额，相对于其他省份动辄上百万元的赈灾专款，显然是微不足道的。国民政府对贵州的这一态度，导致本来赈灾经费就不足的贵州省在开展赈务活动的过程中，赈灾经费只能是杯水车薪了。

其实，就贵州省赈务会来讲，在其开展赈务活动的过程中，曾经也想到从省外募集资金的问题。在这一过程中，有过一定的收获，但曾经也有过一些尴尬与失望。例如，1929 年至 1930 年春，对于贵州省来说，是多灾多难的年成。此间，水旱灾害与匪患灾害交替在全省一些县份中出现。为此，贵州省赈务会向全国各地发出的募捐公函，期望其他省份能在经费上支持贵州的赈务事业。然而，其他省份本身也面临赈务经费紧缺的问题，因此，在回函中只能委婉地向贵州省赈务会或贵州省政府表示歉意。现略举部分省赈务会的回函内容如下：

---

① 所谓公债，按照经济学的界定，是指中央政府和地方政府举借的各项债务。

例一：河南省赈务会回函（民国十九年六月）

贵州省赈务会勋鉴：俭（即27日，笔者注）代电，悉贵省灾情惨重，本应代为募捐，藉资救济，无如敝省战祸频仍，水旱连年，加以雹蝗匪共各灾备俱，疮痍满目。拯救之术，对于贵省，实属无力兼顾。前寄捐册，业已送还。方命之处，尚希原谅为幸。[①]

例二：上海华洋义赈会回函（民国十九年五月）

查敝会迭蒙惠示被灾各县调查表，累累万分焦灼。……以大半俱遭匪患，实与规定救济天灾章程相抵触……，以沪上年来各机关为西北诸省令募捐输，早成弩末，且仍在苦苦设法中。至敝处同系募款机关。惟来册更难代出用，特如数奉缴，务令格外鉴原。[②]

例三：陕西省赈务会回函（民国十九年七月）

只以本省三年六料，概未收成。八百万灾黎，死者已将过半。今岁夏田所收不及十分之三四。希望秋收丰足，庶可转回浩劫。而现在秋苗又多被虫食。瞻念前任，实有自顾不暇之虞。但救灾恤邻，春秋所重俟。本省灾情稍减，定当尽力筹募，以报雅命。[③]

例四：四川省赈务会回函（民国十九年九月）

抚绥赈济，自顾不遑，承嘱助款赈灾，心有余而力不足。救灾恤邻，古有明训。虽欲勉任其难，而实势有所不能者。[④]

以上所列材料从一个侧面反映出贵州省赈务会在开展赈务活动过程中所面临的赈务资金方面的困境。但同时说明，贵州省赈务会在向外募集赈款过程中，存有一定的盲目性。在没有对募集对象了解清楚的情况下，盲目募捐，以致形成空手而归的局面。

二、赈务交通极其落后

古代贵州，其交通状况主要为驿道。到明清两代，驿道发展为以贵阳为中心的黔湘、黔滇、黔桂、黔川四条干线。由于驿路崎岖，难以行车，因此，在运输方面以人背马驮为主。到民国时期，驿道长途运输逐渐为汽车运输所代替，但短程及山区运输仍多采用人畜力方式进行。大宗运输所需要的铁路运输依然不存在。1944年9月，贵阳至广西柳州的黔桂铁路曾经开通过，没有多久，因

---

① 以上材料均参见贵州省档案馆馆藏史料：全宗号 M24，案卷号 902。
② 以上材料均参见贵州省档案馆馆藏史料：全宗号 M24，案卷号 902。
③ 以上材料均参见贵州省档案馆馆藏档案史料：全宗号 M24，案卷号 902。
④ 以上材料均参见贵州省档案馆馆藏档案史料：全宗号 M24，案卷号 902。

"黔南事变"①的爆发，从而导致贵州铁路运输暂停。因此，长期以来，公路运输成为贵州的主要运输方式。

近代贵州，虽然公路建设有所发展，特别是在周西成主政时期。然而，由于财力有限，加之贵州本省地形复杂，喀斯特地貌占很大比重，山地丘陵面积占全省面积的 92.50%。在这样一种地理环境之下修建公路，相对于平原丘陵地区而言，其成本自然增加，难度大增。正是由于地理上与经济上的局限，交通问题成为长期困扰贵州的一大难题。因此，公路建设远远不能满足黔中大地的现实需要。

在 20 世纪 30 年代的贵州，全省像样的公路也就是那几条主干道。对于更多的县份而言，货物的运输主要还得依靠肩挑马驮。在这种状况下，有时勘灾员或办赈员前往地方乡镇开展赈务时，更多的时间耗费在路途上，以致贻误赈济的最佳时机。以 1937 年的湘米平粜而言，黔北七个县份就是由于交通上的原因，只好发放赈款，让各县自行从邻近四川的县份购买粜米。在贵州省赈务会及贵州省政府相关的请赈报告中，我们时常可以看到反映贵州交通不便的字句。例如，省赈务会在 1936 年赈务报告中明确指出：

惟查黔省跬步皆山，平畴甚鲜。农民耕地多系依傍山势垦成梯田，灌溉极感困难②。

可见黔省山地之多，农民也只能依着山势耕种，给农田灌溉带来了极大困难。再如，贵州省民政厅厅长曹经沅等人在 1937 年的请赈报告中称：

惟灾重款绌，分布难周。而交通不便，运输尤感困难。③

同年，贵州省赈务会在向中央赈务委员会的请赈报告中依然称：

黔本山国，素称贫瘠……上年旱荒成灾，曾经呈蒙中央钧会拨款赈济，并益以省款采购湘川之米，办理平粜。只以灾区辽阔，灾民众多，交通不便，运输困难，不仅供不应求，仰且缓不济急。……他省偶遇偏灾，舟车方便，劝募筹赈尚易为力。黔省则地瘠民贫，筹款惟艰。即有赈款采运，亦至感不便。④

更具讽刺意味的是，1937 年 10 月，毕节县灾民潘希文等控告贵州省第四区行政督察公署动用急赈款及毕节县第二区区长杨访岩办赈时不尽职责，要求

---

① 黔南事变：1944 年 11 月，日寇进犯黔南，国民党军事当局在"战略撤退"的口号下，对黔桂线线路、桥隧等主要建筑物自行进行破坏，炸毁车站 39 个，大小桥梁 32 座，隧道 5 座，机车 100 多台，客货车辆 2368 辆，全线停运。但日军仍长驱直入，占领独山、茂兰、三都、丹寨四县，制造了"黔南事变"。
② 参见贵州省档案馆馆藏档案史料：全宗号 M24，案卷号 388。
③ 以上参见贵州省档案馆馆藏档案史料：全宗号 M24，案卷号 386。
④ 以上参见贵州省档案馆馆藏档案史料：全宗号 M24，案卷号 386。

予以查办。后经省赈务会查实，造成该地急赈款滞后的原因既是赈款挪用，也不是办赈员办赈不力或不尽职责，而是由于该地交通不便，地形复杂，办赈员出于赈款安全考虑，才导致一场误会。尔后据第四区行政督察公署查明，控告者潘希文等人"身充该区保甲等职，据县赈分会呈复，均系有余之户，并非灾民。而此次该会办理急赈系遵照定章办理，所有赈款发放分文不假藉区保之手，以杜侵蚀弊混。该潘希文等竟胆敢虚构事实，诬蔑政府，挟嫌陷入此种刁风，万不可长"。结果，控告者反而变成了被控告者，因其涉嫌犯诬陷之罪，被要求重处。在这里，笔者不管此案处理结果如何，有一点可以肯定的是，此次毕节县赈款发放确实滞后，而造成滞后的根本原因则在于："该区地形幅圆狭长，接壤川滇。勘察灾情既较他区困难，散放地点亦较他区为多。"因此，"放赈之期当然在他区之后"。①从这一案件的过程来看，一方面说明潘希文等人的控告带有特别的目的，即此次赈款的发放没有经过地方官员——区保之手，因此便怀恨在心；另一方面说明，由于交通不便而造成该地区赈款发放相对滞后。可见对于贵州省的政府官员来讲，黔省交通的落后，他们体会最深。特别是对于那些深入基层办赈的人员来讲，可谓有切身之体会。

三、办赈官员素质低下

官员贪腐，这是历朝历代的顽症。民国时期的官场中更是如此，贪官污吏层出不穷。笔者在前面已经谈到，贵州省赈务会在开展赈务活动中，有着较为完整的制度约束。就中央政府而言，在开展赈务活动的过程中，制定了大量的法规条例。这对官员的办赈活动应该颇具威慑力与约束力。尽管如此，仍有政府官员为了贪图一时之利，铤而走险，甚至走上一条不归之路，遭受法律的严惩。此一情况表明，制度建立起来了，但人的因素不应忽视。有了好的制度与法规，但人的觉悟与境界不能跟上，制度与法规形同虚设，违规之事依然发生。在贵州省赈务会开展的办赈活动中，地方灾民控告当地办赈人员贪腐之事时有发生。现略举几例如下：

例一：水城县公民代表陆子皋等人控告该县政府官员吴焜鲸吞赈款案

1933 年 4 月，水城县公民代表陆子皋等 20 人向贵州省政府控告当地政府官员吴焜鲸吞该县赈款问题。1932 年至 1933 年春，水城县发生了严重的自然灾害。当时该县的具体灾情是：

去岁（指 1932 年，笔者注）夏秋冬三季，霪雨绵延，收成仅获十分之一二。正二月内（指 1933 年，笔者注），米价每斗已涨至十元，包谷价每斗已涨至五

---

① 参见贵州省档案馆馆藏档案史料：全宗号 M24，案卷号 713。

元。粮食价值较之民十四年（1925 年，笔者注）间不相上下，而灾情更甚于前。民十四（年）间，虽遭荒灾，时人民元气尚未耗尽，贫苦无力、饥饿而死者，仅居少数。近年以来，兵匪交加，年甚一年，富者流为贫，贫者流为乞丐①。

面对奇重之灾，华洋义赈会贵州分会"以水城荒灾，列入甲等，分给赈款大洋叁仟元"。②此款虽经省政府相关官员全数交给水城县政府官员吴焜，但吴焜接到后，当地百姓却未见其施赈的举措，由此引起当地民众的强烈反响。以陆子皋为代表的 20 位地方民众将揭发吴焜贪污赈款的材料直接向时任贵州省政府主席的王家烈反映，要求严惩其贪污赈款的行为。省政府获悉此情之后，将此一案件批示贵州省赈务会负责查处。

例二：桐梓县县长、区长贪污挪用赈款

据省赈务会 1937 年 11 月 3 日下午召开的第 21 次常会报告，据巡察员黄丕谟电呈："桐梓县县长毛以宽办理急赈发生挪移折扣等弊端，嘱派员彻查严究。"又据该县民杜正扬呈控该县长暨区长曹君时等挪移赈款，剥削灾民等情到会，当派省府视察员张蕴石前往彻查。兹据呈复称："该县长、区长等对于急赈款项确有挪移折扣情事，除将全案函送法院依法侦察讯办外，特提会报告。"③

例三：贵定县第六区民众控告该县县长、县党部委员、区长挪移赈款

据该县第六区民众鲁广明等人称，该县县长徐实圃、县党部委员宋昆与该县第六区区长罗有权在发放该区灾民赈款时，"擅将支配数目妄为更改"，同时，发放过程中，"请领之户则分文未发"，所余赈款则"概行截留"，具体来说，"截留数目当在三百元以上"。为此，当地民众代表强烈要求贵州省赈务会"彻查严惩，以儆贪污而彰法纪"。④

在贵州省档案馆中，以上这种地方民众控告政府官员在办赈过程中不能秉公办事的事例还很多。这说明，在国民政府统治时期，尽管其在赈务立法方面做了大量工作，但如何管理也是亟待解决的问题。特别是如何有效监督地方办赈官员的行为并没有真正落实到位。这种管理上的漏洞，给那些贪腐的地方办赈官员以可乘之机。而这种现象的存在，直接影响省赈务会及各县赈务分会的形象。

四、赈务积谷数量不足

施行仓储救济，是赈务活动的一种重要方式。我国自古以来各种仓储的出现，说明仓储在赈务活动中可以发挥重要作用。因此，加强地方仓储建设，事

---

① 资料据贵州省档案馆馆藏档案史料：全宗号 M24，案卷号 1029。
② 资料据贵州省档案馆馆藏档案史料：全宗号 M24，案卷号 1029。
③ 参见贵州省档案馆馆藏档案史料：全宗号 M24，案卷号 856。
④ 参见贵州省档案馆馆藏档案史料：全宗号 M24，案卷号 713。

关赈务活动的正常开展。鉴于此，在 20 世纪 30 年代，贵州省政府与贵州省赈务会在国民政府有关仓储建设方针的指导下，对仓储建设持积极态度。然而，政策制定了，具体落实到各县时，各地反应不一。有表现积极的，亦有表现不积极的，亦有根本就不把仓储政策当回事的，甚至将积谷挪作军粮使用的情况时有发生。

关于贵州地方仓储建设力度不够的状况，我们从国民政府党政考核委员会考察贵州 29 年度（1940 年）政务报告提要中涉及贵州基层仓储情况的概述中可看出大致状况。该报告指出：

原定五年内积足一个月食粮为最低标准，计各县应需一个月食粮为1 531 110 担，但各县多未能如限积足，且有在 27、28 两年颗粒未储者，至 29年届满，据各县县报积谷总数为 370 859 担，另有款 227 557 元，距原订计划相差尚远，仓厫虽经督饬修建，然亦按照计划办理者为数寥寥。①

造成这种状况的原因，一方面是由于，一些地方政府在建仓积谷方面努力程度不够，没有把中央与省政府的相关政策落实到位；另一方面是由于，一些地方农作物产量偏低，本身可供消费的粮食就不足，更谈不上粮食的存储。还有一种情况就是，由于地方官员的贪腐而导致粮食作物积存不足。这种状况的存在，对仓储赈济极为不利。一旦灾荒来临，仓储救济的作用将无法正常发挥。

---

① 《党政工作考核委员会考察贵州 29 年度政务报告提要》（民国三十一年 9 月 24 日），《贵州档案史料》1993 年第 1 期，第 22 页。

结　语

　　贵州省赈务会的成立，是民国时期贵州省赈务活动中的一件大事。该会是在国民党中央政府的倡导下、在贵州省政府的直接领导下于 1929 年 12 月 21 日而成立的。该会成立后，成为贵州省政府开展官方社会救济活动的重要领导机构。本文主要从两个层面对贵州省赈务会进行了研究。一是贵州省赈务会组织机构层面，一是贵州省赈务会赈务活动层面。前者研究的内容包括：贵州省赈务会及县赈务分会的成立及演变、组织章程与办事规程等方面。后者研究的内容涉及：赈务经费的主要来源、赈务活动的基本程序与具体措施、赈务活动的评说等方面。

　　首先，就贵州省赈务会的组织来讲，贵州省赈务会组织机构的设置离不开两个方面的重要影响：一是国民党中央政府的推动，一是本省灾情的需要。由于贵州省赈务会是在国民政府中央赈灾委员会与中央赈务委员会的倡导下组建的，因此，其组织内部结构与中央赈务委员会的内部组织结构基本一致。但贵州本省的诸多因素，如严重的自然灾害与战争因素等又必然要求其救济组织适应本省赈务的需要。因此，贵州省赈务会组织机构尽管必须与中央大体一致，却也并非一成不变。贵州省赈务会根据本省灾情的变化，对省赈务会内部组织机构进行适当调整，以适应本省灾情的需要。中央赈灾委员会领导时期（1929 年年末至 1930 年春），贵州省赈务会的组织机构有三个办事部门，即事务、执行、监察三处。1930 年春，国民政府改组中央赈灾委员会为中央赈务委员会，统一制定了《赈务委员会组织条例》，并颁行了《修正各省赈务会组织章程》。根据国民政府的要求，贵州省赈务会对其内部组织结构也进行了相应的调整，即将原事务、执行、监察三处改为总务、筹赈、审核三组。此后很长一段时期，贵州省赈务会由此三大职能部门所组成。直到 1937 年贵州特大旱灾发生时，贵州省赈务会在征得中央政府同意的前提下，对其内部组织机构进行扩大改组，在原有三个职能部门的基础上，增设救济组和工赈组。1938 年灾情减轻之后，即又恢复原有组织结构。1939 年春，贵州省政府根据中央政府的要求，将贵州省赈务会改组为贵州省赈济会。组织机构的名称虽然有所变化，但其从事赈务的工作职能并没有改变。所不同的是，此时的赈务重点是战争难民的救济。1943 年春，贵州省赈济会根据中央政府的要求，将其所从事的赈济事务移交给贵州省社会处经办。

其次，从贵州省赈务会的组织章程与办事规程来看，贵州省赈务会成立之后，制定颁发了一系列的组织章程与办事规程，从而使其活动有法可依、有章可循。这是现代政治发展的必然要求。虽然贵州省赈务会在其所开展的赈务活动中难免存在不足，但如果没有这些组织章程与办事规程的话，问题肯定会更多。因此，我们应该肯定这些组织章程与办事规程对贵州省赈济事务起到的历史作用。即使在今天看来，这些组织章程与办事规程依然有一定的借鉴价值。

　　同时，对于贵州省赈务会赈务活动的具体内容而言，笔者以抗战作为分界线，分为全面抗战爆发之前的赈务活动与抗战爆发之后的赈务活动。前期主要开展因自然灾害而引起的社会救济活动；后期主要开展因战争而造成的难民救济活动。在其自然灾害救济活动中，包括因水、旱、蝗、冰雹等自然原因引起的灾害救济。此时的救济活动对稳定社会、恢复生产等均起到十分重要的作用。对战争造成之难民的救济，对保存抗战实力、稳定社会、稳定人心、增强抗战的信心等，均具有十分重要的作用。同时，对贵州本省的经济建设、社会建设、文化建设等方面同样具有重要意义。

　　此外，还有两个方面的问题也是本文所关注的重要内容。一是关于贵州省赈务会赈务活动的基本程序与具体措施。赈务活动在我国有着悠久的历史传统。贵州省赈务活动同样有着久远的历史渊源。民国时期的贵州省赈务会在其赈务活动中，一方面，对传统赈务程序与赈务手段有所继承；另一方面，在继承的基础上还要有所创新与发展。传统赈务程序有四步，即报灾、勘灾、查赈与放赈。传统的赈务措施包括急赈、工赈、农赈、调粟等。对此，贵州省赈务会在其赈务活动中均有所继承。但作为现代救灾机构的贵州省赈务会无论从赈务的组织机构，或是赈务的经费来源，还是赈务的手段等方面，均有所创新与发展。体现了近代中国政治的发展对贵州省赈务活动所产生的重要影响。一是关于贵州省赈务会及其赈务活动的评说。对于贵州省赈务会及其赈务活动的评价问题是本文研究的落脚点。对此，我们应持辩证的看法。既要看到其积极的一面，也应看到其消极的一面。贵州省赈务会无论其组织机构、内部管理、人员管理与办事规程，亦或其所开展的社会救济活动，所产生的历史作用应当予以肯定。但贵州省赈务会及其赈务活动由于管理上、制度上、经济上、交通上等方面的缺陷，同样存在着诸多不尽如人意的地方，从而影响赈务的实际效益。

附 录

附 1.《修正国民政府赈务处组织条例》（1928 年 8 月 3 日国民政府公布，同日施行。

第一条　赈务处直隶于国民政府，掌理各灾区赈济及慈善事宜。

第二条　赈务处置处长一人，由内政部长兼任，综理赈务处事务。

赈务处置副处长一人，由国民政府简任，辅助处长办理处务。

第三条　赈务处置赈款委员会，由国民政府特派若干人组织之，就委员中指定常务委员五人，以其中一人为主席。

第四条　左列事项应经赈款委员会议决：

一、赈款之募集方法。

二、赈款保管。

三、赈款之分配及使用方法。

第五条　赈务处置左列各科：

一、总务科

二、调查科

三、赈济科

第六条　总务科掌理会计、文牍等事项。

第七条　调查科掌理灾况之调查及赈务之统计、稽核及宣传事项。

第八条　赈济科掌理赈务设计及实施事项。

第九条　赈务处各科置科长一人，科员若干人，承长官之命分掌各科事宜。

前项科长、科员由赈务处处长就内政部或其他各机关职员中遴员兼充，于必要时得遴员专任。

第十条　赈务处对于特种灾害或特别灾区，得组织委员会办理赈济事宜。

第十一条　赈务处因缮写文件及其他事务，得酌用雇员。

第十二条　赈务处职员除专任人员及雇员外，概不支薪。

第十三条　本条例自公布日施行。①

---

① 《修正国民政府赈务处组织条例》，王云五主编：《中华民国现行法规大全》，上海：商务印书馆 1933 年版，第 208 页。

附 2.《修正赈务委员会组织条例》(1931 年 6 月 30 日国民政府公布,同日施行。

第一条　赈务委员会直隶于行政院办理各灾区赈济事务。

第二条　赈务委员会除当然委员外,由国民政府特派委员十一人组织之,就中指定常务委员五人并以一人为委员长。

内外、外交、财政、交通、铁道、实业各部部长为当然委员。

第三条　赈务委员会会议如左:

一、委员会议每月举行一次。

二、常务委员会议每星期举行一次。

三、临时会议由委员二人以上之请求或委员长认为必要时,得临时召集之。

第四条　赈务委员会设左列各科:

一、总务科

二、筹赈科

三、审核科

第五条　总务科之职掌如左:

一、关于筹划会务事项。

二、关于编列议事日程及开会纪录事项。

三、关于编辑刊物及宣传事项。

四、关于经费出纳及编制预算决算事项。

五、关于编制统计及表册事项。

六、关于典守印信事项。

七、关于文电收发缮校事项。

八、关于物品购置事项。

九、关于杂务事项。

十、关于不属其他各科事项。

第六条　筹赈科之职掌如左:

一、关于计划筹募赈款赈品事项。

二、关于保管存放及支用赈款赈品事项。

三、关于赈品调查及采购事项。

四、关于赈品之运输免税及免运费、各项护照并舟车装载接洽等事项。

五、关于调查各种灾情及其附属应行考察事项。

六、关于赈款赈品散放事项。

第七条　审核科之职掌如左:

一、关于审核赈款赈品之出纳事项。

二、关于审核收放赈款赈品之册报单据事项。

三、关于审核采买、运输赈品之册报单据事项。

四、关于审核办赈经费之支用事项。

五、关于审核本会经费之出纳事项。

第八条　赈务委员会置秘书一人至三人，其中一人简任，余荐任，掌理会议及长官交办事务。

第九条　赈务委员会置科长三人，荐任；科员九人至十二人，委任，分掌各科事务。

第十条　凡热心赈济事业卓著成绩者，赈务委员会得聘为顾问或会员。

第十一条　赈务委员会因助理事务及缮校文件，得酌用雇员。

第十二条　赈务委员会委员、顾问、会员，均为给职。

第十三条　赈务委员会处务规程由赈务委员会定之。

第十四条　本条例自公布日施行。①

附3.《各省赈务会组织章程》(1929年3月国民政府中央赈灾委员会公布)

第一条，有灾各省设省赈务会办理赈务。

第二条，省赈务会由省政府聘任省政府委员中二人、省党部委员二人、民众团体三人至五人组织之。各互推一人为常务委员，由省政府于常务委员中指定一人为主席。

第三条，赈灾用款除由省政府及国民政府赈款委员会拨给外，由赈务会自行募捐。

第四条，捐助赈款者得由赈务会照赈款给奖章程呈请给奖。

第五条，省赈务会设事务、执行、监察三处。处长由省赈务会委员就常务委员中推定之。

第六条，事务处职权如左：

甲：关于典守印信事项；

乙：关于收发及保管文件事项；

丙：关于统计及报告之编制事项；

丁：关于会中经费出纳事项；

戊：关于购置事项；

己：关于修缮事项。

第七条，执行处职权如左：

甲：关于筹募赈款事项；

乙：关于调查灾区及赈务状况事项；

---

① 《修正国民政府赈务处组织条例》，王云五主编：《中华民国现行法规大全》，上海：商务印书馆1933年版，第208—209页。

丙：关于发放赈款及赈品事项；

丁：关于采买及运输赈品事项；

戊：关于农赈工赈事项。

第八条，监察处职权如左：

甲：审核执行处关于赈款之出纳；

乙：稽查执行处关于赈款之发放及赈品之采买运输与保管；

丙：监视放赈人及各市县分会之勤惰及有无弊窦；

丁：审查事务处经费之出纳。

第九条，事务处分设文书、会计、庶务三组；执行处分设调查、放赈、采运三组；监察处分设视察、审计二组。

第十条，每组设主任一人、副主任一人、干事若干人。由赈务会呈准省政府就各机关职员中遴选兼任之。因事务之需要，得酌用事务员及书记若干人。

第十一条，各组主任、干事皆为名誉职。但因执行事务有必须酌给津贴及川资、食宿费时，由赈务会决定。事务员及书记由会酌给津贴。

第十二条，各处办事细则，由赈务会定之。

第十三条，省赈务会支配发放、保管赈款，均应照赈款管理规则办理之。

第十四条，各市、县因办理赈务，得设赈务分会。其规则由省赈务会定之。

第十五条，省赈务会得聘请热心慈善事业者充本会会员或顾问协助本会事务。

第十六条，省赈务会委员会员及顾问皆为名誉职。

第十七条，省赈务会办事经费由赈务会议定，呈请省政府核给，不在赈款内开支。

第十八条，各地私人慈善赈济团体，应由各省赈务会切实奖励，协助进行，并监督之。

第十九条，本章程如有未尽事宜由国民政府赈款委员会常务委员会议修改之。

第二十条，本章程自公布之日施行。①

附4.《修正各省赈务会组织章程》（1930年5月中央赈务会修正公布）

第一条，凡被灾省分为办理本省赈务得设省赈务会。

第二条，省赈务会由省政府聘任省政府委员二人、省党部委员二人、民众团体三至五人组织之。各互推一人为常务委员。由省政府于常务委员中指定一人为主席。

第三条，省赈务会应设左列各组：

---

① 《各省赈务会组织章程》（1929年3月），贵州省档案馆馆藏档案史料：全宗号 M24，案卷号 279。

甲：总务组

乙：筹赈组

丙：审核组

第四条，省赈务会办事规程及各组办事细则由省赈务会拟定，分报省政府、赈务委员会备案。

第五条，每组设主任一人，由省赈务会委员或常务委员中推任之。

第六条，省赈务会因助理事务及缮校文件得酌用事务员或书记。

第七条，省赈务会经费由省政府核发，不得在赈款内开支。

第八条，各市、县因办理赈务，得设市、县赈务分会。其规程由省赈务会订定之，并分报赈务委员会及本省政府备案。

第九条，凡热心地方慈善事业之公正士绅，省赈务会得聘为顾问或会员。

第十条，省赈务会委员、会员及顾问，皆为名誉职。

第十一条，本章程如有未尽事宜，得由赈务委员会委员会议修改之，并呈报行政院备案。

第十二条，本章程自公布之日施行。①

附 5.《赈务委员会处务规程》（1933 年 3 月中央赈务委员会公布）

第一章　总则

第一条　本规程依据本会组织条例第十三条之规定制定之。

第二条　本会秘书及各科执行职务办事手续均应遵照本规程之规定。

第三条　本会各科职员由委员长就事务之繁简分配之。如事务增繁，原有人员不敷诺应用时，得由各主管科呈请指调或添派人员办理之。

第二章　权限及现任

第四条　本会事务均须呈由委员长常务委员核行或提交常务委员会议或委员会议议决施行。

第五条　本会委员长因公离会时指定常务委员代行会务或指派秘书代拆代行。但重要事务仍须商承委员长办理。

第六条　本会秘书及科长应依职掌规定指导或监督主管人员处理事务。

第七条　本会职员因处理其主管事务如有意见陈述时，得由主管科长签呈送由秘书处转呈核定。

第八条　本会各科所办事务如有互相关联者，应由各科科长及主管之职员共同会商办理。如有意见不同时，得签呈由秘书处呈委员长核定之。

第九条　本会各科事务得分股办理，以专职责。

---

① 《修正各省赈务会组织章程》（1930 年 5），资料据《中华民国法规大全》第 1 册，上海：商务印书馆 1936 年版，第 799-800 页。

第十条　本会关于灾赈统计事宜，得设统计室，指派专员办理之。

第十一条　本会秘书各科科长及各科主管人员为集思广益，便于处理会务起见，得举行各科联席会议，由秘书召集之。

第十二条　本会职员对于所管机密事务及尚未宣布之文件，应严守秘密，不得泄漏。

第十三条　本会如有文件发表时，除指定专员负责办理外，其他职员不得接见新闻记者发表意见。

第十四条　本会各科办事细则另定之。

第十五条　本会一切文件之收发，由总务科收发员办理之。

第三章　文书

第十六条　本会所有文件，由收发员录由编号，登入收文簿，经总务科送达秘书转陈常务委员委员长核阅，发还收发员，再用分科送文簿登记号数件数，分别送达各科承办。

前项紧要文件，得由秘书特别提呈委员长核示或先送主管人员办理，以免延搁。

第十七条　收发员经收文件，如有附件均须随文附送，但关于经收之赈款赈品应遵照本会经收赈款赈品暂行办法办理之。

第十八条　各科关于文件之收发，由主管科长指派专员办理之。

第十九条　各科拟稿人员于分到文件后,其最要者或发生困难而须缓办者,应注明理由备查。

第二十条　凡有互相关联之文件，应由关系主要之科拟稿或会同拟办。但须会同签名，以明责任。

第二十一条　各科主稿人员拟竣稿件,应即签名交由各科收发员登记编号,送请各该科长暨秘书核签，转呈常务委员、委员长判行。

第二十二条　凡文件判行后，由秘书交发总务科缮写。上项文件毕后，交校对员核对，再行用印、编号、录簿，分别封发。其文稿等件由收发员送交管卷员点收归档。

第二十三条　本会一切文件案卷，由管卷员负责保管，不得携出会外。

第二十四条　本会关于统计、会计卷宗或其他特种文件，得由各主办人员自行保管，但须事前呈明委员长核准。

第二十五条　本会应发表之件，于每月终得抄录刊登赈务月刊。

第四章　考勤及考绩

第二十六条　本会办公时间定为每日八小时。其时间分配及增减，由委员长随时规定之。

第二十七条　本会各职员到值时，均须亲笔签到，并指派专员管理考勤簿。按照规定时刻将签到簿送秘书处转呈核阅。

第二十八条　每月月终由管理考绩人员将职员请假及迟到次数列表呈阅。

第二十九条　本会职员因病或不得已事故不能到会办公时，应声明事由，呈请给假。职员请假规则另定之。

第三十条　本会职员因公出差及差竣回会供职时，均须于签到簿备考栏详细填明，以备查考。

第三十一条　本会各科于休假日，应派员轮值。如有特别要公须急办者，应随时呈明核办。

第三十二条　本会职员每周担任工作，由秘书科长详细列表具报。其工作件数及所需时间，均应载明。

第三十三条　本会职员于服公外，如有闲余时间，应分别研究与担任公务有关之学术并于每年年终另定办法考核。

第三十四条　本会职员服公及研究成绩，另定等第分别奖惩。职员奖惩规则另定之。

第五章　附则

第三十五条　本规程如有未尽事宜，得另行制定单行章则办理之。

第三十六条　本规程自公布日施行。①

附6.《赈务委员会各组办事规程》（1930年2月国民政府公布）

第一章　总则

第一条　本规程依据本会组织条例第四条之规定拟定之。各组职员均应遵守。

第二条　本会各组办公时间除例假外，每日上午八时起至十二时止，下午二时起至六时止，其有紧要事件得继续办理。每夜须有值夜人员。每例假日须有日夜值班人员。

第三条　本会各组设置之事务员及书记，其员额因事务之繁简，由主席酌定之。

第四条　本会各组职员处理事务，除指定者外，应互相助理。

第五条　各组总干事副干事，承主席及常务委员之命指导各事务员处理本组事务。

第六条　各组事务员均分承主席及常务委员之命、总干事副干事之指导处理各主管事务。

---

①《赈务委员会处务规程》（1933年3月），资料据《中华民国法规大全》第1册，上海：商务印书馆1936年版，第460-462页。

第七条　　各组事务之分配，由主席斟酌繁简，指派事务员或书记分别主管，商承总干事副干事办理之。各员于其主管事务或承办稿件遇有疑义时，得陈明本组总干事转陈主席常务委员核定之。

　　第八条　　各组承办事件有关联者，应协商处理，会同署名。

　　第九条　　凡承办稿件，自接受日起，立即撰拟最要者当日办结，余均不得过三日。

　　第二章　　总务组

　　第十条　　本组之职权如左：

　　一、关于筹划会务事项。

　　二、关于编列议事日程及开会记录事项。

　　三、关于宣传事项。

　　四、关于编辑刊物事项。

　　五、关于管理经费出纳事项。

　　六、关于经费收支登记及编制预算决算事项。

　　七、关于编制统计及表册事项。

　　八、关于典守印信事项。

　　九、关于收发文电登记事项。

　　十、关于缮校公文表册事项。

　　十一、关于翻译电报事项。

　　十二、关于物品购置事项。

　　十三、关于管理卫生杂务事项。

　　十四、关于不属于其他各组事项。

　　第三章　　筹赈组

　　第十一条　　本组之职权如左：

　　一、关于计划筹募赈款赈品事项。

　　二、关于保管及存放支用赈款赈品事项。

　　三、关于赈品调查及采购事项。

　　四、关于赈品运输及免税免运输费各项护照并舟车装载接洽等事项。

　　五、关于调查各种灾情及其附属应行考察事项。

　　六、关于赈款赈品散放事项。

　　七、关于工作事项。

　　第十二条　　凡关于赈款之出纳、赈品之收放，应随时报告审核组登记审核并每旬编制报告表，由总务组于月终汇编公布。

第四章　审核组

第十三条　本组之职权如左：

一、关于审核赈款赈品之出纳登记事项。

二、关于审核收放赈款赈品册报单据事项。

三、关于审核采买运输赈品册报单据事项。

四、关于审核办赈经费支用事项。

五、关于审核本会经费出纳事项。

第十四条　凡关于审核事项，应附具说明书送由总务组于月终汇编公布。审核有疑义时，得临时通知主办人员说明理由，再行复核。

第五章　附则

第十五条　本规则如有应行修改事宜，由常委会议议决修正之并呈报行政院转呈国民政府备案。

第十六条　本规程自核准之日施行。①

附 7.《赈务委员会各组联席会议规则》（1930 年 6 月中央赈务委员会公布）

第一条　本会议依常务委员会议之议决设立之。

第二条　本会议议事范围如左：

一、主席交议事件。

二、各组有关联事件。

三、各组对于会务进行上建议事项。

四、各组应行讨论事项。

第三条　本会议开会时以各组总副干事为出席人。有关系各组主管事务员得列席。

第四条　本会议于每星期六上午十时举行。但遇有重要事项得开临时会议。

第五条　本会议开会时，由总务组总干事为主席。遇有事故制度时，临时推定之。

第六条　本会议关于一切通知及整理议案纪录等事项，均由总务组指定专员办理之。

第七条　本会议决议事项随时陈明主席核准施行。

第八条　本规则如有未尽事宜，得随时提出会议修改之。

第九条　本规则经各组联席会议通过，呈请主席核准施行。②

---

① 《赈务委员会各组办事规程》（1930 年 2 月），资料据《中华民国法规大全》第 1 册，上海：商务印书馆 1936 年版，第 795-796 页。

② 《赈务委员会各组联席会议规则》（1930 年 6 月），《中华民国法规大全》第 1 册，上海：商务印书馆 1936 年版，第 796 页。

附 8.《赈务委员会收存赈款暂行办法》(1931 年 12 月中央赈务委员会公布)

一、本会收存赈款,其手续悉依本办法之规定。

二、凡捐助缴回及本会一切赈款收入,由总务科收发股先行点收。

三、总务科收款后,除附来文者仍将来文编送外,应即填写收到赈款通知单,以一联通知筹赈科并同时点交款项。

四、筹赈科核收后即于总务科存单款数上加盖该科图记。

五、总务科点交赈款后,应即将另联通知单制交审核科存查。

六、凡系捐助本会赈款,除由筹赈科填给印收外并另填写捐款报告单送交审核科登记备查。

七、筹赈科收款无论数之多寡,应即移存指定银行。

八、筹赈科每次存款,除即行登账外,应将结存及新存款额通知审核科登记备查。

九、本办法未尽事宜得随时修改之。

十、本办法自公布之日施行。[①]

附 9.《赈务委员会提付赈款暂行办法》(1931 年 12 月中央赈务委员会公布)

一、本会提付赈款,其手续悉依本办法之规定。

二、筹赈科根据委员会议决议或委员长手条由该科长亲开支票。

三、筹赈科开填支票后,即于支票上加盖该科长图章移送秘书处登记入簿。

四、秘书处登记后,即由秘书一人加盖图章送还筹赈科,再由该科连同根据之决议案或手条移送审核科审查。

五、审核科审查后认为手续不合,款数不符时,该科长得拒绝盖章。

六、支票由审核科科长盖章后,随即送还筹赈科呈请委员长签字盖章并即交由常务委员一人加章以昭慎重。

前项常务委员由委员长推定。

七、前条手续经过后即发交筹赈科提付。

八、支票数目满二千元以上者应由筹赈科加函通知,银行方得付款。

九、关于收款人印领及一切单据附件,仍由筹赈科索取妥存。

十、所有以上印鉴,不得兼为核阅日常文件之用。

十一、本办法未尽事宜,得随时修改之。

十二、本办法自公布日实行。[②]

---

① 《赈务委员会收存赈款暂行办法》(1931 年 12 月),资料据《中华民国法规大全》第 1 册,上海:商务印书馆 1936 年版,第 796 页。

② 《赈务委员会提付赈款暂行办法》(1931 年 12 月),资料据《中华民国法规大全》第 1 册,上海:商务印书馆 1936 年版,第 796-797 页。

附 10.《赈务委员会助赈给奖章程》(1932 年 6 月行政院核准公布)

第一条　凡捐助赈款赈品者,除办赈团体及在事人员奖励条例别有规定外,余依本章程之规定分别奖励之。

第二条　奖励分左列三种:

一、匾额

二、褒状

三、褒章

第三条　私人或团体捐助赈款赈品由本会题给匾额及给予褒状,均应依左列等级之规定:

一百元以上	三百元以上	六百元以上	八百元以上	一千元以上	三千元以上	五千元以上	捐款数目
四等银质	三等银质	二等银质	一等银质	三等金质	二等金质	一等金质	褒章等级
						题给匾额	匾额
			给予褒状	给予褒状	给予褒状		褒状

捐助赈品由本会按照时值传估定代价数目比照捐助赈款之规定给奖。

第四条　经募赈款赈品著有劳绩者之私人或团体,均得比照前条捐款数加四倍为给奖标准。

第五条　本会所给各奖,均应将受奖人姓名籍贯或团体名称连同捐募款品事实汇报内政部备案。

第六条　褒章褒状之形式另订之。

第七条　本章程自呈奉行政院核准公布之日施行。①

---

①《赈务委员会助赈给奖章程》(1932 年 6 月),资料据《中华民国法规大全》第 1 册,上海:
商务印书馆 1936 年版, 第 797 页。

附 11.《赈务委员会职员奖惩规则》(1930 年 6 月中央赈务委员会公布，1933 年 4 月修正公布。)

第一条　本规则依据本会处务规程第三十四条第二项之规定制定之。

第二条　本会职员之奖励惩罚，除办理赈务公务员奖励条例暨办赈人员惩罚条例别有规定外，余依本规则办理。

第三条　奖励分左列五种：

一、嘉奖

二、记功

三、记大功

四、一次奖金

五、进级

第四条　惩罚分左列六种

一、警戒

二、记过

三、记大过

四、罚俸

五、降级

六、停职

第五条　本会职员具有左列事实者，得按第三条之规定分别奖励之：

一、勤慎从公，忠于职守者。

二、才能卓越，著有劳绩者。

三、研究与担任公务有关之学术确有心得者。

第六条　本会职员具有左列事实者，按第四条规定分别惩罚之：

一、办事疏懒，旷废职守者。

二、忽视责任，延误公务者。

三、行为失检，妨害会誉者。

第七条　本会职员考核每半年一次。除秘书科长由委员长常务委员考核外，余职员应由各主管秘书科长按照第五第六两条之规定分别核定等第，会同总务科科长密呈委员长核示。

前项考核等第办法另定之。

第八条　本会职员如有特殊劳绩或重大过失，由委员长随时奖惩。

第九条　记功两次抵记大过一次；记大功两次者，得由总务科呈请委员长核给一次奖金或进级。

第十条　记过两次抵记大功一次；记大过两次者，由总务科呈请委员长罚俸降级或停职。

第十一条　各职员记功记过均由总务科随时登记公布。功过次数相等时得抵销之。

第十二条　本规则自公布日施行。①

附 12.《贵州省赈务会组织章程》（1935 年 6 月贵州省政府公布）

第一条　本会遵照中央《修正各省赈务会组织章程》及军事委员会委员长行营公布《剿匪区内临时赈务办法》组织之，名曰"贵州省赈务会"。

第二条　本会由省政府聘任省政府委员二人、省党部委员二人、民众方面三至五人。但为增加剿匪区内赈务效率，并请绥靖公署派高级职员二人为委员。各互推一人为常务委员。由省政府于常务委员中指定一人为主席。

第三条　本会应设左列各组：

甲：总务组

乙：筹赈组

丙：审核组

第四条　本会办事规程及各组办事细则，由本会拟定分报省政府、中央赈务会、行政院暨军事委员长行营备案。

第五条　每组设主任一人，由本会委员或常务委员中推任之。

第六条　本会因助理事务及缮校文件，得酌用事务员或书记。

第七条　本会经费应造具预算呈由省政府核发，不得在赈款内开支。

第八条　各县因办理赈务得设县赈务分会，其规程由省赈务会订之，并分报主管机关备案。

第九条　凡热心地方慈善事业之公正士绅，本会得聘为顾问或会员。

第十条　本会委员、会员及顾问皆为名誉职。

第十一条　本章程如有未尽事宜，得由本会委员会议修改并呈报各主管机关备案。

第十二条　本章程自公布日施行。②

附 13.《贵州省赈务会办事规程》（1935 年 7 月贵州省政府公布）

第一条　本规程系根据本会组织章程第四条之规定订定之。

第二条　本会会议之规定如左：

一、委员会议每月举行一次（日期临时通知）；

二、常务委员会议每星期三举行一次；

三、临时会议由委员二人以上之请求或主席认为必要时得临时召集之。

---

① 《赈务委员会职员奖惩规则》（1930 年 6 月），资料据《中华民国法规大全》第 1 册，上海：商务印书馆 1936 年版，第 797-798 页。

② 《贵州省赈务会组织章程》（1935 年 6 月），资料均据贵州省政府秘书处法制室编：《贵州省单行法规汇编》第 1 辑上册，贵阳：贵阳文通书局 1935 年版，第 178 页。

第三条　本会总务组之职掌如左：

一、关于筹划会务事项；

二、关于编列议事日程及开会纪录事项；

三、关于编辑刊物及宣传事项；

四、关于经费出纳及编制预算决算事项；

五、关于编制统计及表册事项；

六、关于典守印信事项；

七、关于文电收发缮校事项；

八、关于物品购置事项；

九、关于杂务事项；

十、关于不属其他各组事项。

第四条　本会筹赈组之职掌如左：

一、关于计划筹募赈款赈品事项；

二、关于保管存放及支用赈款赈品事项；

三、关于赈品调查及采购事项；

四、关于赈品之运输免税及免运费各项护照并舟车装载接洽等事项；

五、关于调查各种灾情及其附属应行考察事项。

第五条　本会审核组之职掌如左：

一、关于审核赈款赈品之出纳事项；

二、关于审核收放赈款赈品之册报单据事项；

三、关于审核采买运输赈品之册报单据事项；

四、关于审核办赈经费之支用事项；

五、关于审核本会经费之出纳事项。

第六条　本会各组主任由委员兼任并设组员九人至十五人分掌各组事务。

第七条　本会设司书四人至八人，专司缮写各组文件表册及保管卷宗事务。

第八条　本规程如有未尽事宜，得由本会委员会议修改并呈报各主管机关备案。

第九条　本规程自公布日施行。①

附 14.《贵州省赈务会各组办事细则》(1935 年 7 月贵州省政府公布)

第一条　本细则系根据本会组织章程第四条之规定订定之。

第二条　本会办公时间除例假外，每日自午前八时起至十一时止（休息两

---

① 《贵州省赈务会办事规程》(1935 年 7 月)，资料据贵州省政府秘书处法制室编：《贵州省单行法规汇编》第 1 辑上册，贵阳：贵阳文通书局 1935 年版，第 189-191 页。

点钟早餐）又自午后一时起至五时止。但有紧要事件，虽不在办公时间亦到会办理。

第三条　各会在办公时间概不见客。但因公来访者，得依本员之许可接见之。

第四条　凡文件到会，应由号房接收，就原封用簿注明来历及件数，随时送交收发处点收。

第五条　收发处每日收到文件立即折封分别性质摘由登簿分送各组，不得积压延搁。如系函电，应由收发处就原封登簿分送。

第六条　各组收到文件后随即拟具办法呈由主席核阅后发交各承办人员办理。

第七条　各组职员所办文件应即日送稿。如关系核算账目者，不得逾三日。但须调查讨论者不在此限。

第八条　各组职员拟就文件送由主任核呈主席核阅判行。

第九条　各组文件核定后，即发缮校对、盖印、登簿、封发，随将文稿附件分别粘卷归档保管。

第十条　凡不属一组之件，应会商他组办理者，由承办人员共同盖章负责。如本组所办之件，他组所应知者，亦须通知。

第十一条　各员因办稿调卷，须开条加盖名章，向管卷人调取。办毕归档，收回原条涂销。

第十二条　各组主管事项有应自行提出办理者，得随时拟稿呈核。

第十三条　各组主办事项遇有限期查复之件，应提出登记。届期未得复时，即查案催促或虽未定期而事关重要者，亦应随时催促办理。

第十四条　凡未经公布之文件，各员应严守秘密，不得泄漏。

第十五条　各组因公需用物品应缮条盖章，向庶务支用。

第十六条　一切赈款赈品均由筹赈组负责经收保存散放支用。

第十七条　庶物购置一切物品须取具购物单据于月终汇报。

第十八条　本会经费由会计负责承领保管支付。

第十九条　本会公用器具物品由庶务负责保管。

第二十条　本会员书薪俸及工役工资，每月由会计拟具发薪簿，加盖名章，依照程序呈请主席核阅发给。

第二十一条　本细则如有未尽事宜得由本会随时修改分报备案。①

①《贵州省赈务会各组办事细则》（1935年7月），资料据贵州省政府秘书处法制室编：《贵州省单行法规汇编》第1辑上册，贵阳：贵阳文通书局1935年版，第191-193页。

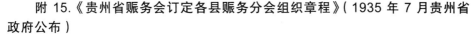

附 15.《贵州省赈务会订定各县赈务分会组织章程》(1935 年 7 月贵州省政府公布)

第一条　凡被灾县份为办理本县赈务得依据省赈务会组织章程第八条之规定设县赈务分会。

第二条　县赈务分会由县政府聘任县府高级职员二人(县长在内)、县党部指导员二人、人民团体三人至五人组织之。但为增加剿匪区内赈务效率,如有驻军县份,得聘请军事机关高级职员二人为委员。各互推一人为常务委员。由县政府于常务委员中指定一人为主席。

第三条　县赈务分会应设左列各组:

甲:总务组

乙:筹赈组

丙:审核组

第四条　县赈务分会办事规程及各组办事细则,由县赈务分会拟定,分报省政府赈务委员会、县政府备案。

第五条　每组设主任一人,由县赈务分会委员或常务委员中推任之。

第六条　县赈务分会因助理事务及缮校文件得酌用事务员或书记。

第七条　县赈务分会经费由县政府于地方收入项下拨支,不得在赈款内开支。

第八条　凡热心地方慈善事业之公正士绅,县赈务分会得聘为会员。

第九条　县赈务分会委员、会员均为名誉职。但事务员或书记得酌给津贴。

第十条　本章程如有未尽事宜,得由省赈务会委员会议修改之,并分报赈务委员会、党政军各高级机关备案。

第十一条　本章程函请省政府公布施行并报赈务委员会、省党务指导委员会及绥靖公署备案。①

附 16.《贵州省铜仁县赈务分会办事规程》(1935 年 9 月铜仁县政府公布)

第一条　本规程系根据贵州省赈务会订定县赈务分会组织章程第四条之规定订定之。

第二条　本会会议之规定如左:

一、会员会议每月举行一次(日期临时通知);

二、常务委员会议每星期六举行一次;

三、临时会议由委员二人之请求或主席或县长认为必要时得临时召集之。

---

① 《贵州省赈务会订定各县赈务分会组织章程》(1935 年 7 月),资料据贵州省政府秘书处法制室编:《贵州省单行法规汇编》第 1 辑上册,贵阳:贵阳文通书局 1935 年版,第 187-188 页。

第三条　本会总务组之职掌如左：

一、关于筹划会务事项；

二、关于编列议事日程及开会纪录事项；

三、关于经费出纳及编制预算事项；

四、关于编制统计表册事项；

五、关于典守印信事项；

六、关于文电收发及缮校事项；

七、关于杂务事项。

第四条　本会筹赈组之职掌如左：

一、关于筹募及呈领赈款赈品事项；

二、关于保管及存放及支用赈款赈品事项；

三、关于赈品采购事项；

四、关于赈品之运输免税及各项护照并舟车等接洽事项；

五、关于调查灾区灾情及其附属应行调查事项。

第五条　本会审核组之职掌如左：

一、关于审核赈款赈品出纳事项；

二、关于审核收放赈款赈品之册簿单据事项；

三、关于审核采买运输赈品之册簿单据事项；

四、关于审核办赈经费之支用事项；

五、关于审核本会经费之出纳事项。

第六条　本会各组主任由委员兼任并设组员六人至九人分掌各组事务。

第七条　本会设司书一人，专司缮写本会文件表册及保管卷宗事项。

第八条　本规程如有未尽事宜，得由委员会议修改并呈报主管机关备案。

第九条　本规程自呈准公布日施行。①

附 17.《贵州省铜仁县赈务分会总务组办事细则》（1935 年 9 月铜仁县政府公布）

第一条　本组设主任一人，商承主席综理会务，设组员三人，分掌文牍、会计、庶务事项。

第二条　主任之职责如左：

1. 商承主席筹划会务之进行；

2. 召开会议并执行其议决案；

3. 编制议事日程；

---

① 《贵州省铜仁县赈务分会办事规程》（1935 年），资料据贵州省档案馆馆藏档案史料：全宗号 M24，案卷号 296。

4. 编制预算决算。

第三条　文牍之职责如左：

1. 关于开会记录事项；

2. 关于典守印信事项；

3. 关于收发文电及缮校事项。

第四条　会计之职责如左：

1. 关于经费出纳事项；

2. 关于编制统计表册事项；

3. 登记并保管各项账簿。

第五条　庶务之职责如左：

1. 关于购备物品事项；

2. 关于保管器具事项；

3. 掌理全会茶水及其他杂务。①

附 18.《贵州省铜仁县赈务分会筹赈组办事细则》(1935 年 9 月铜仁县政府公布)

第一条　本组设主任一人。

第二条　主任秉承主席督促组员办理左列事项：

1. 筹募赈款赈品；

2. 呈请省赈务会拨发赈款赈品；

3. 保管赈款赈品；

4. 发放赈款赈品；

5. 赈品之采购及运输；

6. 运输赈品时接洽免税及一切护照舟车事项；

7. 调查受灾区域及灾情；

8. 统计被灾人数；

9. 统计灾区损失；

10. 编制赈灾实施方案。②

附 19.《铜仁县赈务分会审核组办事细则》(1935 年 9 月铜仁县政府公布)

第一条　本组根据本会组织第五条之规定设主任一人，组员三人。

第二条　主任督促组员审核左列事项：

1. 审核赈款赈品之出纳；

---

① 《贵州省铜仁县赈务分会总务组办事细则》(1935 年)，资料据贵州省档案馆馆藏档案史料：全宗号 M24，案卷号 296。

② 《贵州省铜仁县赈务分会筹赈组办事细则》(1935 年)，资料据贵州省档案馆馆藏档案史料：全宗号 M24，案卷号 296。

2. 审核收放赈款赈品之册簿及单据；

3. 审核办赈经费之用；

4. 审核采买运输赈品之册簿及单据；

5. 审核本会经费之出纳；

6. 审核区乡城镇呈报灾情之虚实；

7. 审核赈灾实施方案之善否。

第三条　本细则如有未尽事宜得随时修改之。[①]

附 20.《贵州省德江县赈务分会办事规程》(1935 年 9 月德江县政府公布)

第一条　本规程系根据省赈务会组织章程第四条之规定拟定之。

第二条　本会会议之规定如左：

1. 委员会议每月举行一次（日期临时通知）；

2. 常务委员会议每月举行三次（依地方习惯日期定废历初十、二十、三十等日）；

3. 临时会议由委员二人以上之请求或主席认为必要时得临时召集之。

第二条　本会总务组之职掌如左：

1. 关于筹划会务事项；

2. 关于编列议事日程及开会纪录事项；

3. 关于编印宣传事项；

4. 关于经费出纳及编制预算决算事项；

5. 关于编制统计及表册事项；

6. 关于典守印信事项；

7. 关于文电收发缮校事项；

8. 关于物品购置事项；

9. 关于呈报地方灾情并已否赈济事项；

10. 关于杂务事项；

11. 关于不属其他各组事项。

第四条　本会筹赈组之职掌如左：

1. 关于计划筹募赈款赈品事项；

2. 关于保管存放及支用赈款赈品事项；

3. 关于赈品调查及采购事项；

4. 关于赈品之运输免税及免运费各项护照并舟车装载接洽等事项；

---

① 《铜仁县赈务分会审核组办事细则》（1935 年），资料据贵州省档案馆馆藏档案史料：全宗
　号 M24，案卷号 296。

5. 关于调查各种灾情及其附属应行考察事项；

6. 关于委托各区区长向富户募捐赈款事项。

第五条　本会审核组之职掌如左：

1. 关于审核赈款赈品之出纳事项；

2. 关于审核收放赈款赈品之册报单据事项；

3. 关于审核采买运输赈品之册报单据事项；

4. 关于审核办赈经费之支用事项；

5. 关于审核本会经费之出纳事项；

6. 关于审核呈报赈济地方各种灾情事项。

第六条　本会各组主任由委员兼任并设组员六人分任各组一切事务。

第七条　本会因劝募事项之分任由地方公正士绅及热心公益之慈善团体人员暨各区区长均聘请为会员。

第八条　本会设司书一人，专司缮写各组文件表册及保管卷宗事务。

第九条　本规程如有未尽事宜得由本会委员会议修改并呈报省赈务会备案。

第十条　本规程自呈准之日实行。①

附 21.《贵州省赈务会德江县分会各组办事细则》（1935 年 9 月德江县政府公布）

第一条　本细则系遵照贵州省赈务会颁发各县赈务分会组织章程第四条之规定订定之。

第二条　本会办公时间除例假外，每日自午前八时起至十时止；又自午后一时起至四时止。但有紧要事件虽不在办公时间，亦应到会办理。

第三条　凡文件到会，应由总务组指定组员一人经管分别性质摘由发簿。

第四条　总务组组员收到文件后，随即送请主任拟具办法呈由常务委员推定之主席核阅判行。

第五条　总务组所办文件，应即送稿。如关系核算账目者，不得逾三日。但须调查讨论者不在此限。

第六条　本会文件核定后即发缮校对盖印登簿封发，随将文稿附件分别粘卷归档。

第七条　凡未经公布之文件，各员应严守秘密，不得泄漏。

第八条　一切赈款赈品均由筹赈组负责经收、保存、散放支用。

第九条　本会经费各组职员均为义务职。每月仅津贴司书洋六元，均由地

---

① 《贵州省德江县赈务分会办事规程》（1935 年），资料据贵州省档案馆藏档案史料：全宗号 M24，案卷号 296。

方款项下拨发。但各会员有向各区劝募者，亦得酌发旅费。

第十条　本会一切赈款收支账项应由审核组负责审核确当后方能具四柱清册呈报省赈务会备查。一面缮稿，粘贴通衢，俾众周知。

第十一条　本细则如有未尽事宜，得由本会随时修改呈报省赈务会备案。

第十二条　本细则自呈准日实行。①

附22.《贵州省定番县赈务分会办事规程》(1935 年 9 月定番县政府公布)

第一条　本规则根据贵州省赈务会订定各县县赈务分会组织章程第四条之规定订定之。

第二条　本会会议规定如左：

一、常会每月举行一次（日期临时通知）；

二、临时会议由委员三人之请求或主席认为必要时得临时召集之。

第三条　本会总务组之职掌如左：

一、关于筹划会务事项；

二、关于编列议事日程及开会纪录事项；

三、关于经费出纳及编制预算决算事项；

四、关于编制统计及表册事项；

五、关于宣传及撰拟文电事项；

六、关于典守印信事项；

七、关于物品购置及杂务事项；

八、关于其他不属各组事项。

第四条　本会筹赈组之职掌如左：

一、关于计划筹募赈款赈品事项；

二、关于保管存放及支用赈款赈品事项；

三、关于赈品调查及采购事项；

四、关于赈品之运输保护装载接洽事项；

五、关于调查各种灾情及应行考察事项。

第五条　本会审核组之职掌如左：

一、关于审核赈款赈品之出纳事项；

二、关于审核收放赈款赈品之册报单据事项；

三、关于审核采购运输赈品之册报单据事项；

四、关于审核办赈经费之支用事项；

五、关于审核本会经费之出纳事项。

---

① 《贵州省赈务会德江县分会各组办事细则》(1935 年)，资料据贵州省档案馆馆藏档案史料：全宗号 M24，案卷号 296。

第六条　本会各组设主任一人，由委员兼任。并设干事若干人，由本会聘任分掌各组事务。

第七条　本会设事务员一人，办理文书、会计等事务；书记若干人，专司缮校文件、表册及保管卷宗事务。

第八条　本规程如有未尽事宜，得由本会常会修正呈报各主管机关备案。

第九条　本规程自公布日施行。①

附 23.《贵州省定番县赈务分会各组办事细则》（1935 年 9 月定番县政府公布）

第一条　本细则根据贵州省赈务会订定各县赈务分会组织章程第四条之规定订定之。

第二条　本会办公时间除例假外，每日午前自七时半起至十时半止。午后自一时起至五时止。但有紧要文件，虽不在办公时间，亦应到会办理。

第三条　本会每日收到文件应摘由登簿，呈由总务组主任分送各组办理。

第四条　各组收到文件应即拟具办法呈送主席核阅后发交事务员办理。

第五条　各组所办文件应即日送稿。如关系核算账目者，至多不过五日。但须调查讨论者不在此限。

第六条　各组所办文件应由主任核转主席核阅判行。

第七条　各组文件核定后即发缮校对盖印封发，随将文稿附件分别粘卷归档保管。

第八条　凡不属一组之事件应会商办理，由有关系之各组主任会同盖章负责。如本组所办事件应通知他组者，亦应分别片知。

第九条　各组主管事件有应行提出办理者得随时拟稿呈核。

第十条　各组主办事项有限期查覆者，应提出登记催促限期办完或虽未定期而关系重要者，亦应提前办理完竣。

第十一条　凡未经公布文件，应严守秘密，不得泄漏。

第十二条　凡各组需用纸张文具物品，得缮条盖章向总务组取用。

第十三条　凡赈款赈品均由筹赈组负责保管散放支用。

第十四条　凡本会购用物品及办公消耗，须取具购物单据于月终呈报查核。

第十五条　本会经费由事务员负责承领保管支用。

第十六条　本会员书津贴，每月由事务员缮具发给。津贴簿呈由主任核发。

第十七条　本细则如有未尽事宜得由本会修改分报备案。

第十八条　本细则自核准日实行。②

---

① 《贵州省定番县赈务分会办事规程》（1935 年），资料据贵州省档案馆馆藏档案史料：全宗号 M24，案卷号 298。

② 《贵州省定番县赈务分会各组办事细则》（1935 年），资料据贵州省档案馆馆藏档案史料：全宗号 M24，案卷号 298。

附 24.《贵州省龙里县赈务分会各组办事细则》（1936 年 8 月龙里县政府公布）

第一条　本细则系根据县赈务分会组织章程第四条之规定拟定之。

第二条　本分会文件统由收发处收发。

第三条　收发处应分别立收发文件簿逐日将收发文件摘由登记。

第四条　收发处收到来文立即拆封，分别性质摘由登簿，分送各组核办。

第五条　各组收到文件随即拟具办法呈由主席核阅后交承办人员办理。

第六条　凡撰拟文件应登簿送稿呈由主席判行后缮写之。

第七条　凡缮毕文件须登簿送印，经校印后发交收发处。封发稿则归档粘卷保管。

第八条　凡文件之收发撰拟缮写校印，均不得积压延搁。如系核算账目，亦不得逾三日外。但须调查讨论者，不在此限。

第九条　凡一事涉二组之件，应会商办理。由承办人共同盖章负责。如本组所办之件有他组应知者，亦须通知。

第十条　各组主管事项有应办理者自行提出拟办呈核。

第十一条　凡未经公布之文件，各员均应严守秘密，不得泄漏。

第十二条　一切赈款赈品均由筹赈组负责经收保管存放支用。

第十三条　庶务购置一切物品，须取具购物凭单，月终汇报。

第十四条　本细则如有未尽事宜，得由本分会随时修改，分报备案。

第十五条　本细则交会通过实行并分报备案。①

附 25.《贵州省龙里县赈务分会办事规程》（1936 年 8 月龙里县政府公布）

第一条　本规程系根据县赈务分会组织章程第四条之规定订定之。

第二条　本分会会议之规定如左：

1. 委员会议每月举行一次（日期临时通知）；

2. 常务委员会议每旬举行一次（规定十、二十、三十为会议期）；

3. 临时会议由委员二人以上之请求或主席认为必要时得临时召集之。

第三条　总务组之职掌如左：

1. 关于筹划会务事项；

2. 关于编列议事日程及开会纪录事项；

3. 关于文书之撰拟及缮写事项；

4. 关于经费之出纳及编制预决算事项；

5. 关于编制统计及表册事项；

---

① 《贵州省龙里县赈务分会各组办事细则》（1935 年），资料据贵州省档案馆馆藏档案史料：全宗号 M24，案卷号 298。

6. 关于典守钤记事项;

7. 关于文电收发及校对事项;

8. 关于物品之购置及保管事项;

9. 关于杂务事项;

10. 关于不属其他各组事项。

第四条　筹赈组之职掌如左:

1. 关于计划筹募赈款赈品事项;

2. 关于保管存放及支用赈款赈品事项;

3. 关于赈品之调查及采购事项;

4. 关于赈品之运输事项;

5. 关于调查各种灾情及其他附属应考察事项。

第五条　审核组之职掌如左:

1. 关于赈款赈品之出纳审核事项;

2. 关于收放赈款赈品之册报单据审核事项;

3. 关于采买运输之册报单据审核事项;

4. 关于办赈经费之支用审核事项;

5. 关于本分会经费之出纳审核事项。

第六条　各组设组员二人至五人分掌各项事务。

第七条　本分会设书记兼录事一人,专司文件之撰拟及缮写暨卷宗保管事务。

第八条　本分会除书记兼录事外,余均无给职。

第九条　本规程如有未尽事项,得由委员会议修改并呈报各主管官署备案。

第十条　本规程呈奉核准之日实施。[①]

附 26.《贵州省平坝县赈务分会简章》(1932 年 1 月平坝县政府公布)

第一章　总则

第一条　本分会系根据省赈务会组织章程第十四条之规定暨各县赈务分会组织条例设置直隶于省赈务会办理赈务。关于赈务行政范围之法令与省赈务会组织章程及分会组织条例无抵触者,本分会得适用之。

第二条　分会会所暂设于县党部指委会办事处内。

第二章　组织

第三条　本分会由县政府二人(县长及各局长)、县党部、指委会委员二人、民众团体、小校长及公正绅耆五人组织之。各互推一人为常务委员。以县长为主席。

---

① 《贵州省龙里县赈务分会办事规程》(1935 年),资料均据贵州省档案馆馆藏档案史料:全宗号 M24,案卷号 298。

前项人员由县政府人选后呈请省赈务会核定之。

第四条　本分会设总务、筹赈、审核三组。各组主任由分会委员就常务委员中推定之。

第五条　总务组分设文书、会计、庶务三股。筹赈组分设调查、放赈、采运三股。审核组分设视察、审计二组。

第六条　每股设主任一人、副主任一人、干事若干人。由分会呈准省赈务会就本县各机关、各团体职员中遴选兼任。因事务之需要，得酌用事务员及书记若干人。均由县政府人员兼任。

第三章　职权

第七条　总务组职权如左：

甲：关于典守关防事项；

乙：关于收发及保管文件事项；

丙：关于统计及报告之编制事项；

丁：关于会中经费出纳事项；

戊：关于购置及修缮事项。

第八条　筹赈组职权如左：

甲：关于奉令劝募赈款事项；

乙：关于调查灾区及赈务状况事项；

丙：关于发赈款及赈品事项；

丁：关于采买及运输赈品事项；

戊：关于农赈工赈事项。

第九条　审查组职权如左：

甲：审核筹赈组关于赈款之出纳；

乙：稽核筹赈组关于赈款之发放及赈品之采买、运输与保管；

丙：监视放赈人之勤惰及有无弊窦；

丁：审查总务组经费之出纳。

第十条　本分会关防应呈由省赈务会刊发，以昭信守。

第十一条　本分会无自由募捐之权，但有紧急必要情形或经省赈务会令办者，不在此限。

遇有前项紧要情形，一面筹赈，一面须据实呈报省赈务会。

第十二条　捐助赈款者得由分会呈由省赈务会依据省赈务组织章程第四条之规定，照赈款给奖章程呈请给奖。

第十三条　本分会直辖于省赈务会。凡有向外宣传或报告事项，须经省赈务会核转前项之宣传报告。经省赈务会驳诘者，本分会得呈请再议。

第十四条　本分会办事细则另定之。

第十五条　本分会支配、发放、保管赈款，依据省赈务会组织章程第十三条之规定，均应照赈款管理规则办理之。

第十六条　本分会得聘热心慈善事业者充分会会员，赞助分会事务。

第十七条　本分会委员会员皆为名誉职。

第十八条　本分会必需之费用，由地方经费酌拨之。不得在赈款内开支。

第四章　附则

第十九条　本简章如有未尽事宜，得呈省赈务会会议修改之。

第二十条　本简章自呈准立案日实行。①

附 27.《贵州省平坝县赈务分会办事细则》（1932 年 1 月平坝县政府公布）

第一章　总则

第一条　本细则系根据各县赈务分会组织条例第十四条之规定订定各组职员办事程序悉依本细则办理。

第二条　本分会办事时间除例假外，每日自午前十时起至午后四时止。但有紧要事件，虽不在办事时间亦应到会办理。

第三条　本分会各组职员均须轮派到会办事。其轮派次序，由各组自定之。

第二章　职员

第四条　本分会总务组分股掌事如左：

文书股：

一、关于典守关防事项；

二、关于收发及保管文件事项；

三、关于统计及报告之编制事项。

会计股：

关于会内经费之出纳事项。

庶务股：

一、关于购置事项；

二、关于修缮事项。

第五条　本分会筹赈组分股掌事如左：

调查股：

关于调查灾区及赈务状况事项。

放赈股：

一、关于分会组织条例第十一条规定之事项；

二、关于发放赈款及赈品事项；

---

① 《贵州省平坝县赈务分会简章》（1932 年 1 月），资料据贵州省档案馆馆藏档案史料：全宗号 M24，案卷号 282。

三、关于农赈及工赈事项。

采运股:

关于采买及运输赈品事项。

第六条　本分会审核组分股掌事如左:

视察股:

一、监视放赈之勤惰及有无弊窦;

二、稽查筹赈组关于赈款之发放及赈品采买运输与保管。

审计股:

一、审核筹赈组关于赈款之出纳;

二、审核总务组经费之出纳。

第三章　勤务

第七条　凡外来文电函件由收发人员拆封摘由分送各组办理。

第八条　各组主任收到文件后随即分交主管股。拟办紧要者,随收随办,不得逾二日。但须调查讨论者,不在此限。

第九条　各股职员拟就文件后,送交副主任、主任核,呈组主任核转送主席核阅判行。

第十条　各项稿件核定后,即交主管人员缮清、核对、盖印、登簿、封发,随将稿件分别粘卷归档保管。

第十一条　凡存查文件,应依程序送经主席核阅盖章后,始送交档案室归档。

第十二条　各员经办事件,须盖名章。数员共办者,应连带盖章,以明责任。

第十三条　凡不属一股之事件,应商他股办理者,由各组主任会商办理。

第十四条　各股主管事件有应自行提出办理者,得随时提出拟办。

第十五条　分会款项,除关于赈款应照省赈务会组织章程第十三条之规定办理外,其关于分会之经费,由总务组会计股经理。

第十六条　分会必需之费用,临时由会计股签请主席核定发给。

第十七条　本分会公用器具,由庶务股负责保管。

第十八条　书记、杂役均以县治附近机关员役兼充,不另支薪。但遇时务纷繁时,得临时雇用薪工酌给。

第四章　奖惩

第十九条　本分会各组职员之奖惩,除随时由主席考查执行外,每届半年由各组主任总合各员成绩,加具考语,签请主席举行一次呈由省赈务会分别转请省政府查核。

第二十条　奖励分三种:

一、奖章；

二、匾额；

三、嘉奖。

第二十一条　惩罚分二种：

一、斥退；

二、惩办。

第二十二条　应受奖励人员如左：

一、对于赈务之筹划能发抒意见改进者；

二、办事热心，极臻完善者；

三、办事敏捷勤能者；

四、承办公件毫无错误延搁者。

第二十三条　应受惩罚人员如左：

办事玩忽不负责任者；

二、承办要件发现贻误或延搁者；

三、营私舞弊者。

第二十四条　关于书记之奖惩，由总务组主任签请主席核定。

第五章　附则

第二十五条　本细则如有未尽事宜，得呈报省赈务会随时修改。

第二十六条　本细则自发布之日实行。①

附 28.《贵州省赈务会临时组织章程》(1937 年 4 月贵州省政府公布)

第一条　本会遵照中央修正各省赈务会组织章程及军事委员会委员长行营公布剿匪区内临时赈济办法并参酌本省事实需要的情形，组织之名曰"贵州省赈务会"。

第二条　本会委员除以省政府全体委员及各厅、处长、高等法院院长为当然委员外，由省政府聘任省党部委员二人、绥靖公署参谋长一人、民众团体及地方公正士绅七人为委员。就中指定五人为常务委员，并以一人为主席。

第三条　本会应设左列各组

（甲）总务组

（乙）救济组

（丙）筹募组

（丁）工赈组

（戊）审核组

---

① 《贵州省平坝县赈务分会办事细则》(1932 年 1 月)，资料据贵州省档案馆馆藏档案史料：全宗号 M24，案卷号 282。

第四条　本会办事规程及各组办事细则，由本会拟定，分报省政府、中央赈务会、行政院暨军事委员会委员长行营备案。

第五条　每组设主任、副主任各一人，由本会委员或常务委员中推任之。

第六条　本会各组分设秘书组员，襄理事务。并得雇用书记缮校文件。各组秘书组员以由各机关调用兼任为原则。必要时得遴员专任之。

第七条　本会经费应造具预算呈由省政府核发，不得在赈款内开支。

第八条　各县因办理赈务得设县赈务分会。其规程由省赈务会订之，并分报各主管机关备案。

第九条　凡热心地方慈善事业之公正士绅，本会得聘为顾问或会员。

第十条　本会委员、会员及顾问，皆为名誉职。

第十一条　本章程如有未尽事宜，得由本会委员会议修改并呈报各主管机关备案。

第十二条　本章程自公布日施行。①

附 29.《贵州省赈务会修正各县赈务分会组织章程》(1937 年 5 月贵州省政府公布)

第一条　本省各县为灾害之救济及筹防，得依据省赈务会组织章程第八条之规定，设县赈务分会。

第二条　县赈务分会委员除县长为当然委员，由县政府聘任县府高级职员三人 (县长在内)、民众团体三人、县党部高级职员二人、当地驻军最高长官一人、地方公正士绅四人、学校校长职教员三人为委员。就中推五人为常务委员，并以县长为主席。

第三条　县赈务分会应设左列各组：

甲：总务组

乙：救济组

丙：筹募组

丁：工赈组

戊：审核组

第四条　县赈务分会办事规程及各组办事细则由县赈务分会拟定分报省政府、省赈务会、县政府备案。

第五条　每组设主任一人，由县赈务分会委员或常务委员中推任之。

第六条　县赈务分会因助理事务及缮校文件，得酌用事务员或书记。

---

① 《贵州省赈务会临时组织章程》(1937 年 4 月)，资料据贵州省档案馆馆藏档案史料：全宗号 M24，案卷号 282。

第七条　县赈务分会经费由县政府于县地方收入项下拨支，不得在赈款内开支。

第八条　凡热心地方慈善事业之公正士绅，县赈务分会得聘为会员。

第九条　县赈务分会委员、会员皆为名誉职。但事务员或书记得酌给津贴。

第十条　本章程如有未尽事宜，得由省赈务会委员会议修改之，并分报赈务委员会、党政军各高级机关备案。

第十一条　本章程呈请省政府公布施行并分报军事委员委员长行营、赈务委员会、省党部备案。①

附 30.《贵州省赈务会查放急赈办法》(1937 年 5 月贵州省赈务会公布)

第一条　本省被灾各县查放急赈应依本办法办理之。

第二条　应办急赈县份由省赈务会印发布告，宣布急赈意义，交县府分发各灾区张贴，俾众周知。

第三条　查放急赈由各县赈务分会主持并由省赈务会委派查放主任委员一人会同办理。

前项查放主任委员在查放期内不得兼任该县赈务分会委员或职员。

第四条　县赈务分会办理查放急赈时，应会同查放主任委员开会讨论，将县内轻灾之区先行剔除，并由县政府通令应赈区内（即重灾之区）各区保长，依次严剔（区剔保，保剔甲，甲剔户），分别造具灾民户口清册送核。该项户口清册均以保为单位（册式另附）。

第五条　各区灾民户口清册汇齐后，县赈务分会应会同查放主任委员将灾区分为若干路，派查放员分路按册复查。

第六条　查放员复查时，须随时向区保甲长详询所报灾民户口清册有无遗漏或徇情滥报，逐一挨名查询，核实更正，务使不遗不滥。查毕一保，并取具该保长切结（结式另册）。

第七条　查放员复查时应将下列各项按户从严剔除

一、尚未至绝食者；

二、尚能自谋生计者；

三、壮年任意游手好闲者；

四、吸食鸦片者。

其应赈之户并应分别灾情轻重于灾民户口清册上各加甲乙丙三种符号（每户受灾最重而丁口又多者，为甲等；受灾重而丁口无多或受灾次重而丁口多者，为乙等；受灾较轻而丁口少者为丙等）以为支配赈款标准。

---

① 《贵州省赈务会修正各县赈务分会组织章程》(1937 年 5 月)，资料据贵州省档案馆馆藏档案史料：全宗号 M24，案卷号 11。

第八条　县赈务分会于各路查放员报齐后，应开全体大会，协同查放主任委员核算应赈户口数目、支配赈款、填写赈票。但每人应得赈款数目应以大口壹元、小口伍角为最低限度。

第九条　赈票由省赈务会印刷。按赈款多寡发交县赈务分会编列号码，并钤用县政府印信（票式另附）。填写赈票须按每户一票。按照该户所有应赈人口填明应领赈款数目（数字须用大写）。填写完竣，仍派由查放员分路挨户散放。

第十条　查放主任委员应随时前往各路或放赈地点视察查户给票及散放赈款事宜。

第十一条　查放主任委员可支给旅费（其规则另定之），不得受区保长供应，以杜徇情滥给及区保借端需索之弊。

第十二条　县赈务分会于各路查户给票告竣时，应即通知监放员。县政府会衔布告，规定各区放赈地点及日期。并令保长先期二、三日传知灾民届时持票集合领赈。

前项放赈地点应由县赈务分会于散放赈款之先与查放主任委员会同指定，分别通知各查放员。但放赈地点距离灾民住址不得超过二十里。其老弱残废疾病孤寡不能远行者，须预先在赈票上填明何人代领字样。

第十三条　散放赈款时，须邀集各机关及地方公正士绅到场协助会同监查。

第十四条　放赈场所宜觅广大地点，须有前后二门，一出一入，以免拥挤，临时并请由县政府酌派保安团队士兵维持秩序。

第十五条　放赈地点须在入口处设立验票处，于灾民持票领赈时，对照存根，验明票上口数及应领赈款数目相符，即令其赴发赈处领款。赈款发讫，即于收回之赈票上加盖公同监放清讫戳记。

第十六条　灾民如有遗失赈票者，须由该管区保长证明其保，准予查照票根，补发赈款，即以该保结，编列号码汇入收回赈票内汇报。

第十七条　各县赈款放竣时，县赈务分会应会同查放主任委员汇算总数，制书一份，连同票根及收回赈票、县政府证明书送省赈务会报销一份；咨送监放员汇送监放专员备考（表式另附）。

第十八条　县赈务分会办理赈务人员及查放主任委员于赈竣之日，由省赈务会考核成绩，咨请省政府分别奖惩。

第十九条　本办法如有未尽事宜或有随时修改之处，得由县赈务分会及查放主任委员呈请省赈务会核定酌予增改。①

---

①《贵州省赈务会查放急赈办法》（1937 年 5 月），资料据贵州省档案馆馆藏档案史料：全宗号 M24，案卷号 11。

附 31.《修正贵州省赈务会组织章程》(1938 年 2 月贵州省政府公布)

第一条　　本会遵照中央修正各省赈务会组织章程并参酌本省现时情形组织之，名曰"贵州省赈务会"。

第二条　　本会委员由省政府聘任省政府委员二人、省党部委员二人、民众团体三人至五人。各互推常务委员一人，由省政府于常务委员中指定一人为主席。

第三条　　本会应设办公室及左列各组

一、总务组

二、审核组

三、筹赈组

第四条　　每组设主任一人，由本会于委员或常务委员中推任之。

第五条　　办公室设秘书一人，综核各组文件；会计一人，办理本会款项出纳；办事员一人，助理一切事务。均由会遴员委用。因缮校文件并得雇用书记。

第六条　　本会各组分设组员二人或三人，助理总务、审核、筹赈事务。由会遴员委用。

第七条　　本会办事规程及各组办事细则由会拟定，分报省政府暨赈务委员会备案。

第八条　　本会经费应造具预算，呈请省政府核发，不得在赈款内开支。

第九条　　各县因办理赈务得设县赈务分会。其规程由省赈务会订之，并分报各主管机关备案。

第十条　　凡热心地方慈善事业之公正士绅，本会得聘为顾问或会员。

第十一条　　本会委员顾问及会员均为名誉职。

第十二条　　本章程如有未尽事宜，得由本会委员会提议修改，并分报各主管机关备案。

第十三条　　本章程自公布之日施行。①

附 32.《修正贵州省赈务会办事规程》(1938 年 2 月贵州省政府公布)

第一条　　本规程根据本会组织章程第七条之规定订定之。

第二条　　本会会议之规定如左：

---

① 《修正贵州省赈务会组织章程》(1938 年 2 月)，资料据贵州省政府秘书处法制室编：《贵州省单行法规汇编》第 3 辑上册，贵阳：贵阳通书局 1938 年版，第 226 页。另关于此次章程中增设秘书职位的事项，贵州省赈务会在起草章程时做了情况说明。该说明指出：按各省赈务会组织章程原无秘书名义。惟查本会于民国二十五年（1936 年）周主席（即周恭寿）任内拟定组织章程，因赈务日渐繁剧，即设有秘书二员。嗣因举办急赈，扩大改组，增设为秘书五员，均经呈奉中央赈委会核准，指令有案。本草案参酌本省情形并为谋各组之联系便利赈务进行起见，故仍拟设秘书一员，谨此呈明。详见贵州省档案馆馆藏档案史料：全宗号 M1，案卷号 1554。

（一）常务委员会议每月举行一次。遇必要时得由主席临时召集之。

（二）临时委员会议由委员二人以上之请求或主席认为必要时得临时召集之。

第三条　本会办公室之职掌如左：

（一）秘书综核一切文件。

（二）会计办理一切款项，保管存放出纳及购制物品暨编制预算决算事项。

（三）办事员办理典守印信及临时交办事项。

第四条　本会总务组之职掌如左：

（一）关于筹划会务事项。

（二）关于编列议事日程及开会纪录事项。

（三）关于编辑刊物及宣传事项。

（四）关于编制统计及表册事项。

（五）关于文电收发缮写事项。

（六）关于杂务事项。

（七）关于不属于其他各组事项。

第五条　本会筹赈组之职掌如左：

（一）关于计划筹募赈款赈品事项。

（二）关于支配赈款赈品事项。

（三）关于赈品调查及采购事项。

（四）关于赈品之运输免税及免运费各项护照并舟车装载接洽等事项。

（五）关于调查各种灾情及其附属应行考察事项。

第六条　本会审核组之职掌如左：

（一）关于审核赈款赈品之出纳事项。

（二）关于审核收放赈款赈品之册报单据事项。

（三）关于审核采买运输赈品之册报单据事项。

（四）关于审核办赈经费之支用事项。

（五）关于审核本会经费之出纳事项。

第七条　本会设书记四人，专司缮写校对各组文件表册及保管卷宗事务。如遇事务繁琐，得呈请临时雇用之。

第八条　本规程如有未尽事宜，得由本会委员会议修改并呈报各主管机关备案。

第九条　本规程自公布日施行。①

---

① 《修正贵州省赈务会办事规程》（1938 年 2 月），资料据贵州省政府秘书处法制室编：《贵州省单行法规汇编》第 3 辑上册，贵阳：贵阳文通书局 1938 年版，第 227-230 页。

附 33.《贵州省赈务会办事细则》（1938 年 2 月贵州省政府公布）

第一条　本细则系根据本会办事规程另订详细办事之程序。

第二条　凡文件到会，应由号房接收，就原封用簿注明来历及件数，随时送交收发人员点收。

第三条　收发人员每日收到文件，立即拆封，分别性质摘由登簿，分送各组，不得积压。

第四条　各组收到文件即行拟具办法，送主任核定盖章，再送办公室转呈主席复核盖章后，仍发交各组办理。如遇急办文件，各组得直接送主席核阅办理之。

第五条　各组收到文件随到随办，不得延搁。

第六条　各组职员拟就文件，先呈秘书核阅，再送各该组主任核阅盖章后，呈主席核定判行。

第七条　本会各项文件，凡主稿核稿暨缮写校对用印均须由本人签名盖章，以明责任。

第八条　各组文件核定后，即发缮校对盖印登簿封发，随将文稿附件分别黏卷归档。

第九条　凡不属一组之件，应会商他组办理者，由承办人员共同盖章负责。如本组所办之件为他组所应知者，亦须通知。

第十条　各员因办稿调卷，须开条盖章向管卷人调取。办毕归档，收回原条涂销。

第十一条　各组主管事项有应自行提出办理者，得随时签拟呈核。

第十二条　各组主办事项遇有限期查复者，应提出登记。届期未得复时，即查案催促，或虽未定期而事关重要者，亦应随时催促办理。

第十三条　凡未经公布之文件，各员应严守秘密，不得泄漏。违者分别议处。

第十四条　各组须用办公物品，应具条盖章，送秘书核交庶务照发。

第十五条　本会办公时间每日上午七时半起至十一时止，下午自二时起至六时止。必要时得延长之。星期日及例假照常办公（此系依照省政府规定，如遇有变更时仍遵照办理）。

第十六条　本会职员每日应准时到会办公，不得迟到或早退。

第十七条　本会职员在办公时间概不见客。但因公来访者不在此限。

第十八条　本会职员均须轮流值日。

第十九条　本会职员如因事因病请假者，须依照省政府请假规则办理。

第二十条　本细则如有未尽事宜，得由委员会随时修改之，并呈报各主管机关备案。

第二十一条　本细则自公布日施行。[①]

附34.《赈济委员会组织法》(1938年2月国民政府公布)

第一条　赈济委员会依国民政府组织法第二十条之规定组织之。

第二条　赈济委员会掌理全国赈济行政事务。

第三条　赈济委员会设委员长一人，特任；副委员长一人、委员七人至十一人，简任。并指定三人至五人为常务委员。

前项委员外，得设聘任委员若干人，均为名誉职。

第四条　赈济委员会每星期开会一次，必要时得召集临时会议。

前项会议以委员长为主席。委员长如有事故时由副委员长代理之。

第五条　赈济委员会委员长执行前条会议之决议，并综理会务监督。所属职员及各机关、副委员长及常务委员辅助委员长处理会务。

第六条　赈济委员会会议如与各院部会有关系时，各院部会得派员列席。

第七条　赈济委员会委员应轮流分往各地视察。

第八条　赈济委员会设左列各处：

一、第一处

二、第二处

三、第三处

第九条　第一处之职掌如左

一、关于文电收发缮校事项；

二、关于典守印信事项；

三、关于编制议事日程及开会纪录事项；

四、关于经费出纳及编制预算决算事项；

五、关于调查统计及编制刊物表册事项；

六、关于不属于其他各处事项。

第十条　第二处之职掌如左：

一、救灾机关之指导监督事项；

二、灾民之救护管理事项；

三、赈款之募集保管分配事项；

四、勘报灾歉之审核事项；

五、防灾备荒之设计事项；

---

① 《贵州省赈务会办事细则》(1938年2月)，资料据贵州省政府秘书处法制室编：《贵州省单行法规汇编》第3辑上册，贵阳：贵阳文通书局1938年版，第230-232页。

252

六、调查各种灾情及其他应行考察事项。

第十一条　第三处之职掌如左：

一、慈善机关之指导监督事项；

二、残废老弱之救济事项；

三、贫民之扶助事项；

四、游民之教养事项；

五、其他有关社会救济事项。

第十二条　赈济委员会设处长三人，简任；科长六人，荐任；科员十二人至十八人，委任。

第十三条　赈济委员会于必要时得延聘慈善专家组织特种委员会。

第十四条　赈济委员会会议规则及办事细则由赈济委员会议定，呈请行政院核准行之。

第十五条　本法自公布日施行。[①]

附35.《贵州省赈济会组织规程》（1939年4月贵州省政府公布）

第一条　本省为办理赈济事宜设置贵州省赈济会。

第二条　本会设主任委员一人，由省政府主席兼任。常务委员三人至五人，由委员互推。委员若干人，由省政府就省政府委员、省党部委员暨民众团体及地方公正士绅中遴聘。

第三条　本会每月开会一次，必要时得开临时会议。由主任委员召集之。

第四条　本会主任委员执行前条会议之决议并综理会务、监督所属职员及省属赈济机关。常务委员辅助主任委员处理会务。主任委员有事故时，指定常务委员代理之。

第五条　本会会议如与各厅处会局有关系时,得请关系厅处会局派员列席。

第六条　本会设左列各组：

一、总务组

二、财务组

三、筹募组

四、救济组

五、查核组

第七条　每组设组长一人，由主任委员就委员中指定之。各组组员若干人，由各组组长遴请主任委员派充。但以就省政府及各厅、处、会、局人员中遴选兼任为原则。

---

① 《赈济委员会组织法》（1938年2月），资料据蔡鸿源主编：《民国法规集成》第34册，合肥：黄山书社1999年版，第278—280页。

第八条　关于难民救济事宜，得以本省已设之救济难民事务处并隶本会继续办理之。

第九条　本会委员均为名誉职。

第十条　本会经费由省政府核发，不得在赈款内开支。

第十一条　本会办事细则由本会自定，分报赈济委员会及省政府备案。

第十二条　本会为办理各县赈济事宜得设县赈济会。其组织规程由本会订定并分报各主管机关备案。

第十三条　本规程自公布之日施行并咨报赈济委员会备案。①

附 36.《贵州省赈济会办事细则》(1939 年 4 月贵州省政府公布)

第一条　本细则根据本会组织规程第十一条之规定订定之。

第二条　本会会议规定如左：

一、会务会议：每月举行一次（日期临时通知）

二、临时会议：主任委员认为必要或有委员二人以上之请求，得召集之。

第三条　本会各组之职掌如左：

一、总务组

1. 关于筹划会务事项；

2. 关于会议纪录事项；

3. 关于编辑报告、统计表册事项；

4. 关于典守印信事项；

5. 关于文电收发缮校事项；

6. 关于档案整理及保管事项；

7. 关于本会经费出纳及编造预决算事项；

8. 关于庶务事项；

9. 关于前赈务会经办全部事务尚未结束事项；

10. 关于不属于其他各组事项。

二、财务组

1. 关于本会今后赈款保管存放及登记事项；

2. 关于本会赈款之分配统计事项；

3. 关于救济难民经费之管理事项。

三、筹募组

1. 关于计划筹募赈款赈品事项；

---

① 《贵州省赈济会组织规程》(1939 年 4 月)，资料据贵州省档案馆馆藏档案史料：全宗号 M24，案卷号 290。

2. 关于灾害之呼吁及宣传事项；

3. 关于联络省内外慈善机关或团体之事项。

四、救济组

1. 关于计划施赈事项；

2. 关于调查灾况事项；

3. 关于查放急赈事项；

4. 关于赈品采购运输事项；

5. 关于筹办农赈工赈事项；

6. 关于管理菜赈事项；

7. 关于救济灾难机关及团体之指导监督事项；

8. 关于其他救济事项。

五、查核组

1. 关于查核赈款赈品之出纳事项；

2. 关于查核赈款赈品册报单据事项；

3. 关于查核采买运输赈品之册报单据事项；

4. 关于查核办赈经费之支用事项；

5. 关于查核本会经费之出纳事项。

第四条　本会设秘书一人，承主任委员之命令及各组长之指挥，综核一切文稿。

第五条　本会各组酌设组员若干人。总务组事务较繁，并得分股办事。其余各组必要时亦同。

第六条　本会得雇用书记若干人，专司缮校文件、表册，保管卷宗收发各事项。

第七条　凡文件到会，应由外收发接收，就原封用簿注明来历及件数。随时送交内收发点收。

第八条　内收发收到文件，立即拆封分别性质摘由登簿分送各组。不得积压延搁。如系密件，就原封登簿分送。

第九条　各组收到文件，随即拟具办法交秘书送组长审定，呈主任委员核阅后发交承办人员办理。

第十条　各组职员所办文件应即日送稿。如关系核算账目及须调查讨论者，亦应于相当日期内办妥。

第十一条　各组职员拟就文件送由秘书核转组长复核，再送主任委员核定判行。

第十二条　本会各项文件，凡主稿核稿暨缮写校对用印，均须由本人署名盖章，以明责任。

第十三条　各组文件核定后，即发缮校对盖章登簿封发，随将文稿附件分别粘卷归档保管。

第十四条　凡不属一组之件，应会商他组办理者，由承办人员共同盖章负责。如本组所办之件，应知照他组者，亦须备簿通知。

第十五条　各职员因办稿调卷，须开条盖章，向管卷人调取。办毕交还收回原条涂销。

第十六条　各组主管事项有应自行提出办理者，得随时签拟呈核。

第十七条　各组主办事项，遇有限期查复者，应提出登记，届期未得复者，即查案催办或虽未定期而事关重要者，亦应随时催办。

第十八条　凡未经公布之文件，各员应严守秘密，不得泄漏。违者分别议处。

第十九条　各员因公需用物品，应缮条盖章，由总务组主管人员核定，交庶务照发。

第二十条　庶务购置一切物品，须取具购物单据，于月终汇报。

第二十一条　本会经费由主管会计人员负责承领、保管、支付。

第二十二条　本会公用器具由庶务负责保管。

第二十三条　本会办公时间，遵照省政府规定办理，不得迟到或早退。但兼任人员不在此限。

第二十四条　各职员在办公时间，概不见客。但因公来访者不在此限。

第二十五条　各职员须轮流值日，以便处理临时事件（轮值规则另订）。

第二十六条　各职员如因事或因病请假，须照请假规则办理（请假规则另订）。

第二十七条　本细则如有未尽事宜，得由会务会议修改之。

第二十八条　本细则自公布日施行，并分报赈济委员会及省政府备案。①

附37.《贵州省各县赈济会组织规程》（1939年6月贵州省政府公布）

第一条　本省各县为办理赈济事宜依据省赈济会组织规程第二条之规定设县赈济会。

第二条　县赈济会设主任委员一人，由县长兼任。常务委员三人至五人，由委员互推。委员若干人，由县政府高级职员、县党部书记长暨民众团体及地方公正士绅中遴聘。

第三条　主任委员执行本会会议之决议并总理会务，监督所属职员及县属

---

① 《贵州省赈济会办事细则》（1939年4月），资料据贵州省档案馆馆藏档案史料：全宗号M24，案卷号290。

赈济机关。常务委员辅助主任委员处理会务。主任委员有事故时指定常务委员代理之。

第四条　县赈济会应设左列各组，但因实际情形，救济组得并入总务组，筹募组得并入财务组办理。

甲、总务组　乙、财务组　丙、筹募组　丁、救济组　戊、查核组

第五条　每组设组长一人，由县赈济会委员中推任之。

第六条　县赈济会因助理事务及缮校文件设事务员或书记若干人，以由各机关调用兼任为原则。但必要时得酌用专任人员。

第七条　设有救济难民分处县份，关于救济难民事务由该县分处办理。

第八条　县赈济会办事细则由会自行拟定，呈报省赈济会备案。

第九条　县赈济会经费由县政府于县地方收入项下拨付，不得在赈款内开支。

第十条　县赈济会委员均为名誉职。

第十一条　本规程如有未尽事宜，得由省赈济会委员会议修改之。

第十二条　本规程自公布之日施行并分报赈济委员会及省政府备案。①

附38.《贵州省赈济会修正各县赈济分会组织规程》(1940年5月贵州省政府公布)

第一条　本省各县为办理赈济事宜依据省赈济会组织规程第十二条之规定设县赈济会。

第二条　县赈济会设主任委员一人，由县政府民政科长兼任。设有社会科则由社会科长兼任。常务委员三人至五人，由委员互推委员若干人，由县政府职员、县党部书记长暨民众团体及地方公正士绅中遴选。

第三条　主任委员执行本会会议之决议并总理会务，监督所属职员。常务委员辅助主任委员处理会务。主任委员有事故时指定常务委员代理之。

第四条　县赈济会应设左列各组，但因实际情形救济组得并入总务组，筹募组得并入财务组。

甲、总务组　乙、财务组　丙、筹募组　丁、救济组　戊、查核组

第五条　每组设组长一人，由县赈济会委员中推任之。

第六条　县赈济会因助理事务及缮校文件，设事务员或书记若干人，以由各机关调用兼任为原则。但必要时得酌用专任人员。

第七条　县赈济会成立后，凡县有赈济救济机关，均应附属办理。但已设

---

①《贵州省各县赈济会组织规程》(1939年6月)，资料据贵州省档案馆馆藏档案史料：全宗号M24，案卷号310。

有救济难民分处县份，关于救济难民事宜仍暂由该县分处主办。县赈济会应共同负责协助。

第八条　县赈济会办事细则由会自行拟定呈报省赈济会备案。

第九条　县赈济会经费由县政府于县地方收入项下拨，不得在赈款内开支。

第十条　县赈济会委员均为名誉职。

第十一条　本规程如有未尽事宜，得由省赈济会委员会议修改之。

第十二条　本规程自呈奉赈济委员会核准之日施行并报贵州省政府备案。①

附39.《黎平县赈济会办事细则》（1939年7月黎平县政府公布）

第一条　本细则依照贵州省各县赈济会组织规程第八条规定订定之。

第二条　本会暂设三组，每组设组长一人，承主任委员之命，办理各组事务。

第三条　总务组掌理事项如左：

一、关于文书及杂务事宜。

二、关于救济事宜。

第四条　财务组掌理事项如左：

一、关于收付款项事宜。

二、关于筹募事宜。

第五条　查核组掌理事项如左：

关于查勘及复核事宜。

第六条　本会设事务员三人，书记三人，由县府职员兼充。

第七条　本会委员及职员均为名誉职。但遇有查勘三十里以外之来往火食，经常会决议后，遵照规定，得在县地方收入项下，酌量支付。

第八条　本会每月开常会一次，如因临时事件，由主任委员临时召集之。

第九条　主任委员因事缺席时，由常务委员中互推一人为主席。

第十条　本细则如有未尽事宜，得呈请修改之。

第十一条　本细则呈准省赈济会核准施行。②

附40.《都匀县赈济会办事细则》（1940年4月都匀县政府公布）

第一条　本细则遵照贵州省各县赈济会组织规程第八条订定之。

第二条　本县赈济会（以下简称本会）委员、各组组长及助理、会内事务人员以县长、县政府高级职员、县党部书记长暨民众团体及地方公正绅耆充任

---

① 《贵州省赈济会修正各县赈济分会组织规程》（1940年5月），资料据贵州省档案馆馆藏档案史料：全宗号M24，案卷号310。

② 《黎平县赈济会办事细则》（1939年7月），资料据贵州省档案馆馆藏档案史料：全宗号M24，案卷号312。

之，受省赈济会之指挥监督。必要时得请驻县机关团体派员参加本会会议。

第三条　本会主任委员以县长兼任，主持本会一切会务。

第四条　本会为办理救济事业之机关，其应办及决定事项，交由本会负责办理。

第五条　本会常务委员三人，由县党部书记长、县政府第一科科长、财委会主任委员兼任之。委员十三人，聘请各界人士充任之，协助办理本会会务。

第六条　本会之工作，为办理救济难民事务（包括水旱火突袭等灾害饥馑荒年及战区难民）及一切赈济计划纲要中规定事项。

第七条　本会分设左列五组，各组职掌如左：

1、总务组：掌理总务文书缮校文件、调查难民造册及不属其他各组事项。

2、财务组：掌理赈款保管发放，造具预算事项。

3、筹募组：掌理筹募捐款，订定筹募簿及宣传劝募事项。

4、救济组：掌理救济慰劳难民及协同总务组调查难民册报事项。

5、查核组：掌理审核赈款，发放册据、募捐簿据、难民人数等事项。

第八条　第七条各组，每组设组长一人，由委员中推任之，分别主持各组事务，必要时由兼主任委员调派所属其他机关职员助理之。

第九条　本会因助理事务及缮校文件，设事务员及书记各二人办理一切缮校文件、表册，由县府第一科人员调充之。

第十条　本会每月开会一次，必要时得开临时会，由主任委员召集之。

第十一条　本细则如有未尽事宜，得随时呈请修改之。

第十二条　本细则自呈奉贵州赈济会核准后施行。[①]

附41.《永从县赈济会办事细则》（1939 年 7 月永从县政府公布）

第一条　本细则根据本会组织规程第八条之规定订定之。

第二条　本会会议规定如左：

一、委员会会议每月举行一次（日期临时通知）。

二、常务委员会会议每星期三上午十二时举行一次。

三、临时会议由委员三人以上之请求或主任委员认为必要时得临时召集之。

第三条　本会分左列五组办理一切事务：

一、总务组

二、财务组

三、筹募组

[①] 《都匀县赈济会办事细则》(1940 年 4 月)，资料据贵州省档案馆馆藏档案史料：全宗号M24，案卷号 312。

四、救济组

五、查核组

第四条　本会总务组之职掌如左：

一、关于筹划会务事项；

二、关于会议记录事项；

三、关于编辑报告，统计表册及档案整理保管事项；

四、关于经费出纳及编造预决算事项；

五、关于典守印信事项；

六、关于文件收发缮校事项；

七、关于庶务事项；

八、关于赈款筹集运输事项；

九、关于不属其他各组事项。

第五条　本会财务组之职掌如左：

一、关于赈款赈品保管存放及登记事项；

二、关于赈款赈品之分配统计事项；

三、关于本会经费统筹统支事项。

第六条　本会筹募组之职掌如左：

一、关于计划筹募赈款赈品事项；

二、关于灾害之呼吁及宣传事项；

三、关于联络救济机关或慈善团体事项。

第七条　本会救济组之职掌如左：

一、关于各种救济事项；

二、关于调查灾况事项；

三、关于计划施赈及查放急赈事项；

四、关于赈品之采购运输事项。

第八条　本会查核组之职掌如左：

一、关于查核赈款赈品之出纳事项；

二、关于赈款查核之收放及赈品之采购运输之册报单据事项；

三、关于查核办赈经费之支用事项；

四、关于查核本会经费之出纳事项。

第九条　本会委员及各兼组长概为义务职。如以事务必要时得设事务员一人，酌给薪津。

第十条　本会设书记一人至二人，酌给薪津，专司缮校文件表册及保管卷宗等事务。

第十一条　凡文件到会即由书记接收登记，分别性质送交各组核办。

第十二条　各组收到文件，随即拟具办法，呈送主任委员核阅后发交各承办人员办理。

第十三条　各组职员所办文件应即日送稿。如关系核算账目，不得逾三日。但须调查讨论者，不在此限。

第十四条　本会各项文件，凡主稿核稿暨缮写校对用印，均须由各承办人员署名盖章，以明责任。

第十五条　各组文件核定后，即行发缮校对盖印登簿封发，随将文稿附件分别粘卷归档保管。

第十六条　凡不属一组之件，应会同他组办理者，承办人员共同盖章负责。如本组所办之件他组所应知者，亦须通知。

第十七条　各员因办稿调卷，须开条加盖名章，向管卷人调取办毕，归档收回原条涂销。

第十八条　各组主管事项有应自行提出办理者，得随时签拟呈核。

第十九条　各组主办事项遇有限期查复者，应提出登记。届期未得复时，即查案催促或虽未定期而事关重要者，亦应随时催促办理。

第二十条　凡未经公布之文件，各员应严守秘密，不得泄漏。违者分别议处。

第二十一条　各组因公需用物品，应缮条盖章，由总务组核交庶务照发。

第二十二条　一切赈款赈品均由财务组负责经收保存散放支用。

第二十三条　庶务购置一切物品须取具购物单据于月终汇报。

第二十四条　本会经费由会计负责承领保管支付。

第二十五条　本会公用器具物品由庶务负责保管。

第二十六条　本会员书薪俸津贴及工役工资每月由会计缮具发薪簿，加盖名章呈请主任委员核签。

第二十七条　本会办公时间除例假外，每日上午自七时半至十一时半；下午自一时起至五时止。必要时得延长或于办公时外指定职员办理。

第二十八条　本会职员每日应准时到会办公，不得迟到或早退。但兼任职员不在此限。

第二十九条　本会职员在办公时间概不见客。但因公来访者不在此限。

第三十条　本会各组均须派员轮流值日。另表定之。

第三十一条　本会职员如有因事或因病请假者，须照请假规则办理请假。规则另定之。

第三十二条　本细则如有未尽事宜，得由本会委员会议修改并呈报主管机关备案。

第三十三条　本细则呈准后公布实施之。①

────────

①《永从县赈济会办事细则》(1939 年 7 月)，资料据贵州省档案馆馆藏档案史料：全宗号 M24，案卷号 312。

附 42.《关岭县赈济会办事细则》（1939 年 11 月关岭县政府公布）

第一条　本细则系根据贵州省赈济会令发修正各县赈济会组织规程第八条之规定订定之。

第二条　本会办理事务除法令别有规定外，悉依本细则行之。

第三条　本会设左列各组：

甲、总务组　乙、财务组　丙、筹募组　丁、救济组　戊、查核组

第四条　总务组应办事项：

一、掌管钤记公章；

二、撰拟文稿及收发文件；

三、保管件宗。

第五条　财务组应办事项：

一、保管赈款及赈品；

二、保管经费及支付；

三、购置一切用具（不设庶务）。

第六条　筹募组应办事项：

一、筹募赈款；

二、筹募赈品；

三、筹募一切食品。

第七条　救济组应办事项：

一、办理救济难民事宜；

二、救济一切水火灾黎；

三、安置难民处所。

第八条　查核组应办事项：

一、查核赈款事宜；

二、查核筹募赈款及支出事宜；

三、查核本会经费支付事宜。

第九条　不属于各组办理之事件悉归总务组办理之。

第十条　本会办公时间除例假外，每日上午七时至十一时，下午一时至五时。但有紧要事件，虽不在办公时间亦应到会办理。

第十一条　总务组每日接到文件后立即登记送呈主任委员核阅判行。

第十二条　各主管事项有自行提出办理者，得随时拟稿呈核。

第十三条　各主管事项遇有限期饬办之件，应依期办毕，不得延搁。

第十四条　本会每月召开常会一次，由主任委员召集之。如主任委员因事不能出席时，得指定常委代理。

第十五条　本会书记除长任外，如遇事务繁多时得临时雇用。

第十六条　本细则如有未尽事宜，得随时修改之。

第十七条　本细则自呈请核准之日实行。①

附 43.《郎岱县赈济会办事细则》(1939 年 11 月郎岱县政府公布)

第一条　本细则依据本会组织规程第八条之规定订定之。

第二条　本会会议之规定如左：

一、常务委员会议每月举行一次。遇必要时得由主任委员临时召集之。

二、临时委员会议由委员三人以上之请求或主任委员认为必要时，得临时召集之。

第三条　总务组之职掌如左：

一、关于筹划会务事项；

二、关于编列议事日程及开会纪录事项；

三、关于宣传及编制统计表册事项；

四、关于调查各种灾情及其附属应行考察事项；

五、关于赈款赈品之支配采购及施放事项；

六、关于文电收发缮校及典守印信事项；

七、关于杂务及不属其他各组事项。

第四条　财务组之职掌如左：

一、关于计划筹募赈款赈品事项；

二、关于一切款项保管存放事项；

三、关于本会经费及赈款赈品之出纳暨编制预算决算报销事项。

第五条　查核组之职掌如左：

一、关于查核赈款赈品之出纳事项；

二、关于查核收放赈款赈品之册报单据事项；

三、关于查核采买运输赈品之册报单据事项；

四、关于查核办赈经费之支用事项；

五、关于查核本会经费之出纳事项。

第六条　本会设事务员一人，协助各组办理日常会务；书记一人，专司缮校各组文件及保管卷宗事务。如必要时得临时雇用之。

第七条　本会办公时间悉遵政府之规定。必要时得提早或延长之。

第八条　本细则如有未尽事宜，得随时修改之。

第九条　本细则经会议决通过，呈报省赈济会备案施行。②

---

① 《关岭县赈济会办事细则》(1939 年 11 月)，资料据贵州省档案馆馆藏档案史料：全宗号 M24，案卷号 311。

② 《郎岱县赈济会办事细则》(1939 年 11 月)，资料据贵州省档案馆馆藏档案史料：全宗号 M24，案卷号 311。

附 44.《处置难民过境办法》（1934 年 2 月内政部公布）

1. 难民过境悉由县府所在地酌给口粮并派警沿途保护出境。如再经过之区、镇、乡、间，一概不得停留及无故需索与任意取夺他人所有物。违者即以盗贼罪论，立时由保护之警察拘解就近水陆公安局队，转解犯事所在地之县府判处，以儆。

2. 受灾区域之难民为谋生起见外乞援，当地县政府查明人口总数，不得任意多填，并详为搜查，切实取缔携带违禁物品。如为邻县搜获，除依法惩处外，其所发护照之县长应受相当惩处。

3. 难民人口、船只、姓名、年岁，应详填护照（姓名、年岁填在护照之背面）。如有中途出生死亡，随时报明经过之县政府，加以注明，并盖印戳。所发口粮设与护照不同，应即停止，且予押还原籍，不得通过。

4. 受灾区域难民出外人数分向何地乞援，应由受灾之县政府先行函达经过各县，俾可于到达时查卷放粮。

5. 第 1、3 两条所载各项，应由受灾区域之县政府详为晓谕被难民众，俾可明瞭而免触犯。

6. 以上各条，应呈请省会核转中央通令全国切实遵行。①

附 45.《修正贵州省救济难民事务处组织规程》（1939 年 5 月贵州省政府公布）

第一条　本规程依据贵州省赈济会组织规程第八条之规定制定之。

第二条　本处设处长一人，由民政厅长兼任，综理本处一切事项。副处长一人，襄助处长办理本处一切事项。

必要时处长得派专任人员充任。副处长得由中央赈济委员会运送配置难民贵阳总站主任兼任。

第三条　本处分设秘书室及各组。其职掌如左：

秘书室掌理本处文书、庶务，典守钤记及不属于其他各组事务。

第一组掌理关于难民之收容及管理事项。

第二组掌理关于难民之给养、保卫及救护事项。

第三组掌理关于难民之调查统计及生产事业之设计事项。

第四组掌理关于救济经费及本处经费之会计出纳事项。

第四条　各组得酌量事务繁简分设二股或三股。

---

① 《处置难民过境办法》（1934 年 2 月），资料据蔡鸿源主编：《民国法规集成》第 39 册，合肥：黄山书社 1999 年版，第 518 页。

第五条　秘书室设秘书一人或二人，事务员若干人。

第六条　各组设组长一人，副组长一人，股长及事务员各若干人。

第七条　本处缮写文件得酌用书记若干人。

第八条　本处设置设计委员若干人，聘请地方人士充任，以资协助。

第九条　本处应指定若干县为收容区，于各该县设分处，由县长兼任分处长。所有分处事务由该县长指派所属各科职员、保警团队及地方慈善团体人员分别担任办理。其规程另订之。

第十条　设立分处各县得查酌实际情形，设立收容所，其办法另定之。

第十一条　本处于必要时得呈请派临时视察员，分赴各县视察分处工作并负监督指导之责。

第十二条　本处职员以调派各厅处职员兼充为原则，但有必要情形，得由处长遴员呈请贵州省赈济会委派专任。

第十三条　本处职员先就筹办事务上必要者设置之，其余俟事务增加逐渐设置。

第十四条　本处经费预算另定之。

第十五条　本处收支款项应按旬造具收支旬报表，呈报贵州省赈济会查核。

第十六条　本处遇有紧急文件，得随时迳行签请省政府核示遵办并分报贵州省赈济会。

第十七条　本处办事细则由本处另订呈请贵州省赈济会核定之。

第十八条　本规程自省政府公布之日施行。①

附46.《贵州省社会处组织规程》(1942 年 10 月贵州省政府公布)

第一条　贵州省政府依据省社会处组织大纲之规定设贵州省社会处，直隶贵州省政府，掌理全省社会行政事宜。

第二条　社会处设左列各科室：

一、秘书室

二、第一科

三、第二科

四、第四科

各科室得依其职掌分股办事。

---

①《修正贵州省救济难民事务处组织规程》,资料据贵州省档案馆馆藏档案史料：全宗号 M26，案卷号 24。

第三条　秘书室职掌如左：

一、关于编制工作计划及工作报告事项。

二、关于办理机要文件及译电事项。

三、关于典守印信事项。

四、关于综核文告及分配文件事项。

五、关于会议事项。

六、关于社会处出版物之编辑刊行事项。

七、其他不属于各科主管事项。

第四条　第一科职掌如左：

一、关于文件之收发、缮校及保管事项。

二、关于人事之任免及成绩考核登记事项。

三、关于经费出纳及庶务事项。

四、关于公产公物之购置登记及保管事项。

五、其他有关总务事项。

第五条　第二科职掌如左：

一、关于人民团体之组织训练事项。

二、关于人民团体相互关系之调整联系事项。

三、关于劳资争议之处理事项。

四、关于社会运动及人民团体目的事业外一般活动之指导、监督事项。

五、其他有关社会组织训练事项。

第六条　第三科职掌如左：

一、关于社会保险之指导实施事项。

二、关于劳动者生活之改良事项。

三、关于社会服务事业之指导管理事项。

四、关于社会日常生活费用指数之调查统计事项。

五、关于职业介绍之指导协助事项。

六、关于贫苦、老弱、残废之收容教养事项。

七、其他有关社会福利事项。

第七条　社会处置处长一人，简任，综理处务并得列席省政府委员会会议。

第八条　社会处置秘书一人，荐任，承处长之命掌理秘书室事务。

第九条　社会处置科长三人，荐任，承长官之命分掌各科事务。

第十条　社会处置视导四人至六人，其中二人荐任，其余委任，承长官之命视察及指导全省社会行政事务。

第十一条　社会处置会计主任一人，荐任，会计佐理员二人至四人，均委任，受省政府会计长及本处处长指挥，监督办理岁计会计事项。

第十二条　社会处置科员二十人至三十人，办事员十八人至十五人，均委任，承长官之命办理各科室事务。

第十三条　社会处办理缮写及其他事项，得酌用雇员。

第十四条　社会处因业务上这需要，得呈请省政府核准设置特种委员会。

第十五条　社会处办事细则另订之。

第十六条　本规程自公布之日施行。①

---

①《贵州省社会处组织规程》，资料据贵州省档案馆馆藏档案史料：全宗号 M1，案卷号 1555。

参考资料

一、档案、法规、资料汇编、文史资料、地方志、报刊类

[1] 贵州省档案馆藏：全宗名称：贵州省赈务会（1929.12—1943.2），全宗号 M24。

[2] 贵州省档案馆藏：全宗名称：贵州省政府民政厅（1927.3—1949.11），全宗号 M8。

[3] 贵州省档案馆藏：全宗名称：贵州省政府（1911.11—1949.11），全宗号 M1、M2。

[4] 州省档案馆藏：全宗名称：贵州省社会处（1942.4—1949.4），全宗号 M15。

[5] 贵州省档案馆藏：全宗名称：贵州省救济难民委员会（1938.7—1939.5），全宗号 M25。

[6] 贵州省档案馆藏：全宗名称：贵州省救济难民事务处（1938.10—1941.3），全宗号 M26。

[7] 南京中国第二历史档案馆藏：全宗名称：行政院（1928—1949），全宗号 2。

[8] 南京中国第二历史档案馆藏：全宗名称：赈济委员会（1928—1945），全宗号 116。

[9] 四川省档案馆藏：全宗名称：四川省赈济会（1928—1948），全宗号民63。

[10] 荣孟源主编：《中国国民党历次全国代表大会及中央全会资料》（上下册），北京：光明日报出版社 1985 年版。

[11] 《中华民国法规大全》（第1—4册），上海：商务印书馆 1936 年版。

[12] 王云五主编：《现行法规大全》，上海：商务印书馆 1933 年版。

[13] 汉民署检：《民国法规集刊》（第 1 集），上海：上海民智书局 1929 年版。

[14] 立法院编译处编：《中华民国法规汇编》，1937 年版。

[15] 蔡鸿源主编：《民国法规集成》（第 1—100 册），合肥：黄山书社 1999 年版。

[16] 《东方杂志》第 1—20 卷。

[17] 贵州省档案馆编：《贵州档案史料》（1987—2000 年）、《贵州档案》（2001—2008 年）。

[18] 秦孝仪主编：《"革命"文献》（第 70—97 辑），台北：裕台公司 1983 年版。

[19] 贵州省政府秘书处法制室编：《贵州省单行法规汇编》第 1 辑，贵阳：贵阳文通书局 1935 年版。

[20] 贵州省政府秘书处法制室编：《贵州省单行法规汇编》第 3 辑，贵阳：贵阳文通书局 1938 年版。

[21] 贵州省政府秘书处法制室编：《贵州省单行法规汇编》第 4 辑，贵阳：贵阳明诚印刷所 1947 年版。

[22] 贵州省政府秘书处编印：《贵州省现行条规类编》，贵阳：贵阳同志印刷局 1930 年版。

[23] 中央训练团编印：《中华民国法规辑要》（第 1—5 册），1941 年版。

[24] 重庆市档案馆编：《抗日战争时期国民政府经济法规》（上下册），北京：档案出版社 1992 年版。

[25] 张肖梅编著：《贵州经济》，重庆：中国国民经济研究所 1939 年版。

[26] 郭廷以编著：《中华民国史事日志》（第 3 册），台北："中央研究院"近代史研究所 1984 年版。

[27] 朱汇森主编：《中华民国史事纪要》（中华民国十八年（1929 年）1 至 4 月份），台北："国史馆" 1985 年版。

[28] 朱汇森主编：《中华民国史事纪要》（中华民国十九年（1930 年）1 至 6 月份），台北："国史馆" 1987 年版。

[29] "中华民国史事纪要编辑委员会"编：《中华民国史事纪要》（民国十六年（1927 年）7 至 12 月），台北："中华民国史料研究中心" 1978 年版。

[30] "中华民国史事纪要编辑委员会"编：《中华民国史事纪要》（民国十七年（1928 年）1 至 6 月），1978 年版。

[31] 朱汇森主编：《中华民国史事纪要》（中华民国十八年（1929 年）9 至 12 月份），台北："国史馆" 1989 年版。

[32] 朱汇森主编：《中华民国史事纪要》（中华民国十八年（1929 年）5 至 8 月份），台北："国史馆" 1986 年版。

[33] 朱汇森主编：《中华民国史事纪要》（中华民国二十二年（1933 年）7 至 12 月份），台北："国史馆" 1986 年版。

[34] 朱汇森主编：《中华民国史事纪要》（中华民国二十四年（1935 年）1 至 6 月份），台北："国史馆" 1987 年版。

[35] 朱汇森主编：《中华民国史事纪要》（中华民国二十三年（1934 年）1 至 6 月份），台北："国史馆" 1987 年版。

[36] 朱汇森主编：《中华民国史事纪要》（中华民国二十二年（1933 年）1 至 6

月份），台北："中华民国史料研究中心"1984年版。

[37] 朱汇森主编：《中华民国史事纪要》（中华民国二十六年（1937年）7至12月份），台北："国史馆"1987年版。

[38] 朱汇森主编：《中华民国史事纪要》（中华民国二十五年（1936年）1至6月份），台北："国史馆"1987年版。

[39] 瞿韶华主编：《中华民国史事纪要》（中华民国三十年（1941年）1至6月份），台北："国史馆"1990年版。

[40] 瞿韶华主编：《中华民国史事纪要》（中华民国三十二年（1943年）1至6月份），台北："国史馆"1994年版。

[41] 秦孝仪等编：《中华民国建国史：第一篇 革命开国（二）》，台北："国立编译馆"1985年版。

[42] 秦孝仪等编：《中华民国建国史：第二篇 民初时期（四）》，台北："国立编译馆"1987年版。

[43] 秦孝仪等编：《中华民国建国史：第四篇 抗战建国（二）》，台北："国立编译馆"1990年版。

[44] 《贵州省志·交通志》，贵阳：贵州人民出版社1991年版。

[45] 《贵州省志·铁道志》，北京：方志出版社1997年版。

[46] 《贵州省志·民政志》，北京：方志出版社1997年版。

[47] 《贵州省志·农业志》，贵阳：贵州人民出版社2001年版。

[48] 《贵州省志·气象志》，北京：方志出版社1998年版。

[49] 《贵州省志·大事记》，贵阳：贵州人民出版社2007年版。

[50] 《贵州省志·人事志》，贵阳：贵州人民出版社1999年版。

[51] 《雷山县志》，贵阳：贵州人民出版社1992年版。

[52] 《榕江县志》，贵阳：贵州人民出版社1999年版。

[53] 《黎平县志》，成都：巴蜀书社1989年版。

[54] 《独山县志》，贵阳：贵州人民出版社1996年版。

[55] 《兴仁县志》，贵阳：贵州人民出版社1991年版。

[56] 《正安县志》，贵阳：贵州人民出版社1999年版。

[57] 《镇远县志》，贵阳：贵州人民出版社1992年版。

[58] 《贞丰县志》，贵阳：贵州人民出版社1994年版。

[59] 《福泉县志》，贵阳：贵州人民出版社1992年版。

[60] 《道真县志》，贵阳：贵州人民出版社1992年版。

[61] 《晴隆县志》，贵阳：贵州人民出版社1993年版。

[62] 《务川仡佬族苗族自治县志》，贵阳：贵州人民出版社2001年版。

[63] 《剑河县志》，贵阳：贵州人民出版社1994年版。

[64] 《天柱县志》，贵阳：贵州人民出版社 1993 年版。

[65] 《赫章县志》，贵阳：贵州人民出版社 2001 年版。

[66] 《湄潭县志》，贵阳：贵州人民出版社 1993 年版。

[67] 《望谟县志》，贵阳：贵州人民出版社 2001 年版。

[68] 《威宁彝族回族苗族自治县志》，贵阳：贵州人民出版社 1994 年版。

[69] 《紫云苗族布依族自治县志》，贵阳：贵州人民出版社 1991 年版。

[70] 《关岭布依苗族自治县志》，贵阳：贵州人民出版社 2002 年版。

[71] 《纳雍县志》，贵阳：贵州人民出版社 1999 年版。

[72] 《仁怀县志》，贵阳：贵州人民出版社 1991 年版。

[73] 《赤水县志》，贵阳：贵州人民出版社 1990 年版。

[74] 《绥阳县志》，贵阳：贵州人民出版社 1993 年版。

[75] 《思南县志》，贵阳：贵州人民出版社 1992 年版。

[76] 《龙里县志》，贵阳：贵州人民出版社 1995 年版。

[77] 《织金县志》，北京：方志出版社 1997 年版。

[78] 《贵定县志》，贵阳：贵州人民出版社 1995 年版。

[79] 《册亨县志》，贵阳：贵州人民出版社 2002 年版。

[80] 《普安县志》，贵阳：贵州人民出版社 1999 年版。

[81] 《平坝县志》，贵阳：贵州人民出版社 2004 年版。

[82] 《安龙县志》，贵阳：贵州人民出版社 1992 年版。

[83] 《台江县志》，贵阳：贵州人民出版社 1994 年版。

[84] 《丹寨县志》，北京：方志出版社 1999 年版。

[85] 《沿河县志》，贵阳：贵州人民出版社 1993 年版。

[86] 《息烽县志》，贵阳：贵州人民出版社 1993 年版。

[87] 《岑巩县志》，贵阳：贵州人民出版社 1993 年版。

[88] 《遵义市志》，北京：中华书局 1998 年版。

[89] 《普定县志》，贵阳：贵州人民出版社 1999 年版。

[90] 《修文县志》，北京：方志出版社 1998 年版。

[91] 《习水县志》，贵阳：贵州人民出版社 1995 年版。

[92] 《毕节县志》，贵阳：贵州人民出版社 1996 年版。

[93] 《桐梓县志》，北京：方志出版社 1997 年版。

[94] 《遵义县志》，贵阳：贵州人民出版社 1992 年版。

[95] 《水城县志》，贵阳：贵州人民出版社 1994 年版。

[96] 《兴义县志》，贵阳：贵州人民出版社 1988 年版。

[97] 《麻江县志》，贵阳：贵州人民出版社 1992 年版。

[98] 《黄平县志》，贵阳：贵州人民出版社 1993 年版。

[99] 蒋德学编:《贵州近代经济史资料选辑》(上)第 1 卷,成都:四川社会科学出版社 1987 年版。

[100] 李德芳、林建增编:《贵州近代经济史资料选辑》(上)第 2 卷,成都:四川社会科学出版社 1987 年版。

[101] 中国第二历史档案馆编:《国民党政府政治制度档案史料选编》(上下册),合肥:安徽教育出版社 1994 年版。

[102] 中国第二历史档案馆编:《中华民国档案资料汇编》第 3 辑,南京:江苏古籍出版社 1991 年版。

[103] 李新总编:《中华民国大事记》,北京:中国文史出版社 1997 年版。

[104] 辛亥革命武昌起义纪念馆、政协湖北省委员会文史资料研究委员会合编:《湖北军政府文献资料汇编》,武汉大学出版社 1986 年版。

[105] 韩义义、杨占贤主编:《贵州社会组织概览》(1911—1949),贵州人民出版社 1996 年版。

[106] 许嘉璐主编:《十三经》,广东教育出版社(广州)、陕西人民出版社(西安)、广西教育出版社(南宁)2005 年版。

[107] 李文海、夏明方主编:《中国荒政全书》第 1 辑,北京:北京古籍出版社 2003 年版。

[108] 李文海、夏明方主编:《中国荒政全书》第 2 辑第 1—4 卷,北京:北京古籍出版社 2004 年版。

[109] 《广西通志·民政志》,南宁:广西人民出版社 1996 年版。

[110] 《河南省志·民政志》,郑州:河南人民出版社 1993 年版。

[111] 《湖南省志·政务志》,北京:中国文史出版社 1994 年版。

[112] 《湖北省志·民政》,武汉:湖北人民出版社 1994 年版。

[113] 汪智泉、张银如编:《宁夏民政大事记》(1840—1988),银川:宁夏人民出版社 1991 年版。

[114] 《青海省志·民政志》,合肥:黄山书社 1998 年版。

[115] 《云南省志·民政志》,昆明:云南人民出版社 1996 年版。

[116] 《辽宁省志·民政志》,沈阳:辽宁科学技术出版社 1996 年版。

[117] 《广东省志·民政志》,广州:广东人民出版社 1993 年版。

[118] 《黑龙江省志·民政志》,哈尔滨:黑龙江人民出版社 1993 年版。

[119] 《陕西省志·民政志》,西安:陕西人民出版社 2003 年版。

[120] 《安徽省志·民政志》,合肥:安徽人民出版社 1993 年版。

[121] 《北京志·民政志》,北京:北京出版社 2003 年版。

[122] 《福建省志·民政志》,北京:方志出版社 1997 年版。

[123] 《山东省志·民政志》,济南:山东人民出版社 1992 年版。

[124]《甘肃省志·民政志》,兰州:甘肃人民出版社1994年版。

[125]《吉林省志·民政志》,长春:吉林人民出版社1991年版。

[126]《山西通志·民政志》,北京:中华书局1996年版。

[127]《江苏省志·民政志》,北京:方志出版社2002年版。

[128]《江西省志·民政志》,合肥:黄山书社1999年版。

[129]《四川省志·民政志》,成都:四川人民出版社1996年版。

[130]《贵州省志·地理志》(上下册),贵阳:贵州人民出版社1988年版。

[131] 宗志文、朱信泉主编:《民国人物传》第3卷,北京:中华书局1981年版。

[132] 朱信泉、严如平主编:《民国人物传》第4卷,北京:中华书局1984年版。

[133] 罗宁主编:《中国气象灾害大典·贵州卷》,北京:气象出版社2006年版。

[134] 邵业昌、张恒博主编:《中国历朝帝王概览》,长春:长春出版社2007年版。

[135] 贵阳市志编纂委员会办公室编:《贵阳百年》(1901—2000),贵阳:贵州人民出版社2000年版。

[136]《申报》。

[137] 黄加服、段志洪主编:《中国地方志集成·贵州府县志辑》(50册),南京:江苏古籍出版社、上海:上海书店、成都:巴蜀书社,根据民国时期出版的志书于1990年影印版。

[138]《晨报》。

[139]《贵州公报》。

[140]《民国日报》。

[141] 内政部总务司第二科编:《内政法规汇编地政类》,重庆:商务日报馆1940年版。

二、辞典、年表类

[1] 陈旭麓、李华兴主编:《中华民国史辞典》,上海:上海人民出版社1991年版。

[2] 张宪文、方庆秋、黄美真主编:《中华民国史大辞典》,南京:江苏古籍出版社2002年版。

[3] 尚海、孔凡军、何虎生主编:《民国史大辞典》,北京:中国广播电视出版社1991年版。

[4] 刘寿林、万仁元、王玉文、孔庆泰编:《民国职官年表》,北京:中华书局1995年版。

[5] 贵州省图书馆编:《贵州历代自然灾害年表》,贵阳:贵州人民出版社1982年版。

[6] 陈高傭等编:《中国历代天灾人祸表》(上下册),上海:上海书店根据1939年暨南大学版本于1986年影印版。

三、著述类

[1] 李文海、林敦奎、周源、宫明著：《近代中国灾荒纪年》，长沙：湖南教育出版社 1990 年版。

[2] 李文海、林敦奎、程歗、宫明著：《近代中国灾荒纪年续编》（1919—1949），长沙：湖南教育出版社 1993 年版。

[3] 张水良著：《中国灾荒史》（1927—1937），厦门：厦门大学 1990 年版。

[4] 孟昭华、彭传荣著：《中国灾荒史》（现代部分），北京：水利电力出版社 1989 年版。

[5] [战国]孟轲著：《孟子》，太原：山西古籍出版社 1999 年版。

[6] 章义和著：《中国蝗灾史》，合肥：安徽人民出版社 2008 年版。

[7] 邱涛著：《中华民国反贪史——其制度变迁与运行的衍异》，兰州：兰州大学出版社 2004 年版。

[8] 岑士良编写：《贵州灾害性天气及预防》，贵阳：贵州人民出版社 1986 年版。

[9] 冯尔康、常建华著：《清人社会生活》，天津：天津人民出版社 1990 年版。

[10] 蔡勤禹著：《国家社会与弱势群体——民国时期的社会救济》（1927—1949），天津：天津人民出版社 2003 年版。

[11] 孟昭华著：《中国灾荒史记》，北京：中国社会科学出版社 1999 年版。

[12] 邓云特著：《中国救荒史》，北京：商务印书馆 1993 年根据 1937 年版影印本。

[13] 舒大刚著：《孔子的智慧》，北京：中央编译出版社 2008 年版。

[14] 赫治清主编：《中国古代灾害史研究》，北京：中国社会科学出版社 2007 年版。

[15] 于丹著：《于丹〈论语〉心得》，北京：中华书局 2006 年版。

[16] 李文海、夏明方主编：《天有凶年——清代灾荒与中国社会》，北京：生活·读书·新知三联书店 2007 年版。

[17] 孙语圣著：《1931·救灾社会化》，合肥：安徽大学出版社 2008 年版。

[18] 贵州省防汛抗旱指挥部办公室、贵州省水文资源局编：《贵州水旱灾害》，贵阳：贵州人民出版社 1999 年版。

[19] 周振鹤主编，傅林祥、郑宝恒著：《中国行政区划通史·中华民国卷》，上海：复旦大学出版社 2007 年版。

[20] 钱端升等著：《民国政制史》（上下册），上海：上海人民出版社 2008 年版。

[21] 张宪文等著：《中华民国史》，南京：南京大学出版社 2005 年版。

[22] 隗瀛涛、李有明、李润苍、张力、刘传英著：《四川近代史》，成都：四川省社会科学院出版社 1985 年版。

[23] 王斌编著：《四川现代史》，重庆：西南师范大学出版社 1988 年版。

[24] 孙绍骋著：《中国救灾制度研究》，北京：商务印书馆 2004 年版。

[25] 孟昭华、王明寰著：《中国民政史稿》，哈尔滨：黑龙江人民出版社 1987 年版。

[26] 王德春著：《联合国善后救济总署与中国》（1945—1947），北京：人民出版社 2004 年版。

[27] 张静如、刘志强、卞杏英主编：《中国现代社会史》（上下册），长沙：湖南人民出版社 2004 年版。

[28] 张皓著：《中国现代政治制度史》，北京：北京师范大学出版社 2004 年版。

[29] 孙永都、孟昭星著：《中国历代职官知识手册》，天津：百花文艺出版社 2006 年版。

[30] 张艳丽著：《嘉道时期的灾荒与社会》，北京：人民出版社 2008 年版。

[31] 白钢主编：《中国政治制度史》（上下卷），天津：天津人民出版社 2002 年版。

[32] 林尹注译：《周礼今注今译》，北京：书目文献出版社 1985 年版。

[33] 汪汉忠著：《灾害、社会与现代化》，北京：社会科学出版社 2005 年版。

[34] 蒋国生、韩义义主编：《民国时期贵州省政府委员会会议辑要》（上下册），贵阳：贵州人民出版社 2000 年版。

[35] 余文武著：《民族伦理的现代境遇及其教育研究》，北京：现代教育出版社 2008 年版。

[36] 靳环宇著：《晚清义赈组织研究》，长沙：湖南人民出版社 2008 年版。

[37] 刘东主编：海外中国研究丛书，[法]魏丕信著，徐建青译：《十八世纪中国的官僚制度与荒政》，南京：江苏人民出版社 2006 年版。

[38] 池子华著：《中国流民史》（近代卷），合肥：安徽人民出版社 2001 年版。

[39] 王俊祥、王洪春著：《中国流民史》（现代卷），合肥：安徽人民出版社 2001 年版。

[40] 李向军著：《清代荒政研究》，北京：中国农业出版社 1995 年版。

[41] 韦庆远主编：《中国政治制度史》，北京：中国人民大学出版社 1989 年版。

[42] [日]家近亮子著，王北花译：《蒋介石与南京国民政府》，北京：社会科学文献出版社 2005 年版。

[43] 郑佩权编著：《简明近代中国经济史》，北京：北京师范大学出版社 1992 年版。

[44] 贵阳市志编纂委员会办公室编：《民国贵阳经济》，贵阳：贵州教育出版社 1993 年版。

[45] 王林主编：《山东近代灾荒史》，济南：齐鲁书社 2004 年版。

[46] 文芳主编:《天灾人祸——天祸》,北京:中国文史出版社 2004 年版。

[47] 李文海、程歗、刘仰东、夏明方著:《中国近代十大灾荒》,上海:上海人民出版社 1994 年版。

[48] 钱钢、耿庆国主编:《二十世纪中国重灾百录》,上海:上海人民出版社 1999 年版。

[49] 周秋光、曾桂林著:《中国慈善简史》,北京:人民出版社 2006 年版。

[50] 宋正海等著:《中国古代自然灾动态分析》,合肥:安徽教育出版社 2002 年版。

[51] 陈支平主编:台海研究丛书,徐泓编著:《清代台湾自然灾害史料新编》,福州:福建人民出版社 2007 年版。

[52] 文芳主编:《匪窟噩梦——匪祸》,北京:中国文史出版社 2004 年版。

[53] 彭明主编:《中国现代史资料选辑》(1927—1931)第 3 册,北京:中国人民大学出版社 1988 年版。

[54] 文芳主编:《兵灾战乱——兵祸》,北京:中国文史出版社 2004 年版。

[55] 姜良芹著:《南京国民政府内债问题研究(1927—1937)——以内债政策及运作绩效为中心》,南京:南京大学出版社 2003 年版。

[56] 潜苗金译注:《礼记译注》,杭州:浙江古籍出版社 2007 年版。

[57] 孙善根著:《民国时期宁波慈善事业研究》(1912—1936),北京:人民出版社 2007 年版。

[58] 陈支平主编:中国经济史研究丛书,张崇旺著:《明清时期江淮地区的自然灾害与社会经济》,福州:福建人民出版社 2006 年版。

[59] 《中共中央国务院关于积极发展现代农业扎实推进社会主义新农村建设的若干意见》(学习读本),北京:人民出版社 2007 年版。

[60] 夏明方著:《民国时期自然灾害与乡村社会》,北京:中华书局 2000 年版。

[61] 孔令纪等主编:《中国历代官制》,济南:齐鲁书社 1993 年版。

[62] 史继忠著:《多彩贵州》(干部版),贵阳:贵州人民出版社 2007 年版。

[63] 卜风贤著:《农业灾荒论》,北京:中国农业出版社 2006 年版。

[64] 朱浒著:《地方性流动及其超越——晚清义赈与近代中国的新陈代谢》,北京:中国人民大学出版社 2006 年版。

[65] 康沛竹著:《灾荒与晚清政治》,北京:北京大学出版社 2002 年版。

[66] 郑成功著:《社会保障学——理念、制度、实践与思辨》,北京:商务印书馆 2000 年版。

[67] 邹逸麟编著:《中国历史地理概述》,上海:上海教育出版社 2007 年版。

[68] [美]劳拉·李编著,林文鹏、蔡和兵译:《天气改变了历史》,上海:上海科学技术文献出版社 2008 年版。

[69] 陈桦、刘宗志著:《救灾与济贫——中国封建时代的社会救助活动（1750—1911）》,北京:中国人民大学出版社 2005 年版。

[70] 卜风贤著:《周秦汉晋时期农业灾害和农业减灾方略研究》,北京:中国社会科学出版社 2006 年版。

[71] 《贵州六百年经济史》编辑委员会编:《贵州六百年经济史》,贵阳:贵州人民出版社 1998 年版。

[72] 卢良恕、王健著:《粮食安全》,杭州:浙江大学出版社 2007 年版。

[73] 宋俭、王红主编:《大劫难——300 年来世界重大自然灾害纪实》,武汉:武汉大学出版社 2004 年版。

[74] [汉]班固著:《汉书》,杭州:浙江古籍出版社 2000 年版。

[75] 严如平、熊尚厚主编:《民国人物传》第 8 卷,北京:中华书局 1996 年版。

[76] 严如平、宗志文主编:《民国人物传》第 9 卷,北京:中华书局 1997 年版。

[77] [唐]陆贽撰:《陆贽集》(上下册),北京:中华书局 2006 年版。

[78] 周秋光著:《熊希龄传》,天津:百花文艺出版社 2006 年版。

[79] 曹明睿著:《社会救助法律制度研究》,厦门:厦门大学出版社 2005 年版。

[80] 苏智良等编著:《去大后方——中国抗战内迁实录》,上海:上海人民出版社 2005 年版。

[81] 周成虎等著:《集成地震目录数据库及其应用研究》,北京:中国水利水电出版社 2005 年版。

[82] 乐章编著:《社会救助学》,北京:北京大学出版社 2008 年版。

[83] 龚书铎总主编:《中国社会通史》,太原:山西教育出版社 1996 年版。

[84] 《贵州通史》编委会编:《贵州通史》(5 卷本),北京:当代中国出版社 2003 年版。

[85] 蒋国生主编:《贵州省农业改进所》,贵阳:贵州人民出版社 2006 年版。

[86] 《列宁全集》(第 5 卷),北京:人民出版社 1986 年版。

[87] 中共中央文献研究室编:《毛泽东著作专题摘编》(上下卷),北京:中央文献出版社 2003 年版。

[88] 《构建社会主义和谐社会学习问答》,北京:新华出版社 2006 年版。

[89] 潘国琪著:《国民政府 1927—1949 年的国内公债研究》,北京:经济科学出版社 2003 年版。

[90] 张根福著:《抗战时期的人口迁移——兼论对西部开发的影响》,北京:光明日报出版社 2006 年版。

[91] 蔡勤禹著:《民间组织与灾荒救治——民国华洋义赈会研究》,北京:商务印书馆 2005 年版。

[92] 袁林著:《西北灾荒史》,兰州:甘肃人民出版社 1994 年版。

[93] 张连红著：《整合与互动——民国时期中央与地方财政关系研究》（1927—1937），南京：南京师范大学出版社 1999 年版。

[94] 民国丛书第二编（第 20 卷）：陈凌云著：《现代各国社会救济》，上海：上海书店根据 1937 年版 1990 年影印本。

[95] [南朝宋]范晔著：《后汉书》，杭州：浙江古籍出版社 2000 年版。

[96] [汉]司马迁著：《史记》（上下册），银川：宁夏人民出版社 1994 年版。

[97] [清]张廷玉等撰：《明史》（28 册），北京：中华书局 1974 年版。

[98] 周致元著：《明代荒政文献研究》，合肥：安徽大学出版社 2007 年版。

[99] 孙中山著：《孙中山全集》第 5 卷，北京：中华书局 1985 年版。

[100] 中国人民政治协商会议西南地区文史资料协作会议编：《抗战时期内迁西南的高等院校》，贵阳：贵州民族出版社 1988 年版。

四、论文类

[1] 武艳敏：《灾难的补偿：1930 年〈救灾准备金法〉之出台》，《四川大学学报》（哲学社会科学版），2006 年第 2 期。

[2] 何长凤：《周西成与贵州近代化建设》，《贵阳文史》2006 年第 5 期。

[3] 陈采勤、朱晓红：《论先秦诸子的抗灾赈济措施》，《史学月刊》2000 年第 3 期。

[4] 刘少虎：《论两汉荒政的文化效应》，《益阳师专学报》2001 年第 1 期。

[5] 潘孝伟：《唐代减灾思想和对策》，《中国农史》1995 年第 1 期。

[6] 潘孝伟：《唐代救荒措施总体特征》，《安庆师范学院学报》1993 年第 3 期。

[7] 潘孝伟：《唐代减灾与当时经济政治之关系》，《安庆师院社会科学学报》1995 年第 4 期。

[8] 李向军：《试论中国古代荒政的产生与发展历程》，《中国社会经济史研究》1994 年第 2 期。

[9] 吕美颐：《略论清代灾赈制度中的弊端与防弊措施》，《郑州大学学报》（哲学社会科学版）1995 年第 4 期。

[10] 陈关龙：《明代荒政简论》，《中州学刊》1990 年第 6 期。

[11] 朱琳：《宋代荒政的历史考察和经济分析》，《安徽农业科学》2007 年第 8 期。

[12] 张文华、胡谦：《汉代救荒对策论略》，《延安大学学报》（社会科学版）2002 年第 3 期。

[13] 卢世菊：《张之洞赈荒述评》，《武汉交通科技大学学报》（社会科学版）1999 年第 2 期。

[14] 陈业新:《地震与汉代荒政》,《中南民族学院学报》(哲学社会科学版)
      1997 年第 3 期。

[15] 周茶仙:《简论朱熹赈济救荒的社会福利思想与活动》,《江西社会科学》
      2004 年第 8 期。

[16] 李文海:《甲午战争与灾荒》,《历史研究》1994 年第 6 期。

[17] 赵全鹏、袁德:《宋代的商人救荒思想》,《河南师范大学学报》(哲学社
      会科学版)1996 年第 3 期。

[18] 夏明方:《抗战时期中国的灾荒与人口迁移》,《抗日战争研究》2000 年第
      2 期。

[19] 李文海、林敦奎、周源、宫明:《晚清的永定河患与顺、直水灾》,《北京
      社会科学》1989 年第 8 期。

[20] 王金香:《洋务派与"丁戊奇荒"》,《黄河科技大学学报》1999 年第 2 期。

[21] 余新忠、杭黎方:《道光前期江苏的荒政积弊及其整治》,《中国农史》1999
      年第 4 期。

[22] 夏明方、朱浒:《〈中国荒政全书〉的编纂及其历史与现实意义》,《中国
      图书评论》2007 年第 2 期。

[23] 白艳艳:《从免租和赈灾看朱元璋的民本思想》,《徐州师范大学学报》
      (哲学社会科学版)2002 年第 2 期。

[24] 张文:《两宋赈灾救荒措施的市场化与社会化进程》,《西南师范大学学报》
      (人文社会科学版)2003 年第 1 期。

[25] 王卫平、顾国梅:《林则徐的荒政思想与实践——以江苏省为中心的考
      察》,《中国农史》2002 年第 1 期。

[26] 贾玉英、赵文东:《略论朱熹的荒政思想与实践》,《河南大学学报》(社
      会科学版)2001 年第 5 期。

[27] 李文海:《论近代中国灾荒史研究》,《中国人民大学学报》1988 年第 6 期。

[28] 高中华:《试论左宗棠的荒政思想及其边疆救荒实践》,《中国边疆史地研
      究》2005 年第 3 期。

[29] 倪玉平:《水旱灾害与清代政府行为》,《南京社会科学》2002 年第 6 期。

[30] 李文海:《晚清诗歌中的灾荒描写》,《清史研究》1992 年第 4 期。

[31] 谢高潮:《晚清洋务派恢复社会经济的荒政主张与活动》,《社会科学》1997
      年第 4 期。

[32] 朱浒:《江南人在华北——从晚清义赈的兴起看地方史路径的空间局限》,
      《近代史研究》2005 年第 5 期。

[33] 夏明方：《论 1876 至 1879 年间西方新教传教士的对华赈济事业》,《清史研究》1997 年第 2 期。

[34] 李文海：《晚清义赈的兴起与发展》,《清史研究》1993 年第 3 期。

[35] 陈业新：《两汉荒政特点探析》,《史学月刊》2002 年第 8 期。

[36] 刘少虎：《两汉荒政建设原因析》,《湖南教育学院学报》2000 年第 6 期。

[37] 张涛：《经学与汉代的救灾活动》,《东岳论丛》1993 年第 1 期。

[38] 康弘：《宋代灾害与荒政述论》,《中州学刊》1991 年第 5 期。

[39] 韩义义：《贵州各族人民对抗日战争的贡献》,《贵州档案》2005 年第 4 期。

[40] 劳晗：《试论红军在贵州的民族政策》,《贵州档案》2006 年第 4 期。

[41] 龚小峰：《论明代的赈粥》,《东南大学学报》（哲学社会科学版）2003 年第 4 期。

[42] 张五全：《话 "以工代赈"》,《中国水利》1992 年第 1 期。

[43] 程朝云：《抗战时期的难民内迁》,《抗日战争研究》2000 年第 2 期。

[44] 吴捷：《全面抗战时期国民政府的难民救济工作》,《历史教学》2005 年第 5 期。

[45] 王春英：《抗战时期难民收容所的设立及其特点》,《抗日战争研究》2004 年第 3 期。

[46] 孔祥成：《"变救为助"与 "以贷代赈"——1931 年江淮大水农赈理念及其机制研究》,《安徽史学》2008 年第 5 期。

[47] 孙彦魁：《抗战时期难民群体初探》,《民国档案》1991 年第 2 期。

[48] 刘五书：《论民国时期的以工代赈救荒》,《史学月刊》1997 年第 2 期。

[49] 倪玉平：《试论清代的荒政》,《东方论坛》2002 年第 4 期。

[50] 叶依能：《清代荒政述论》,《中国农史》1998 年第 4 期。

[51] 张天周：《乾隆防灾救荒论》,《中州学刊》1993 年第 6 期。

[52] 李鸣：《明朝救荒立法述略》,《现代法学》2000 年第 4 期。

[53] 杨明：《清朝救荒政策述评》,《四川师范大学学报》1988 年第 3 期。

[54] 阎孝玉：《我国第一部荒救专著》,《中国粮食经济》2003 年第 6 期。

[55] 谷文峰、郭文佳：《清代荒政弊端初探》,《黄淮学刊》1992 年第 4 期。

[56] 夏明方：《略论洋务派对传统灾异观的批判与利用》,《中州学刊》2002 年第 1 期。

[57] 鲁克亮、刘力：《略论近代中国的荒政及其近代化》,《重庆师范大学学报》（哲学社会科学版）2005 年第 6 期。

[58] 邵永忠：《二十世纪以来荒政史研究综述》,《中国史研究动态》2004 年第 3 期。

[59] 鲁克亮：《清末民初的灾荒与荒政研究》(1840—1927)，2004年广西师范大学硕士研究生学位论文。

[60] 蔡勤禹：《民国社会救济行政体制的演变》，《青岛大学师范学院学报》2002年第3期。

[61] 朴敬石：《南京国民政府救济水灾委员会的活动与民间义赈》，《江苏社会科学》2004年第5期。

[62] 中国第二历史档案馆编：《民国以来重要灾害纪要》(1917—1939年)，《民国档案》1995年第1期。

[63] 胡瑛：《抗战时期的高校内迁及其意义》，《文史杂志》2005年第4期。

[64] 蔡勤禹：《国民政府救难机制研究——以抗战时期为例》，《零陵学院学报》2003年第4期。

后　记

　　本书原为作者在四川大学攻读博士学位期间的博士学位论文。在是否出版的问题上，作者曾纠结了很长一段时间。何以如此？一是基于书稿价值问题的考虑。众所周知，在当今信息极其发达的社会，出书已不足为奇了。大凡经费充裕，只要经相关部门审核并备案，就可以出书。但出版以后，书籍是否有读者市场？是否有应用价值？是否产生一定的社会反响？诸如此类的问题，作为作者不得不多加思虑。正是基于种种顾虑，本书束之高阁，迟迟难以面世。二是基于出版经费的考量。对于经费充裕者而言，出书实属易事。但对于经费相对不足者而言，难免要多费思量。

　　2013年秋季，贵阳学院思想政治教育学科获批为贵州省省级重点学科。在该学科现有的三个研究方向中，作者为"中国传统文化与大学生思想政治教育"研究方向的领衔人。为了推动该学科研究方向的建设与发展，学校鼓励相关人员积极出版发表自己的研究成果。作者认为，在中国传统文化中，慈善文化是其重要组成部分。当今中国，面对日益频发的各类灾害，加强大学生的灾难意识教育是高校思想政治教育工作中不可或缺的重要内容。鉴于此，笔者深信，该书的出版无疑对推动大学生的思想政治教育尤其是大学生的灾难意识教育有一定的积极作用。在此，应感谢贵阳学院分管学科建设的副校长焦艳女士。同时，也应感谢贵阳学院科技处处长唐安老师。感谢他们大力支持本书的正式出版！

　　在本书出版之际，尤应感谢作者的博士生导师陈廷湘教授。对陈教授诲人不倦、严谨治学的精神表示崇高的敬意和衷心的感谢！同时感谢西南交通大学出版社李晓辉老师和相关编校人员为本书的出版所付出的辛勤劳动！

　　此外，亦应感谢所有为本书提供指导、帮助的老师、学长和同仁。当然，由于作者水平有限，不足之处在所难免，亦恳请学界同仁不吝指教！

作　者

2014年金秋于鱼梁河畔